E. LONGUEMARE

BOSSUET

et la Société française

sous le règne de Louis XIV

BLOVD ET Cie

BOSSUET

et la

SOCIÉTÉ FRANÇAISE

sous

le Règne de Louis XIV

E. LONGUEMARE

BOSSUET

et la
SOCIÉTÉ FRANÇAISE

sous

le Règne de Louis XIV

Princes, Courtisans et Favorites
Les Jeunes Filles. — Libertins et Beaux Esprits
Les Pauvres et les Humbles

PARIS (VIᵉ)

BLOUD & Cⁱᴱ, Editeurs

7, PLACE SAINT-SULPICE, 7

1910

INTRODUCTION

Sommaire. — But de cet ouvrage : étudier les sermons de Bossuet dans leur actualité historique. — Raisons pour lesquelles on n'a pas assez dégagé de la théologie de ces sermons l'actualité et l'observation. — Comparaison de Bossuet avec Bourdaloue. — L'opinion générale du xviiᵉ siècle. — Est-il possible de reconstituer, avec les sermons de Bossuet, un tableau de la Cour de Louis XIV, au moins d'une des nombreuses « époques » de cette Cour ?

Dans le sermon pour la profession de foi de Louise de La Vallière, Bossuet a dit : « Ce sont les auditeurs qui font les prédicateurs ». Quinze ans auparavant, prêchant sur la Parole de Dieu, et demandant aux fidèles le secours de leurs prières : « C'est aux auditeurs, disait-il, de faire les prédicateurs ». Prises dans un sens absolu (en réalité Bossuet demandait des prières), et elles peuvent l'être, ces paroles affirment pour l'éloquence sacrée l'obligation d'être humaine et pratique. Elles sous-entendent pour l'orateur la nécessité de s'accommoder aux habitudes sociales et aux préoccupations de son temps. L'éloquence qui n'est à aucun point de vue actuelle est une éloquence banale et ne peut faire vibrer l'âme des hommes que « le court moment de leur durée absorbe dans la méditation du présent ». C'est autrement que Bossuet prêcherait aujourd'hui sur la Mort, et sur l'Honneur, et sur la Dignité des

Pauvres, et il est bien plus aisé d'adapter à nos auditoires contemporains un sermon d'un orateur médiocre, comme le P. Lejeune, qu'un sermon de Bossuet, de Bourdaloue, ou même de Massillon.

Il n'est pas d'écrivain qui échappe à son temps. Le plus impersonnel et le plus absolu subit la loi des contingences ; mais surtout, s'il est, en même temps, moraliste, prédicateur et directeur de conscience, c'est forcément autour de lui, dans le champ de son activité personnelle, au moins autant, sinon plus, que dans le domaine de la théologie, qu'il recueille les éléments de sa doctrine ; et s'il est doué du génie, ce sont l'étendue de ses relations, la variété de ses observations, la pénétration de son analyse, qui font presque seules cette doctrine profonde et féconde.

Plus peut-être pour l'orateur, et pour l'orateur sacré que pour tout autre écrivain, l'analyse de ses idées, l'histoire de sa pensée, la compréhension exacte de la portée qu'il entendait donner à son œuvre, exigent que l'actualité en soit d'abord dégagée et mise en lumière. Ici, nous semble-t-il, c'est une grave erreur de ne voir dans cette actualité qu'un moyen superflu, une sorte de curiosité litttéraire et d'illustration : elle est la clef même de l'œuvre.

Le but de cet ouvrage est précisément d'étudier en regard de la vie et de l'histoire du xviie siècle les sermons de Bossuet — au moins ceux prêchés à la Cour, comme les Carêmes, ou devant un auditoire de Cour, comme l'Oraison funèbre de Condé à Notre-Dame, ou, au Carmel, la Profession de foi de Louise de La Vallière, ou encore, à Dijon, un sermon sur l'Honneur prêché devant Condé ; — de ne les étudier donc ni dans leur style, ni dans leur composition, mais dans leur actualité historique seulement. En d'autres termes, de l'enveloppe d'une théologie supérieure et absolue, nous voudrions dégager ce que ces sermons recèlent d'observations, de remarques, de critiques et de notations actuelles ou contemporaines, de manière à reconstituer avec leur ensemble le tableau de l'une des changeantes époques de la Cour de Louis XIV, non pas un tableau où ne seraient évoquées « les Puissances du règne », roi, princes et courtisans, que pour s'entendre citer au tribunal de la conscience « sous les noms que l'on donne partout et toujours à tous les vices », — car nous serions dans le plus banal des lieux communs, — mais un tableau dont un connaisseur pourrait, d'après la manière, le genre et la composition, fixer la date sans trop d'écart.

Il nous a paru que ce pouvait être un travail se suffisant à lui-même que de concentrer notre attention sur le nombre extraordinaire de détails de mœurs, d'allusions historiques, d'observations saisissantes de réalisme, que dissimule la majestueuse ordonnance de ces sermons. Ici, ils nous donnent une leçon de politique et d'histoire, et nous commentent les vastes desseins qui inspireront le règne de Louis XIV ; là, ils nous mêlent aux courtisans inquiets sous leur masque de frivolité. Parfois même, quel pittoresque, quelles saillies et quelle verve ! Ce n'est plus ce geste impérieux et souverain consacré une fois pour toutes par la gloire ; c'est ce pli des lèvres souriantes et malicieuses que Rigaud a si heureuse-

ment surpris dans son portrait de 1700. Peut-
être est-ce le cas ici de rappeler que Bossuet, tel
que l'ont connu ses familiers, et non seulement
son secrétaire, mais Saint-Simon lui-même, était
doux, très doux, volontiers enjoué et ironique,
aimable et spirituel, observateur attentif, ne tra-
hissant jamais la contrainte de son immense
labeur. Et certes, s'il est impossible de juger de
son caractère d'après son œuvre, faut-il cependant s'étonner que quelques traits de ce caractère se révèlent parfois dans cette œuvre ?

.*.

Il nous reste à établir si nous avons le droit,
c'est-à-dire s'il est possible d'étudier à ce point
de vue les Sermons de Bossuet, et à préciser comment nous avons compris cette étude et quelle
sera notre méthode.

L'erreur, pourtant souvent commise, de né-
gliger l'actualité rigoureuse d'une œuvre littéraire, n'a peut-être jamais été plus complète qu'à
l'égard de Bossuet et plus proche de nous tromper
sur la pensée d'un grand génie. Du plus familier
de nos orateurs, elle a fait longtemps une sorte de
prophète et de doctrinaire absolu relégué dans
une grandeur inabordable.

Il y avait à cela quelques raisons spécieuses et
beaucoup plus de franchement mauvaises. Examinons les unes et les autres.

La comparaison que l'on peut faire de Bossuet
avec des observateurs aussi minutieux, aussi délibérément actuels, aussi crûment précis qu'un
Molière, un La Bruyère ou un Saint-Simon, devait

évidemment placer Bossuet au second plan, si l'on entend par peinture de la société la description de la vie quotidienne à la Cour ou à la ville. Mais aussi bien ne s'agit-il pas absolument de trouver dans Bossuet l'observateur toujours en éveil, à l'affût d'un vice ou d'un travers, préoccupé non de le corriger, mais de le peindre et de l'étaler. Personne ne s'imagine Bossuet traversant en observateur, en apparence désœuvré, les salons du Louvre, de Saint-Germain, de Saint-Cloud et de Versailles, assistant au lever ou au coucher, tenant mémoire des intrigues futiles, des subtiles médisances, des cabales, des froissements, et « assouvissant son regard » de ce spectacle unique. Il nous suffit, en cette matière, de lire Saint-Simon et Madame de Sévigné. Il n'en reste pas moins vrai que tel sermon de Bossuet donne du grand siècle une idée aussi complète et aussi forte qu'un chapitre de La Bruyère ou de Saint-Simon.

Mais, dira-t-on, tout à côté de Bossuet n'y avait-il pas Bourdaloue, le vrai sermonnaire, un jésuite rompu à l'expérience du confessionnal et, aux yeux du xviiᵉ siècle, rival de gloire de celui à qui notre admiration s'étonne qu'on ait pu donner un rival ? Il peint, il moralise, il est actuel, celui-là ! Bien mieux, il est une institution, un panorama de la vie à la Cour, et Madame de Sévigné s'en va « en Bourdaloue », comme dans un monde où l'on n'en finit pas d'explorer sa conscience et celle de ses voisins de chapelle. Mais Bossuet ? Bossuet qui prêche toujours le dogme éternel, immuable ?

Tout le monde connaît l'objection, et peut-être

la formulerait-on moins souvent si l'on réfléchissait que Bourdaloue, entré dix ans après dans la carrière, est forcément beaucoup l'élève de Bossuet, et que ces dix ans, le « grande ævi spatium », virent de tels changements dans les habitudes de la Cour que le fameux parallèle entre les deux orateurs en est un peu dérangé (1).

Cette réserve faite, que vaut l'argument? Nous conviendrons parfaitement qu'il est plus facile à qui prêche la morale d'être actuel qu'à celui qui prêche le dogme. On atteint plus facilement ses contemporains en leur parlant de l'envie et de la médisance qu'en les entretenant du mystère de la Sainte Trinité. Mais il est d'abord des sujets où le dogme et la morale ne se peuvent désunir : par exemple, le dogme de la résurrection des morts atteint le matérialisme, qui n'est pas seulement un dogme, mais constitue un ensemble de pratiques. De même le dogme de la mort conditionne pour d'immenses multitudes — toutes celles qui ont une foi — la vie tout entière. Bossuet dogmatique, Bourdaloue moraliste : ce pourrait bien dès lors n'être qu'une brillante antithèse. La vérité nous semblerait énoncée plus justement sous cette forme : Bossuet est un moraliste aussi pénétrant, aussi actuel, et, selon sa

---

(1) Le premier sermon de Bossuet à Paris est de 1659 ; le premier sermon de Bourdaloue à la Cour est de 1670. A cette date Bossuet ne devait déjà plus prêcher aucune station d'Avent ou de Carême, mais seulement des sermons isolés. Le premier sermon de Bossuet devant la Cour est en réalité de 1657. Il fut prêché à Metz, où le Roi et Anne d'Autriche s'étaient rendus avec tout l'apparat de la Cour pour peser sur les décisions de la Diète de Francfort.

belle expression, aussi « penché vers les oreilles de ses auditeurs » que Bourdaloue, mais il a sur son rival toute la supériorité de sa connaissance puissante et approfondie du dogme ; — ou pour parler plus simplement, Bourdaloue n'est pas davantage moraliste que Bossuet, mais il est moins théologien.

Au surplus, Bossuet entretient-il donc si rarement ses auditeurs de sujets de morale ? En dehors des Panégyriques et des Oraisons funèbres (et la morale y a une forte part), plus des trois quarts des sermons traitent de sujets de morale et sont l'analyse des sentiments qui s'agitaient dans l'âme de ses auditeurs, de ses auditeurs de la Cour, de ses auditeurs du jour : jalousie du courtisan, bassesse du flatteur, ambition du politique, dureté des riches, convoitises exaspérées des humbles, orgueil du parvenu, tyrannie de la mode, fragilité des charges et des honneurs, rechûtes des sens, hypocrisie religieuse, malfaisance de l'envie, galanterie de la Cour, et chemin faisant, des invectives répétées en termes souvent identiques, mais combien précis ! sur les délicatesses de la table, la parure des courtisans, les « extravagants édifices » de la coiffure, la fausse pruderie du langage, les ruines du jeu, les disgrâces de la Cour, etc. ; — et cela jusque dans les sermons où l'on ne s'y attend point, par exemple le jour d'une fête de la Conception de la Vierge.

La distinction encore maintenue sur cet objet entre Bossuet et Bourdaloue est en somme peu fondée : chez l'un et l'autre, les sermons de morale, pleins d'actualité, sont nombreux. La hardiesse et la précision sont égales. Tous deux fournissent avec abondance les éléments d'une reconstitution du monde de la Cour. Mais le point de vue diffère : pour Bossuet, cette société du xviie siècle est un « établissement » de la Providence que les passions humaines s'efforcent sans cesse de bouleverser, et les pécheurs sont des « téméraires » qui contrarient « l'ordre établi » et « tendent audacieusement à l'escalade du ciel ». Chez Bourdaloue, il y a plus de direction de conscience, davantage de ce que les théologiens mystiques appellent la vie intérieure, plus de psychologie même, si l'on veut, et j'oserai dire, un sens plus complet de la personnalité et de la liberté. Tous deux explorent la même vallée : l'un du haut de la montagne avec un regard perçant auquel n'échappe aucun détail ; l'autre en cheminant le long des sinuosités.

Précisément, dans l'intime mélange que Bossuet fait des deux éléments, l'observation empirique et la théologie absolue, on n'a guère démêlé que le second, parce que c'est à celui-ci que le caractère autoritaire et altier de son génie, la hardiesse de son vol, le tranchant de ses affirmations, l'exaltation lyrique de ses victoires sur la misère humaine ont paru donner, accordons-le, la part prépondérante. Cet homme pénétré de la Bible parle quelquefois à Saint-Germain et au Louvre comme Isaïe dans les carrefours de Jérusalem. Les « charbons ardents » de l'inspiration lui brûlent les lèvres. Il a le glaive ou la torche à la main. Il pousse une armée à l'assaut. Renverser la citadelle ennemie ne lui suffit pas ; avec les pierres il va construire « de ses propres mains » une autre citadelle d'où les troupes s'élanceront à l'offensive. Voyez l'étonnant exorde du Sermon sur la Providence.

Mais quoi ! oublie-t-on que Bossuet est un orateur et un poète ? Tout cela, c'est l'appareil grandiose de son éloquence, ce n'en est pas la doctrine. Se l'imaginera-t-on n'ayant souci que d'accabler des pécheurs et des incrédules au nom de principes dogmatiques immuables et au mépris des contingences ? Oui, sans doute, sur la foi d'un premier examen. Et cependant alors il faudrait ignorer le Bossuet des vingt dernières années, toujours belliqueux et guerroyant contre l'erreur, mais qui adressait aux Ursulines de sa ville épiscopale de si minutieuses instructions sur des particularités de règle d'ordre infime, et de cette main qui avait écrit tant de pages immortelles, traçait de longs et détaillés règlements sur le parloir ou le vote au chapitre conventuel. Or, ce Bossuet, qui entretient avec assiduité les Ursulines de leurs petits tracas journaliers ou qui écrit trois cents lettres à une Bénédictine de Jouarre hantée de scrupules de conscience, n'est pas un personnage nouveau. C'est le Bossuet de Metz, de Versailles et de Notre-Dame : seulement, dans le geste sublime que l'on sait, il a déposé au pied du catafalque de son ami le grand Condé la parure merveilleuse de son éloquence.

Évidemment, l'observateur ne précède pas toujours dans sa manière le théologien ni même le directeur de conscience, mais il marche à leurs côtés, les éclaire et leur dicte la prudence. « Je me propose de descendre des principes communs à des vérités de pratique » est une phrase qui revient souvent à la fin de ses exordes et qui nous paraît suffisamment caractéristique de son génie et de sa méthode. Les principes communs, ce sont les dogmes, et aucun lecteur ne nous démentira si nous disons que le théologien, une fois descendu des principes à la pratique, à la pratique vraiment humaine, donc diversifiée à l'infini et non systématique, n'a plus des principes qu'une idée transcendante qu'il contemple et admire, mais laisse dans son au delà.

Donc, ni l'appareil oratoire de ses sermons, ni l'impérieuse affirmation de ses principes, ne doivent nous empêcher de retrouver dans Bossuet l'observateur, le moraliste et le peintre.

On nous opposera enfin l'opinion générale, sinon universelle du xvii° siècle, dont il est inutile de rappeler que, par cela même qu'elle ne découvrait en Bossuet ni un observateur, ni un moraliste, ni un peintre, elle ne mettait point Bossuet au premier rang des orateurs sacrés, et pas même, — ce qui est plus grave pour l'objet de notre étude, — parmi les prédicateurs à la mode ou en vogue. Or, nul n'ignore ce qu'est le prédicateur à la mode : ce n'est pas toujours le meilleur, mais c'est toujours le plus actuel, le plus moderne, et trop d'églises gardent malheureusement l'écho des insipidités, des niaiseries et des sottises que la « modernité » d'un prédicateur « en vogue » peut impunément faire accepter. L'actualité discrète ou provocante fait combles la salle ou l'église. Tous les manuels de littérature ont ressassé l'argument : Bossuet, trop élevé pour son auditoire, pas assez actuel, trop près des Pères de l'Eglise ; Bossuet ne parlant pas pour ses contemporains, mais pour les siècles à venir,

ne se souciant point du temps, mais seulement de
l'éternité ; Bossuet jugeant son époque avec les
idées de Tertullien, de saint Jérôme ou de saint
Bernard ! — Examinons de près cette opinion du
xviiᵉ siècle.

Croyez-vous d'abord que pour bien juger de ce
siècle, il faille interroger ce siècle lui-même ?
Quelle erreur ! Ne voyez les Lettres qu'au travers
de l'Art Poétique de Boileau ! Interrogez Madame
de Sévigné sur les chances de durée des tragédies
de Racine ! Demandez à La Bruyère, ami intime
et un peu l'élève en philosophie de Bossuet, le
nom du prédicateur le plus apostolique, le mieux
« nourri des Écritures et des Pères » ! Il vous
répondra : « le Père Séraphin » — que vous igno-
reriez, que nous ignorerions tous, si Bossuet lui-
même n'avait loué sa « fructueuse morale » et
son « homélie excellente ». Fiez-vous à Condé, à
Turenne et à Madame de Sévigné, parce que le
premier tente d'argumenter contre une thèse de
théologie, que le second controverse, et que la
troisième « s'enfonce en Nicole » et lit les Pères !

Ce siècle a commis dans le calcul de sa propre
estimation au moins autant d'erreurs que le xviiiᵉ
ou le xixᵉ. Le siècle de Louis XIV, conscient de
lui-même, sous le regard du Grand Roi, dans son
imposante harmonie, c'est un thème d'école bon
pour une fresque ou une décoration de tapisserie,
mais que le sens commun et l'histoire frappent
d'une irrémédiable inanité.

Spécialement, en matière théologique, nous
les croyons, sur la foi de deux ou trois anecdotes
suspectes, plus entendus et plus savants que
nous, ces généraux, ces marquises, ces écrivains.

Oui, quelques-uns pouvaient aborder une épineuse question avec une érudition de surface et la terminologie de l'Ecole, puisque la scolastique faisait partie de tous les programmes d'éducation, mais ils ne connaissaient pas pour cela le premier mot de leur religion, ils ignoraient le catéchisme, (au reste, qui se souciait de le leur apprendre ?), ils riaient de bon cœur tout étonnés, quand on leur parlait de la résurrection des morts, qu'ils croyaient être une mystagogie, une élucubration quelconque d'un Pythagore. Que Condé éprouve l'envie d'échanger quelques arguments de scolastique, cela ne l'empêche pas de penser et de vivre en libertin.

C'est même leur faire beaucoup d'honneur que de dire que la théologie de Bossuet était pour eux de cime trop haute. Ils étaient purement et simplement incompétents à juger, de ce point de vue, de la valeur d'un prédicateur. Voici par exemple ce Père Séraphin ! La Bruyère l'estime plus nourri des Ecritures et des Pères que Bossuet lui-même ! Mais il est obligé de convenir que partout où il a prêché, les paroissiens ont déserté, les marguilliers eux-mêmes ont disparu ; seuls, les pasteurs ont tenu ferme ! Ce qui prouve que pour une raison ou pour une autre, La Bruyère ne jugeait pas comme le public, et que le public de la ville ne jugeait pas comme celui de la Cour. Mais en définitive, qui a tort ? Ce pourrait bien être tout simplement le Père Séraphin, le premier mérite d'un prédicateur étant de ne pas nous faire nous enfuir des églises.

Maintenant hâtons-nous de dire qu'à défaut de toute autre raison, il en est une qui explique surabondamment, jusqu'à l'évidence, pourquoi les auditeurs du dix-septième siècle ont reconnu en Bourdaloue et non en Bossuet le parfait sermonnaire, le sermonnaire moraliste. C'est tout simplement que c'était Bourdaloue qu'ils entendaient. Bourdaloue n'a pas prêché moins de douze stations à la Cour. Il était le prédicateur attitré, régulier, officiel. Un carême de Bourdaloue revenait chaque année comme il y avait la saison des ballets, celle des chasses royales et celle des voyages à la suite du Roi. Ce carême était attendu avec curiosité, espéré peut-être comme une diversion. Après tout, la chapelle du Roi n'était-elle pas alors, sous les regards du maître et le geste de l'orateur, un spectacle qui en valait bien d'autres ?

Avec Bossuet, ce n'était pas la même chose. Il n'est pas dans le même sens prédicateur de la Cour. Si presque toujours c'est devant un auditoire de Cour qu'il parle, reines, princes, courtisans, et s'il est visible que c'est pour des grands et non des bourgeois du Marais qu'il prêche les conséquences du dogme et les applications de la morale, c'est que cet auditoire est allé à lui, est venu chercher sa parole, à prendre ces mots sans métaphore. Par exemple, le Sermon pour la Profession de foi de Louise de La Vallière est prêché au Carmel ; il a rassemblé cependant autour de Bossuet un auditoire de Cour aussi nombreux, aussi brillant qu'il aurait pu l'être à Versailles. Le Carême des Minimes, le Carême des Carmélites ont été pareillement prêchés devant des courtisans. Mais officiellement il a prêché à la Cour deux carêmes seulement et Bourdaloue douze ! Or c'étaient les « Stations de la Quarantaine » et non pas les sermons occasionnels ou les avents, ou même les Oraisons funèbres, qui faisaient les « Prédicateurs de la Cour ». Il convient ici de ne pas l'oublier.

**

Des pages qui précèdent, il résulte que nous ne rencontrons devant nous aucune objection sérieuse.

Toute la question est donc de savoir si les éléments d'un tableau des mœurs du xviie siècle se trouvent bien dans les sermons de Bossuet.

D'abord nous n'avons pas la prétention de faire rendre à la parole de Bossuet le même son qu'à la parole de La Bruyère, de Saint-Simon ou de Madame de Sévigné. Ce serait un non-sens. Qui ne voit que le xviie siècle ne peut être bien connu que s'il l'est sur des témoignages divers ou même contradictoires ? L'ordonnance n'en est pas aussi simple qu'il apparaît au premier regard, et nous avons le plus grand tort d'en aborder souvent l'étude avec une conception toute faite à laquelle nous asservissons les réalités.

Nous n'apportons donc à ce travail aucune autre préoccupation que celle de ne fausser ni l'histoire, ni la parole de Bossuet. Mais si le luxe, l'ambition, la vanité de la noblesse, son amour du jeu, son culte du point d'honneur, sont, au xviie siècle, des faits, la religion, elle aussi, est un fait, un facteur social prépondérant, avec la place qu'elle tient dans l'Etat et, sinon toujours dans les mœurs, du moins dans les

institutions et les usages. Il n'est donc pas
inutile d'entendre Bossuet apprécier, au nom de
la religion dont se réclame l'ordre établi, les
mœurs du xviie siècle. On peut alors mieux per-
cevoir ce qu'avait de factice, de conventionnel et
de contradictoire cette époque dont quelques-uns
ont voulu faire à tout point de vue l'âge d'or de
la France. A la lumière crue et aveuglante de
quelques observations de Bossuet en pleine cour
de Louis XIV, on devine la pente par où ce siècle
menait aux débauches, à l'insouciance et aux
catastrophes inouïes de la fin du xviiie siècle.

C'est qu'en effet ce siècle est très loin d'être
toujours celui de la beauté classique : il n'est
souvent que celui du décor trompeur. Quand vous
contemplez le château de Versailles, à l'heure
surtout où les rayons du couchant en dorent les
attiques, vous ne pouvez vous empêcher d'évoquer un passé prestigieux. Dans l'encadrement de
chacune de ces fenêtres majestueuses, vous res-
suscitez un illustre ou un charmant visage. Sur
ces marches de marbre rose, au milieu de Versailles en construction, vous replacez Louis XIV
dans l'éclat de la jeunesse et de la gloire donnant
la main à Louise de La Vallière et inspirant Man-
sart et Lenôtre. C'est au haut de cet escalier que
Louis XIV attendait Condé chargé d'années et de
lauriers. Vous ne voyez plus qu'une œuvre
que sa grandeur isole de toute ambiance et
dresse plus belle que la nature elle-même. Et
cependant ce palais tout en façade était incom-
mode, mal aéré, manquait de dégagements, avait
des cours intérieures trop étroites, et on n'ose
dire à quel point les architectes y avaient eu peu

souci de l'hygiène et de l'indispensable propreté. Là-dessus il faut entendre Saint-Simon. Les tentures cachaient des misères.

De même, ce Roi adulé comme un dieu et modèle de la courtoisie française, dépouillez-le des broderies du royal costume, voyez-le sans le geste du monarque, écoutez-le dans la chronique faisant des confidences révoltantes sur ses maîtresses successives en des propos de corps de garde ! Avec les pierres de l'ancien rendez-vous de chasse de Louis XIII, le Versailles de Louis XIV a gardé le relent d'une Cour où la politesse n'était pas sans alliage, où la grossièreté soldatesque du langage et une certaine brutalité allaient de pair avec le goût des équipages et des dentelles.

C'est précisément, à notre avis, l'originalité de Bossuet que son éloquence étale la pompe du grand siècle sans en dissimuler les défauts ou même la misère. Il ne se laisse entraîner ni à l'optimisme satisfait, ni au pessimisme malveillant, comme la plupart de ses contemporains. Il ne voit ni ne juge avec des intérêts, des rancunes ou des déceptions. Ce que ce règne eut d'imposant dans la hiérarchie de ses titres, dans le prestige de sa cour, dans le développement des arts, dans la continuité de vues et le bonheur de sa politique, Bossuet l'a vivement senti et, mieux encore, son génie a vu que cette grandeur ce n'était pas la France qui la soutenait, mais la Royauté. D'un beau mot il l'a dit : « Notre siècle royal ». L'apogée de la race capétienne n'a pas eu de plus grand poète.

Mais ce que ce siècle avait de vulgaire et de trivial, d'humain en définitive, ce qu'il avait aussi

de discordant, d'inquiétant et de disproportionné
entre la décoration pompeuse de son faîte et la
fragilité de sa base, entre cette noblesse « qui a
tout pris » et ces humbles « qui meurent de
faim, Messieurs, à la porte de vos hôtels », Bossuet l'a vu aussi, et il l'a dit en termes sévères
avec la clairvoyance du moraliste et les pressenti-
ments de l'historien.

Il faut donc laisser aux observations de Bossuet toute leur valeur et se demander seulement
ce qu'il a voulu dire et s'il avait raison de le dire,
contrôler en outre ses témoignages par ceux de
ses contemporains, les éclairer, les commenter,
les établir dans toute leur force ou les récuser.
On peut arriver ainsi à comprendre ce qu'il a
voulu mettre d'actualité dans son œuvre, sans en
mettre plus qu'il ne l'a voulu lui-même, et se
garder de voir des allusions là où nous serions
seuls à les voir. Mais ici la matière ne se présente
pas toute façonnée comme dans Bourdaloue ou
La Bruyère, et l'actualité est rarement là où on
la chercherait sur la foi d'un titre : par exemple,
elle est parcimonieusement distribuée dans les
oraisons funèbres. Elle l'est encore plus dans le
Sermon pour la Profession de foi de Louise de
La Vallière.

Même ainsi déterminée, l'actualité dans les
sermons de Bossuet est toujours près de nous
échapper. D'une extrême familiarité, sa parole
rebondit aux plus hautes idées de la théologie.
Rien ne ressemble moins au style soutenu, au
style de l'analyste et de l'observateur. L'émotion
traverse le raisonnement ; l'éblouissement de l'idée
déconcerte la rigueur du logicien. C'est alors que

les personnages prennent chez lui figure d'épopée
et qu'il a pour traduire les choses les plus ordi-
naires des expressions qui ne sont vraiment qu'à
lui. Il transfigure ce qu'il touche. Il est forcé que
nous nous laissions emporter à la puissance de
son verbe, à la maîtrise de son mouvement oratoire, à l'envolée même de son lyrisme. Où retrouver alors l'observation précise ? N'est-elle pas
voilée, sinon même déformée par la splendeur
de cette éloquence ?

Aucun orateur cependant n'a mieux gardé la
calme et parfaite disponibilité de ses moyens.
Empruntons-lui la comparaison de l'aigle qui
s'élève à la pleine lumière du soleil et qui sait
redescendre avant que l'éclat l'ait aveuglé. Il
commande délibérément les puissances de son
éloquence ; jamais, même dans ses plus beaux
élans, il ne perd de vue l'aspect pratique de son
sujet. Nous croyons entendre un prophète ; on a
même pris l'habitude, dans une certaine école, de
ne célébrer qu'en termes lyriques l'éloquence de
Bossuet : or ce n'est qu'un prédicateur qui parle,
si même ce n'est un médecin qui décrit l'étendue
du mal. Vous entendrez tout à l'heure ce lyrique
vous dire, pour vous faire comprendre qu'il est
aussi difficile d'extirper de notre âme un péché
que dix, qu'il n'est « pas moins douloureux d'arracher des cheveux à une tête chauve qu'à une
tête abondamment pourvue » !

Enfin, il ne faut pas oublier que dans la longue
carrière oratoire de Bossuet, le xvııe siècle s'est
plusieurs fois modifié de décor, de tenue et de
mœurs. Tout autre est-il avant le pouvoir personnel
de Louis XIV, autre sous ce pouvoir, autre à partir

de l'influence de Françoise d'Aubigné. Bien plus,
à mesure que, avant l'installation définitive à
Versailles qui date officiellement de 1682, mais
est en réalité de 1676, les séjours prolongés, les
carrousels, les collations, les ballets, les fêtes de
jour et de nuit, se multiplient dans le palais et
dans le parc qui sortent magiquement de terre,
l'étiquette se précise, les préséances s'organisent,
les charges se créent à l'envi. Tout ce qui de près
ou de loin tient à la Cour se met de plus en plus à
part, nous ne disons pas de la nation, mais de la
ville. Dans cette mêlée prodigieuse et si heurtée,
peut-être unique dans l'histoire du monde, de
génies et de médiocrités, d'originalités et de bassesses, de splendeurs et de misères, il faut de
longues années pour que les éléments se tassent
et se coordonnent. Dans l'intervalle, les tonalités
contrastent et fournissent matière naturelle aux
antithèses de Bossuet. Sur le tard, dans la maturité du règne, on l'entend qui parle de « com-
promis et d'hypocrisie », et, à ce Roi qui a déjà
vu tant d'inquiétudes traverser son orgueil, il
propose les armes de saint Paul : « la prière,
l'humilité, la ferveur ». Mais au Roi jeune, fougueux, enivré, et qui ne sait point d'obstacle, il
prêche « la victoire sur les passions ». Il adjure
« le Roi invincible de se vaincre lui-même ». —
Une notation très exacte du temps, des années et
du milieu est donc ici indispensable. N'étageons
pas tout de suite ce siècle comme dans un lit de
justice, sur les majestueux degrés de ses trois
ordres ; suivons au contraire, concurremment au
texte de Bossuet, l'évolution des mœurs et des
idées.

Ainsi présenté, le tableau de la Cour de Louis XIV d'après l'œuvre de Bossuet, peut, nous semble-t-il, offrir un intérêt historique et un intérêt moral considérables. C'est davantage peut-être par ce dernier que ce tableau s'impose à notre attention. Car il ne s'agit point ici, encore une fois, de satisfaire la curiosité malicieuse qui faisait se pâmer d'aise Madame de Sévigné à un sermon du Père Bourdaloue, et il serait absurde de prétendre mettre des noms et de chercher des « clés » à des portraits. Ne nous attendons pas davantage à rencontrer un novateur politique : c'est un rôle assez timide au surplus, sinon même inavoué, qu'il faut laisser à Fénelon et à Massillon, et beaucoup plus tard, quand du XVIIe siècle il ne subsiste à vrai dire rien autre chose que le nom du roi sexagénaire qui a reçu le sceptre à cinq ans. Bossuet n'apporte d'autre projet de réforme du Régime et des mœurs que l'Evangile. Il n'a pas sa République de Salente, et il cherche bien moins encore à combler les vides de l'indifférence religieuse par l'éducation philosophique. L'Evangile ou rien ! Il n'a pas de tempéraments ; entre ces deux termes, il se refuse à chercher une moyenne. Dans toute la forte beauté du mot, il est absolu, ce qui ne veut pas dire qu'il manque de tendresse et d'onction. Loin de là : le cri de la douleur et de la faiblesse humaines s'élève de toute son œuvre oratoire et il y fait écho dans l'aveu d'une immense pitié. L'orthodoxie de sa morale, la rigueur théologique de ses principes ne font pas qu'il soit moins compatissant « aux malheureux mortels que nous sommes, de raison débile et de volonté chancelante », et, ne l'oublions pas, ce n'est pas le « belliqueux » Bossuet, c'est « l'accommodant » Massillon qui a prononcé et froidement écrit le sermon inexorable et d'un accent si faux sur « le petit nombre des élus ».

.* .

Nous allons donc suivre Bossuet dans un monde des plus divers : les rois, dans la gloire comme Louis XIV ; dans l'exil, comme le fils des Stuarts ; les reines délaissées dans leur propre cour, ou exilées et déchues ; les grands, capitaines ou courtisans ; la noblesse de robe ; la richesse insolente des parvenus ; les femmes « parées comme des idoles » ; les beaux esprits vaniteux, les libertins présomptueux, les philosophes téméraires, le clergé que le luxe amollit ; l'ambition, la politique et la guerre ; l'éducation et le mariage des jeunes filles ; le jeu, le duel, le théâtre, l'amour, l'argent, la galanterie, la magie, la sorcellerie... ; — à côté, les pauvres qui rôdent et ne voient de la fête que les girandoles ; les marchands que « l'infidélité des nobles à payer leurs dettes » mène à la ruine ; les populations des campagnes, que les impôts et le passage des troupes pour la guerre réduisent à la misère ; les artisans à qui manque le travail.

Cette énumération serait longue, tant Bossuet, loin d'apporter à son auditoire un enseignement abstrait, se préoccupait au contraire d'illustrer ses leçons d'exemples visibles et tangibles. Et encore perdrons-nous beaucoup de ces allusions et la saveur de beaucoup de ces exemples, l'histoire n'étant pas tellement la résurrection du passé

qu'elle puisse nous rendre exactement les préoccupations et les sensations de ceux qui l'ont vécu.

Dans ce monde prodigieux et disparate, le génie
de Bossuet est à l'aise. Ne s'adaptant à aucun
cadre, irréductible aux formules, l'étonnante di-
versité de son esprit se plaît aux contrastes de la
Cour. Théologien, philosophe et poète, observateur et lyrique, calme et fort et soutenu dans sa
doctrine, mais tout à coup, dans le développement régulier de sa thèse, quand vous le suivez
attentivement et posément dans sa dialectique,
s'enlevant par bonds, s'enivrant de la beauté de
l'Idée, des accents de son âme, de la sonorité de
son verbe, de l'éclat de ses images. Il est, comme
le siècle même auquel il s'adresse, en dehors des
lois qui nous servent à juger communément des
sociétés et des écrivains.

Et ceci est pour donner plus de prix et plus de
relief à ses observations. En effet, si son génie est
plus qu'aucun autre capable d'embrasser dans
une vaste synthèse le tableau si complexe de la
Cour de Louis XIV et d'en faire ressortir, dans
un puissant contraste, les richesses et les misères,
l'ordonnance harmonieuse et les inégalités sur-
prenantes, c'est que, pour avoir longuement
contemplé et profondément étudié le spectacle
unique de cette Cour, pour avoir été admis à en
pénétrer les détails, grâce à ses titres, à ses fonctions, surtout à ses amitiés avec les plus illustres,
il a vu s'enlever plus haut l'essor de son inspiration et de son éloquence, et a dû, pour s'y égaler,
épuiser la mesure de son génie et de son labeur.

CHAPITRE PREMIER

Louis XIV

—

Il y a deux manières d'aborder l'étude du pouvoir royal au xvii° siècle pour bien comprendre la doctrine de Bossuet.

Première doctrine : les rois de France, chefs de maison, se sont essayés depuis huit cents ans à changer leur haute suzeraineté en pouvoir absolu et à faire de leurs vassaux des sujets. Ils y sont arrivés définitivement après la Fronde, lorsque précisément le sceptre se trouvait échu aux mains de Louis XIV, enfant. Or, dans cette longue série de siècles, la royauté, pour s'affirmer incontestée à l'intérieur, n'a guère eu à lutter que contre les nobles, nous voulons dire contre les grands feudataires. En effet, le mouvement communal apporta plutôt à la royauté une aide, souvent sollicitée d'ailleurs, et les Jacqueries les plus sanglantes ne furent que des épisodes, révoltes contre des factions plutôt que contre le Roi. Seule, la noblesse maintient la résistance et quelque illustres que soient les têtes qu'a fait tomber Richelieu, elle lutte encore avec Condé, le dernier exactement des grands feudataires et qui fait sa paix au traité des Pyrénées, de pair ou peu s'en faut avec le roi de France et le roi d'Espagne.

D'où il résulte que le Roi ne doit qu'aux nobles la réalisation de sa puissance souveraine. C'est dans la mesure où ils ont été vaincus ou se sont laissé vaincre, séduits par les mariages, les pensions et les titres, contraints par les traités ou les lois de la guerre, que le Roi est enfin le maître de cette antique hiérarchie de suzerainetés et de vassalités mêlées les unes dans les autres et qu'on appelle la France. Maître du pouvoir par les nobles, il ne le partagera pas évidemment avec les nobles, il le gardera pour lui seul, mais aussi est-ce à eux seuls qu'il en donnera l'apparence et les satisfactions. Il prendra chez eux, à quelques glorieuses exceptions près, ses secrétaires d'État, gouverneurs, ambassadeurs, intendants, maréchaux, évêques. Ceux qui ne sont pas capables d'un grand emploi recevront une charge de cour.

Ecoutons Bossuet : « Dans tous les royaumes, il y a des privilégiés, c'est-à-dire des personnes éminentes qui ont des droits extraordinaires, et la source de ces privilèges, c'est qu'ils touchent de plus près par leur puissance ou par leur emploi à la personne du Roi. Cela est de la majesté de l'État et de la grandeur du souverain que l'éclat qui rejaillit de sa couronne se répande en quelque sorte sur ceux qui l'approchent ».

Telle est la première conception du pouvoir royal, et nous ne disons pas qu'elle soit à tous points de vue juste devant l'histoire et devant la morale : il suffit que ce soit bien certainement en vertu d'elle que les Grands du xviiᵉ siècle aient pensé posséder leurs privilèges.

Mais on peut prendre maintenant à rebours cette histoire de l'établissement de la Royauté et considérer moins ce que le Roi laisse découler, du haut de sa souveraineté, de faveurs et de pouvoirs, que ce que la nation, c'est-à-dire le peuple, donne au Roi, en remontant, de force et d'autorité. Ce serait le xviiᵉ siècle étudié par en bas, dans ses fondations. Il faudrait constater et définir la poussée de chacune des classes sur celle qui s'étage immédiatement au-dessus d'elle. En haut, la Royauté apparaîtrait naturellement comme la résultante de tous les efforts concordants. Ce n'est plus la maison royale qui aurait fait la nation, c'est la nation qui, avec une conscience souvent obscure mais indéfectible, se serait faite elle-même une, en constituant peu à peu tous ses éléments solidaires dans la politique extérieure d'abord, puis dans la politique intérieure. La Royauté ne serait que l'expression concrète de toutes ces aspirations vers l'unité, de tous ces instincts d'apaisement et de stabilité.

« Les rois, dit Bossuet, s'imaginent volontiers qu'eux-mêmes ou leurs ancêtres ont seuls établi leur puissance, comme si les peuples n'avaient point peiné pour eux et que les peuples ne les aient point aidés à monter sur ce trône dont ils ne considèrent maintenant que l'éclat et l'autorité ! ».

Telle est la seconde conception du pouvoir royal, et l'on voit que Bossuet les accepte l'une et l'autre, justifié d'ailleurs par l'histoire, car si les règnes d'un Louis IX, d'un Charles V et d'un Louis XI semblent donner raison à la première doctrine, la seconde a pour elle les conditions du mouvement communal, la victoire de Bouvines et l'histoire de Jeanne d'Arc.

A ces deux conceptions positives et strictement historiques, Bossuet superpose la théorie du droit divin qui peut évidemment s'accommoder de l'une et de l'autre. Or, Bossuet fait incontestablement du droit divin le couronnement de la force. « A l'origine des dynasties, il y a des choses qui font frémir ». Quoi donc, sinon des coups de force, des crimes, des pillages, des usurpations sanglantes? C'est une famille plus puissante qui veut s'asservir ses voisines.

Mais comment la force créera-t-elle le droit? Elle ne le créera jamais, avait répondu le cardinal de Retz, quand il parlait de ce droit des Rois et de ce droit des Peuples qui ne s'accordent jamais si bien que dans le silence. Bossuet au contraire tient à affirmer bien haut le droit du Roi, un droit originel. Le Roi est un élu de Dieu, Dieu lui donne un royaume en lui déléguant, comme le dit Bossuet, une portion de son autorité, et c'est au Roi à conquérir ce royaume comme il le peut, même par le fer et par le feu. Mais il faut qu'il le conquière : que s'il reculait devant les moyens ou préférait au risque des luttes une vie oisive, il manquerait à sa mission « trahirait le choix de Dieu et serait infidèle à sa vocation ». Ces terribles origines dynastiques qui font frémir rentrent donc dans le plan divin, comme les guerres qui précipitèrent les Empires sur les Empires pour réaliser au temps d'Auguste l'unité du monde au profit du christianisme. La thèse de l'Histoire universelle se retrouve ainsi identique dans la théorie du pouvoir royal.

La conquête achevée, il ne reste plus que le Droit ; et les origines cruelles du pouvoir que Bossuet ne dissimule pas, mais sur lesquelles il n'insiste guère, ne l'empêchent point de voir sur le front des rois et sur leur visage une marque de la Divinité. Le Roi est le maître, non par le jeu des institutions, mais du fait de sa personne royale. « Le droit le plus sacré et le plus auguste de sa puissance absolue est d'établir les lois et de dispenser des lois ». Il est la force unique, le droit unique, « les histoires ne sont composées que des actions qui l'occupent et tout semble y être fait pour son usage ».

Qui ne voit l'actualité de cette doctrine ? Il est trop clair d'abord qu'une pareille théorie n'a aucun sens si le pouvoir royal absolu est remplacé par un pouvoir démocratique ou même constitutionnel ; mais supposez Bossuet ayant devant lui « la race de Pharamond » et non celle de Hugues Capet, et que le Roi ne s'appelle pas Louis Auguste, Louis le Grand, mais Chilpéric ou Childebert, alors quel écart, quelle exagération entre la doctrine et la réalité ! Si le Roi même s'appelait seulement Louis XIII et non pas le Roi-Soleil, Bossuet pour expliquer les bienfaits de la royauté aurait-il pu recourir à cette comparaison pourtant toute naturelle aux regards de l'époque : « ainsi Dieu a mis le soleil dans une place si élevée au-dessus de nous pour réjouir par sa vertu toute la nature » ?

On objectera la « Politique tirée des propres paroles de l'Ecriture sainte » et l'on dira que Bossuet, bien loin de subordonner ses théories au prestige de Louis XIV, ne fait qu'appliquer à la royauté de son temps une doctrine transcendante. Mais cette « Politique » elle-même vient de Versailles. Elle est rédigée telle et étayée sur de tels principes parce qu'elle a été composée sous le prestige du Grand Roi, à l'adresse de l'héritier du Grand Roi. Il ne nous semble pas que ce soit manquer d'égards au génie de Bossuet de penser que les idées directrices de cet ouvrage auraient été modifiées naturellement en face d'une royauté d'un caractère tout différent. Ici, comme toujours, la théorie politique est le reflet de la politique pratique et tangible. Cette doctrine du droit divin est au surplus celle de tout le monde au XVIIᵉ siècle, et non pas seulement celle des courtisans, des ministres, des prédicateurs et des poètes, mais des Conti, des Bouillon et des Condé auxquels cependant leur propre histoire et toute récente aurait dû enseigner sur l'origine de l'absolutisme royal une doctrine bien différente de celle du sacre du Roi Saül !

Par cette théorie du droit divin formulée au moment même où le despotisme du Roi et la soumission des Grands concordent pour traduire ce droit en fait de force majeure, Bossuet rend au génie de Louis XIV un hommage comme jamais peut-être n'en reçut aucun roi. Car cet accord

unanime de tant et de si tenaces résistances sur
le principe de l'absolutisme est l'œuvre de
Louis XIV. C'est le résultat le plus accompli de
la patiente continuité de son génie. Quand le
prestige de sa personne et de son gouvernement
n'aurait eu pour conséquence que de faire consacrer le fait ou le droit — peu importe — par les
théologiens, les Parlements et la noblesse, alors
que la Fronde trois fois renaissante n'était fermée
que d'hier, c'en serait assez pour nous permettre
de désavouer Saint-Simon, qui n'a vu dans
Louis XIV qu'un esprit né au-dessous du médiocre, mais capable d'emprunter sans imitation
et sans gêne.

*
* *

Voici d'ailleurs dans l'œuvre de Bossuet non
plus un Roi, mais Louis XIV en personne qui
s'avance, glorifié par l'éloquence. Les audiences
du Grand Roi, les réceptions solennelles des
ambassadeurs, la noblesse de son maintien, le
charme incontesté de sa personne, l'impression
de majesté qu'il laissait au passage sur les plus
illustres de son royaume respectueusement rangés, son attention jalouse à ce qu'aucun ministre
n'usurpât hors de fonctions très déterminées,
tout ce qu'enfin il nous a dit ou laissé entrevoir
lui-même dans ses Mémoires de sa conscience à
faire son métier de Roi, de sa facilité de travail,
de sa lucidité d'esprit, de la rectitude de son bon
sens, de son calme que n'altéraient pas les malheurs : tout cela revit ici et là dans la parole de
Bossuet et constitue un portrait admirable de
vérité et de précision.

Louis XIV « allie la force à la douceur » ; la noblesse de ses expressions lui vient de celle de ses sentiments. Ses paroles précises sont l'image de la justesse qui règne dans ses pensées, « et cela au témoignage des cours étrangères ». Quand il parle, c'est avec force, mais « une douceur surprenante lui ouvre les cœurs et donne je ne sais comment un nouvel éclat à la majesté qu'elle tempère ». Il est accoutumé dès sa jeunesse « à la vie agissante, et pour assurer la tranquillité publique, il assure tous les jours l'ouvrage de la paix intérieure par ses victoires sur les cœurs ». De loin il étonne, de près il attache ; on l'admire, on le craint, on l'aime. Il est grand dans le particulier et dans le public, il est grand dans la paix et dans la guerre. Son esprit est vaste, pénétrant, réglé, il conçoit tout, il dit ce qu'il faut, il connaît les affaires et les hommes, il les choisit, il les forme, il sait les renfermer dans leurs fonctions. — Tel est le Prince dont la France, sous la régence de sa mère, avait suivi avec tant de curiosité l'éducation, priant Dieu « de le rendre tous les jours plus cher à son peuple, plus redoutable à ses ennemis ». Tel est ce règne « miraculeux » dont la France « en travail » n'a pas payé trop cher l'enfantement, au prix même des convulsions de la Fronde.

Moins parce qu'il commande que par besoin d'un maître et d'autorité, tout cède devant lui. Le nom de liberté est toujours reconnu comme le plus agréable et le plus doux, mais aussi comme le plus décevant et le plus trompeur. « Les troubles (lisez : les barricades du faubourg Saint-Antoine), les séditions (ce sont les révoltes à main

armée de Turenne et de Condé), les mépris des
lois (entendez : les usurpations politiques du
Parlement) ont toujours eu leur cause ou leur
prétexte dans l'amour de la liberté », — au contraire, on se fait maintenant « une loi de la
volonté du Prince, on n'a rien de plus précieux
que les occasions de signaler son obéissance ».

Voilà un commentaire que l'histoire rend saisissant, et jamais on n'a mieux mis en lumière
le contraste entre l'agitation de la minorité de
Louis XIV et l'imposante, peut-être même l'apparente tranquillité de son règne personnel.
Louis XIV, pour partir à la tête de ses troupes,
peut céder la Régence à la douce, faible et inexpérimentée Marie-Thérèse : le royaume ne verra
plus les troubles ni les entreprises des régences
antérieures, et dans une image majestueuse,
Bossuet montre ce qu'est devenu aux yeux du
monde ce trône qui n'avait été d'abord que le
pavois disputé et mal affermi des soldats Francs :
« On respecte le siège du Roi même en son
absence, et le Roi remplit de sa majesté tous les
lieux où il habite ».

Sur ces palais mêmes où rayonne la gloire du
maître absent, le génie de l'orateur s'arrête com-
plaisamment et ne dédaigne point de nous les
décrire. Ce sont des lieux pompeusement parés,
artificiellement décorés, parce que « l'appareil de
la puissance convient aux grandes dignités ». Il
y a une esthétique royale, conventionnelle, mais
de rigueur, et on y assouplit au besoin la nature.
Entendez Bossuet lui-même dans un langage
pittoresque et familier : pour créer les parcs du
Roi, on abat les futaies, on déracine la première

verdure des champs. On se soucie peu des petits oiseaux qui invoquent Dieu dès le matin par la mélodie de leurs chants, ni des fleurs si superbement parées durant le petit moment de leur être que Salomon dans toute sa gloire n'a rien de comparable. — Et l'orateur trouve que c'est une malice insupportable. Mais quoi donc importait? La nature? ou le décor et la pompe? Il faut « orner » à tout prix, « il faut des balustres, des dais, des couronnes, des manteaux, des titres et des armoiries et si *quelque accident contraignait le roi de loger en une cabane, on tâcherait de l'orner et on y verrait quelque petit rayon de la magnificence royale* ».

Sur ce simple détail si surprenant de vérité et de réalisme, il faudrait lire en commentaire l'effarement de la Cour parce que Louis XIV à la chasse, surpris d'un orage violent, est obligé d'abriter sa grandeur sous le toit d'un réduit où un jardinier serre ses pioches et ses bêches. Le roi s'en amuse, il trouve la chose plaisante, remarquez qu'il ne la trouve pas naturelle, mais il est à supposer que la suite royale aurait bien voulu pouvoir « orner la cabane ».

Ce décor rehaussait plus que la majesté d'un roi, plus même que l'apogée d'une dynastie. Il glorifiait l'hégémonie d'une nation. Inutile de rappeler que l'œuvre politique de Louis XIV fut immense. Il fit aboutir enfin ces vastes projets que la monarchie poursuivait depuis Louis XI; s'il est redevable d'avoir pu les exécuter à la grandeur de vues d'Henri IV, à l'énergie de Richelieu et à la diplomatie de Mazarin, c'est faire de lui précisément le plus bel éloge que de dire qu'il eut la perception nette des devoirs que lui imposaient vis-à-vis de l'Europe les efforts de tant de générations et discerna tout de suite que l'heure était arrivée où le Roi de France parlerait — sinon jamais — en maître à l'Europe.

Bossuet sous le décor a-t-il vu l'œuvre immense ? A-t-il eu lui aussi la perception nette de cette politique et peut-il, après nous avoir si majestueusement décrit l'extérieur et l'attitude de Louis XIV, nous témoigner de la continuité et de l'étendue de ses desseins, sous la réserve pour nous de ne pas oublier que Bossuet n'est pas un politique et que donc son génie ne le garantissait ni des illusions, ni des ignorances de la plupart de ses contemporains ? On ne lui demande pas de juger comme Colbert, c'est évident. Mais dans le prestige de Louis XIV, a-t-il vu autre chose que l'absolutisme fastueux d'un souverain enorgueilli d'attacher à son char des rebelles ou des ennemis ? Combien autour de lui d'observateurs se sont trompés ! Disons-le donc simplement : Bossuet, pour nous du moins qui voyons maintenant l'ensemble et l'enchaînement des faits, compte certainement parmi les témoins, les juges et les commentateurs les plus avertis de cette politique. Il nous suffira de l'écouter.

Louis XIV « a porté au plus haut point la gloire de la France, il l'a rendue puissante par mer et par terre ». Il ne souffre pas une résistance, pas un affront. Ses ennemis redoutent ses moindres démarches. Il administre les finances et la justice avec fermeté et raison. A la guerre, partout capitaine, il ménage ses soldats, il évite les longueurs meurtrières, il foudroie les villes

plus qu'il ne les assiège... il couvre deux mers de
ses flottes victorieuses. Ses ennemis sentent sa
force et son ascendant. Leur fierté affectée (allusion aux railleries des Hollandais) couvre mal
leur crainte et leur désespoir. Il attaque Alger
comme un oiseau ravissant qu'on va chercher
parmi ses rochers et son nid où il partage son
butin à ses petits.

Admettons ici que ce « partout capitaine » fait
peut-être un peu trop penser à la fameuse épître
au Roi sur le passage du Rhin, car Louis XIV qui
commanda en personne dix-huit ans, avait surtout
le mérite de ne pas encombrer ses armées et, aux
jours de bataille, de ne pas gêner ses généraux ; —
que Colbert était bien pour une part importante dans l'administration ferme des finances,
et que Turenne s'entendait peut-être le mieux à
« éviter les longueurs », comme Vauban à assié-
ger ou à foudroyer les villes. Mais l'orateur peut
sans flatterie faire honneur au Roi du mérite des
généraux et des ministres, car il domine les plus
grands de tout son ascendant. « Voilà ce qu'a vu
notre siècle », dit-il exactement en parlant de la
gloire de Condé et de Turenne : et il a vu « ce
qui est encore plus grand : un roi se servir de ces
deux grands chefs ».

Louis XIV sait « mettre ses préférences au-
dessous des intérêts de la nation ». Et cela sans
doute veut dire simplement que le Roi sait heureusement confondre les exigences de sa dynastie
et celles de la grandeur de la France. Mais n'est-
ce donc rien d'entendre pour la première fois
du haut de la chaire un orateur comme Bossuet
unir dans la même admiration la grandeur royale

et le succès de la politique nationale? Cela ne montre-t-il pas « le degré de gloire où la sagesse du Roi a placé le trône de France »?

Si ce tableau n'était déjà assez saisissant, il prendrait du relief à le rapprocher de celui de La Bruyère, plus étudié peut-être, plus « officiel » certainement, mais qui ne fait pas revivre véritablement Louis XIV, parce qu'il est impersonnel. Donnons-en quelques traits pour la facilité de la comparaison : « Que de dons du Ciel ne faut-il pas pour bien régner !... un air d'empire et d'autorité ; un visage qui remplisse la curiosité des peuples ; de la brièveté jointe à beaucoup de justesse et de dignité, soit dans les réponses aux ambassadeurs des princes, soit dans les conseils ; le discernement des esprits, des talents et des complexions pour la distribution des postes et des emplois, une vaste capacité qui sache se renfermer dans les détails de tout un royaume ». C'est, on le voit, avec Bossuet et avec La Bruyère, le même portrait de roi, ou plutôt du Roi. Ils ont saisi Louis XIV dans la même attitude de majesté et de hauteur, mais où Bossuet peint avec des mots qui sont de vives images, La Bruyère, pour vouloir généraliser et élargir le portrait en caractère, ne semble plus écrire qu'une page d'un traité à l'usage du Prince.

*
* *

Louis XIV n'a donc et ne pourrait supporter d'avoir dans toute l'Europe rien ni personne au-dessus de lui. Pendant au moins les trente premières années de son gouvernement, ceux de ses ennemis qui ne sont pas vaincus se taisent ; la noblesse se rue aux charges, aux pensions et aux divertissements ; la nation souffre, silencieuse encore. Versailles devient une sorte d'Empyrée. Louis XIV, qui avait parlé d'abord du bien de ses peuples, finit par ne plus parler que de sa gloire. C'est de sa gloire que la Cour devient le témoin, dit Bossuet, — et le roi lui-même écrira dans ses Mémoires qu'il lui semblait qu'on lui enlevait de sa gloire quand on pouvait en avoir sans lui ! C'est l'heure de l'enivrement, celle où l'orgueil, sourd à la raison, conduira aux fautes, où l'égoïsme va se revêtir d'intolérance, où l'obséquiosité énervante de la Cour s'unira à la conscience très légitime d'une grandeur personnelle presque sans exemple pour transformer « l'ascendant » en dédain et en tyrannie. Qui l'a mieux vu que Bossuet ? Il est le premier à prononcer le mot prophétique de vertige : « le vertige d'une tête qui ne sent rien au-dessus d'elle » ! et cet « enivrement de l'adulation » ! et ces « fumées de la flatterie plus troublantes que l'odeur des lauriers » !

Or, ce n'était peut-être pas le bonheur constant de ses guerres et les résultats de ses traités de paix qui exaltaient et enivraient le plus Louis XIV. Cela, c'était « l'odeur des lauriers » ! Mais les fumées de la flatterie étaient plus « malignes ». Pourquoi ? Parce que la place du Grand Roi, le lieu où il était vraiment Grand, ce n'était pas les camps de ses armées, c'était son Palais, le Louvre ou Versailles, Versailles surtout, créé par lui et pour lui. Capitaine, il ne l'était point, et c'est encore avec un train de cour qu'il suivait l'armée. D'ailleurs, eût-il été par surcroît Turenne ou Condé, il n'en serait pas plus « Grand ». L'apogée de la monarchie traditionnelle voulait que ce fût dans ses palais que rayonnât sa gloire, parce que, entre le château de Versailles et la villa mérovingienne, il y avait la même distance qu'entre la monarchie d'un fils de Clovis et celle du Roi dont l'absolutisme scellait définitivement l'unité française. Pour la postérité qui généralise, la gloire d'un Frédéric ou d'un Napoléon reluit dans leur épée, celle de Louis XIV reluit dans les ors de Versailles. Toute l'histoire nous l'apprend : depuis qu'il y a des chefs de peuples, les souverains qui, précédés d'une longue suite d'ancêtres, ont représenté l'apogée de leur dynastie, c'est dans l'éclat d'une Cour composée à leur image et selon leur conception de leur droit, qu'ils ont symbolisé leur gloire et pris conscience de leur omnipotence enfin garantie.

Aussi Bossuet ne cherche pas à isoler la gloire personnelle de Louis XIV de celle de sa Cour ; cette Cour n'est pas, comme pour nos idées modernes, un cadre prestigieux, elle est, dans le sens le plus fort du mot, l'essentielle expression de la grandeur du Roi. C'est à Versailles qu'est Louis le Grand, Louis-Auguste, soit qu'il préside « avec sagesse aux Conseils », soit qu'il se montre « aux plus grands de son royaume » dans l'éclat de sa majesté.

Ces fameuses campagnes à la suite des armées, tant glorifiées et amplifiées en prose ou en vers, il sait qu'elles sont belles surtout par la pensée qui les anime, en suppute et en réalise les résultats. Que donc Louis XIV se jette « justement

irrité sur les terres de ses ennemis en se les assu-
jettissant par la force », et qu'il leur fasse perdre
« jusqu'à l'envie de se battre », Bossuet y applau-
dit, mais jamais il ne voit le Roi plus Grand,
plus majestueux que lorsque « les ennemis vaincus, il entre avec un superbe appareil dans la
Ville capitale de son royaume ».

Nous entendions tout à l'heure Bossuet parler
au Roi du vertige des grandeurs. Ailleurs, il l'adjure de se garder des malsaines sollicitations, et
du trop plein contentement de soi-même joint à
une puissance sans bornes. Mais de tels avertissements ne sont pas assez précis pour être bien
hardis ; de rigueur en chaire, ils ne sont guère
que des lieux communs et si Bossuet en était
resté là, c'est alors qu'il aurait encouru ce
reproche de complaisance ou de flatterie dont ne
le défendent pas absolument la dignité de sa
parole et la hauteur de ses enseignements. Heureusement, il a fait entendre des leçons plus
directes. Il sait que les rois n'ont pas « l'oreille
facile » : il n'en dira pas moins à celui auquel il
s'adresse que ce n'est pas sans offense à Dieu et
aux hommes que « la majesté devient un fastueux
dédain non seulement de ce qui est bas, mais de
ce qui est médiocre ». Singulier état d'esprit
d'ailleurs que celui de ce roi auquel un prédicateur se voit obligé d'apprendre que, si grand que
soit ce titre et si auguste, il n'égale pourtant pas
l'homme à Dieu et n'exprime encore que très
faiblement la majesté divine ! Ici, il y aurait bien
lieu de se demander si le langage et la doctrine
des prédicateurs n'avaient pas contribué beaucoup à développer l'orgueil royal. La théorie du

droit divin elle-même n'exigeait pas tant d'insis-
tances à faire ressortir que l'élection et la délé-
gation de Dieu mettaient les Rois « au-dessus des
autres enfants des hommes ».

Quand un orateur sacré dit à un roi comme
Louis XIV, déjà trop porté à se mettre au-dessus
du reste des mortels, que les rois sont des dieux
et des enfants des dieux, cette parole, bien que
purement métaphorique, a un autre retentissement que les apothéoses allégoriques des artistes
et des poètes. Nous ne voyons pas trop cependant
quel grief on en pourrait faire à Bossuet. Il a vu
clairement les dangers et les excès de la conception despotique du pouvoir royal, il les a dits en
termes convenables, mais précis. Que peut-on lui
demander de plus ?

Ce roi, qui n'a pas l'audience facile, qui ne prête
pas à tous une oreille attentive, qui affecte de
se tenir au-dessus de tous les maux pour n'y pas
compatir et ne pas les soulager, qui ne laisse
jamais la vérité arriver à lui directement et de
droit fil, qui, pour construire de superbes palais,
impose à son peuple un fardeau qui excède ses
forces, qui enfin, parce que le ciel l'a comblé d'un
constant bonheur, semble ne pas croire qu'il y
ait sur cette terre des malheureux et des pauvres ;
c'est sans doute un roi quelconque, mais c'est
avant tout Louis XIV et la preuve en réside dans
une concordance frappante que Louis XIV ne
devait pas être le dernier à relever. Quand
Bossuet l'adjure d'écouter tout et d'écouter tous,
surtout les pauvres et les humbles, c'est l'année,
c'est le moment même où les « humbles », après
une famine cruelle, écrivent au Roi « sur leur

grand nombre et leurs nécessités » et sur les mille maux qu'ils ont soufferts avant d'oser se décider « à recourir à sa majesté ».

Sans doute Bossuet reconnaît que l'accès au Roi est empêché par les conspirations permanentes des courtisans, les perfides intrigues, la coalition des bas intérêts. Il se déclare persuadé que le Roi ne demanderait pas mieux que de se renseigner, « sachant que plus la place est élevée, plus elle a d'objets qu'on ne peut voir ni connaître qu'en l'occupant ». Mais ce sont là des excuses, des atténuations qui ne doivent pas tromper sur la précision et le sens de la leçon : « la superbe du triomphe étouffe chez les meilleurs tous les autres sentiments ».

A force de succès, d'adulation, d'orgueil et d'égoïsme, Louis XIV avait abouti à se croire au-dessus des misères et des petitesses humaines, et cela même c'est précisément l'enivrement. Montrer donc à Louis XIV, dans une doctrine magnifique, la grandeur de la dignité royale et tout à côté les devoirs qu'elle lui imposait, c'était faire servir au bien l'enivrement de la toute-puissance, c'était parler à Louis XIV le seul langage qu'il pût comprendre, celui de la fierté : sa fierté personnelle et celle de sa race. Parcourez ses Mémoires et ses instructions aux ambassadeurs, vous verrez que la fierté est le stimulant de toute sa politique, et cette fierté se confondait avec celle de la France. C'est elle qui a soutenu Louis XIV dans l'énorme labeur de son règne, et, jusque dans les revers, retenu de faiblir. Egoïste et despote, soit ; mais on est avec Bossuet plus près de ne l'en blâmer qu'avec ménagement

quand on songe à la contrainte et à la somme
surprenante de travail qu'il s'imposa pendant les
cinquante-cinq ans qu'il fit tout seul et sans relâche ce qu'il appelait lui-même, avec la plus
claire conscience, son métier de Roi.

*
* *

Lui et Bossuet sont peut-être les deux hommes
les plus laborieux du règne. A chacun leur labeur
remplit un demi-siècle ! Bossuet, qui approchait
chaque jour Louis XIV pendant le Préceptorat du
Dauphin, a été frappé de cette application du Roi
à toutes les fonctions de la Royauté et, si nous
voulions nous représenter une journée du Grand
Roi, il nous renseignerait aussi bien que beaucoup
de mémorialistes.

D'abord il faut que Louis XIV subisse « la
contrainte de se faire toujours une vie politique »,
dure contrainte, mais si le Roi lui-même le voulait il n'y pourrait échapper, car dans cet excès
de hauteur où Dieu les place, ses pareils s'imaginent qu'il serait malséant qu'on les vît des
mêmes regards qu'on fait les autres mortels. De
là cette étiquette rigoureuse dont Louis XIV défendait son approche comme d'une divinité et qui
absorbait une grande partie de son temps. L'orateur ne laisse pas d'en gémir et de s'en étonner :
« Quels détours de cérémonies qui ne laissent
presque pas un moment à soi !..... Quelle liberté
peut-on concevoir dans cette cruelle nécessité de
perdre le temps par tant d'occupations inutiles ? »

Il est une autre « servitude cruelle et insupportable » à laquelle s'assujettit Louis XIV, c'est
de recevoir les courtisans, de surveiller les

intrigues, de déjouer les plus secrètes pensées de complots, de grouper enfin tous les talents, toutes les ambitions autour de lui par la crainte ou par les faveurs. « Il élève et il disgracie », dit Bossuet, comme d'une fonction importante de l'exercice de sa royauté. C'était, en effet, affaire essentielle et non pas de caprice, mais de gouvernement. Sans cette vigilance incessante de Louis XIV à tout surveiller pour ne laisser ni une fidélité non récompensée ni un acte d'indépendance non châtié, quelques-uns des Frondeurs auraient volontiers renouvelé leurs anciennes équipées. La prière que Bossuet adresse à Dieu fait assez voir que si Louis XIV voulait vraiment régner, il lui fallait contenir incessamment les anciens partis : « que le Ciel, dit-il, conserve ce grand monarque dans la paix et dans les hasards ! ». Les mémoires du temps nous ont appris combien ces préoccupations retenaient Louis XIV ; mais ce qu'il apportait de finesse, de patience, de dissimulation même, à défendre son absolutisme contre toute indépendance susceptible de le trahir ou seulement de lui porter ombrage, il est douteux que qui que ce soit l'ait mieux constaté que Bossuet, et ne dirait-on pas que les lignes suivantes sont l'allusion la plus directe à la disgrâce du surintendant Fouquet ? « Assuré de lui-même et de sa propre puissance, il est bien aise de voir jusqu'où iront les téméraires complots de ses sujets infidèles et ne précipite pas sa juste vengeance jusqu'à ce qu'ils soient parvenus au terme fatal où il a résolu de les arrêter ».

Des huit heures de travail de cabinet que Louis XIV s'imposait chaque jour, en dehors de

la représentation, la moitié était consacrée à
l'étude de la politique extérieure que nous appellerions aujourd'hui la politique d'expansion :
guerre, marine, diplomatie, commerce, colonies.
Le Roi poursuivait en même temps la grandeur
de sa famille et la grandeur de son royaume. Pour
se faire une idée de la tâche, il faut se rappeler
l'énorme, l'invraisemblable besogne administra-
tive de Colbert contrôlée, animée chaque jour par
Louis XIV, et les traités qui ont été négociés pendant les soixante-douze années de son règne : cinq,
à ne prendre que parmi ceux qui ont terminé des
guerres de coalitions, sont son œuvre personnelle
et avaient pour enjeu l'unité de la France et
l'équilibre de l'Europe ; l'un s'est imposé à l'Europe pendant deux siècles. C'est en cette matière
surtout que ce monarque dont le souvenir pour
la moitié d'entre nous se perd dans l'apothéose de
fêtes magnifiques, se montrait travailleur infatigable, voulant tout voir, vérifier, contrôler, conclure. Bossuet a loué ses « décisions tranchantes »,
« ses sages précautions pour l'avenir », « sa fidélité constante à poursuivre la politique de ses
ancêtres augustes depuis le saint Roi Louis », et
admirant sans réserves, comme il convient, cette
œuvre grandiose : « Il n'y a rien de plus beau,
s'écrie-t-il, que de pacifier éternellement deux
puissantes maisons ». — Éternellement ? Non pas ;
pas même pour quatre ans ! Bossuet partageait
donc, au moins en chaire, l'enthousiasme hyper-
bolique de ses contemporains, tout en n'étant pas
le dernier à pénétrer le secret dessein de ces
« sages, profondes et patientes négociations » qui
reculaient indéfiniment la guerre, mais déconcer-

taient pour un temps les coalitions de l'Europe et ont fondé ce prestige dont nous sommes encore les héritiers bénéficiaires.

Bossuet d'ailleurs maudit la guerre ! Certes, la guerre ne répugne pas à son génie belliqueux, ardent, qui vole si impétueusement, à la suite du grand Condé, aux champs de Rocroi et de Fribourg, mais il a vu son cortège nécessaire : « la désolation, l'indigence, la pauvreté », il a vu des provinces dévastées par le passage des troupes : « elle fait les campagnes désertes et les bourgs misérablement désolés... », « une garnison de soldats est une chose effroyable en une pauvre maison ». Il a vu enfin dans la guerre la terrible pourvoyeuse de la mort : Dieu n'envoie les vainqueurs que dans sa fureur. Leurs victoires font le deuil et le désespoir des veuves et des orphelins. Il gémit donc avec toute l'Église que « les chrétiens se détruisent eux-mêmes et que toute la chrétienté soit ensanglantée du meurtre de ses enfants que ses propres enfants massacrent ! » Ne nous hâtons pas de crier au lieu commun. Ce qu'il trouve de plus « abominable » dans la guerre, c'est que les peuples chrétiens s'entre-déchirent quand le Grand-Turc ravage la Hongrie et l'Autriche, passe leurs habitants au fil de l'épée, et que « cet ennemi déclaré du nom chrétien peut soutenir avec ses armées les blasphèmes de Mahomet, abattre sous son croissant la croix de Jésus-Christ et dominer tous les jours la chrétienté par des armes fortunées ? » Bossuet parle comme un prêcheur des Croisades. Il oublierait plus vite les maux des armes, si ces armes étaient dirigées contre l'infidèle ou l'hérétique. Au reste, si

sévères que soient ses griefs contre la guerre,
ne nous imaginons point qu'il en rende respon-
sable Louis XIV. Ici comme là il admire sa politique inexorablement déterminée par les faits, et
nous tomberions dans un singulier contre-sens si
nous mettions sous les paroles de l'orateur quelques-uns des vagues lieux communs de l'huma-
nitarisme.

Oui, que « des peuples associés ensemble sous
les mêmes lois et le même gouvernement (enten-
tez : policés, chrétiens et monarchiques), se
détruisent eux-mêmes par des guerres sanglantes,
cela passe à la dernière fureur ».

Oui encore, il faut s'effrayer que « la force selon
le monde ne se contente pas de se défendre, mais
s'étende jusqu'à entreprendre ».

La guerre n'en est pas moins nécessaire pour
soutenir l'hégémonie du royaume, et reconstituer,
puis assurer l'intégrité territoriale d'une nation
déjà vieille contre des peuples nouveaux qui sur-
gissent chaque siècle des complications de la politique européenne ; et Bossuet qui le sait n'excède
point son droit de prédicateur en suppliant seulement le Roi « de faire la guerre par nécessité
et la paix par inclination ».

* *

Un autre souci et non des moins graves absorbait Louis XIV : celui de « protéger » l'Eglise. Ce
n'était pas un rôle à assumer légèrement.
Louis XIV reprenait les prérogatives et les charges
de l'Empereur, du Vicaire du Dehors, comme on
l'appelait au moyen âge. Sa politique religieuse

se ramenait à ces deux termes : assurer à l'Eglise l'orthodoxie en maintenant l'unité de la foi, en contraignant à l'obéissance ou au silence les protestants, les jansénistes, les quiétistes, les libertins ; en revanche asservir à l'intérieur l'Eglise, c'est-à-dire se payer des services rendus sur sa soumission, ses revenus et ses bénéfices.

Personne alors n'aurait compris qu'il en fût autrement. L'Eglise s'applaudissait de la protection du bras séculier, bien que ce bras eût parfois des rudesses. Bossuet redit à l'envi à Louis XIV qu'il est l'élu de Dieu pour protéger la religion et l'Eglise. Il doit la protéger par ses lois : lois contre les hérétiques, lois contre les blasphémateurs, lois contre les sacrilèges. Dans l'étonnant sermon sur les devoirs des Rois il l'interpelle, il le sollicite d'intervenir directement pour l'apaisement des dissensions intestines de l'Eglise et contre l'insuffisante acceptation des décisions de Rome. Les Princes peuvent contraindre par les lois pénales « tous les hérétiques à se conformer à la profession et aux pratiques de l'Eglise catholique ! » Le Roi est le défenseur-né des intérêts de l'Eglise et ses lois en sont « le plus ferme rempart » ..... — La politique de Louis XIV n'avait garde de laisser perdre de telles paroles et on les retrouve textuelles dans ses Mémoires.

Mais « protéger » l'Eglise n'était pas toujours aisé. Il y avait les « sectes », les « enfants dévoyés », comme les appelait Bossuet, et qui faisaient dire à La Bruyère : « à parler populairement, on peut dire d'une seule nation qu'elle vit sous un même culte et qu'elle n'a qu'une seule religion, mais à parler exactement il est vrai

qu'elle en a plusieurs et que chacun presque y a
la sienne ». Il y avait aussi en ce temps une
Eglise de France qui n'était pas plus prête à abdi-
quer ses privilèges aux mains du Roi qu'à suivre
aveuglément les directions de Rome, cette fameuse
Eglise Gallicane dont la gloire et les immenses
services n'ont pu trouver grâce devant les rancunes et les méfiances du Saint-Siège, pour son
indépendance de fière allure. C'était d'ailleurs
beaucoup plus l'Eglise de France d'abord, la
religion ensuite, que la Papauté et surtout les
Papes qu'entendait protéger Louis XIV. L'attitude
hautaine de Créqui, le renvoi du nonce, l'arbi-
trage de la Suède et de Venise refusé, la saisie
d'Avignon et du Comtat Venaissin, 15,000 fantas-
sins et 6,000 cavaliers expédiés en Italie, un vice-
légat maltraité à Avignon, une paix forcée signée
tant bien que mal à Pise : voilà pour les débuts
du pouvoir personnel de Louis XIV. Quelques
années plus tard un autre ambassadeur, Lavardin,
faisait renouveler les mêmes procédés d'intimi-
dation. Ajoutez la Régale étendue à tout le
royaume par un coup de force, trente-neuf sièges
épiscopaux maintenus indéfiniment vacants, etc.
Dans les premières années de ses prédications
Bossuet adjurait les trois Reines Anne d'Autriche,
Henriette de France, Marie-Thérèse, de pleurer
sur les maux de l'Eglise et de se faire ses avo-
cates ; mais jamais ces différends n'auraient pu
lui faire oublier les services rendus par le Roi à
la chrétienté. Sans élever Louis XIV, comme on
l'a prétendu, au rang de Charlemagne, il sait avec
autant de fermeté que de mesure rappeler au Pape,
ce que l'Eglise oubliait trop volontiers, dans

l'âpreté des luttes politiques ce qu'elle devait à la France : « Que ne doivent point les Evêques au Grand Louis ? Que ne fait point ce religieux Prince pour les intérêts de l'Eglise ?... Pour qui a-t-il triomphé si ce n'est pour elle ?... N'ouvrit-il pas autant de temples à l'Eglise qu'il força de places ?... L'un des plus grands de ces temples, celui qui de dessus les bords du Rhin élève le plus haut et fait révérer de plus loin son sacré sommet, par la piété de Louis est sanctifié de nouveau... Que tarde un si saint Pape à s'unir intimement au plus religieux de tous les Rois ? Un pontificat si saint et si désintéressé ne doit être mémorable que par la paix et par les fruits de la paix qui seront, j'ose le prédire, l'humiliation des infidèles, la conversion des hérétiques et le rétablissement de la discipline ».

* *

On s'est demandé souvent quelle dut être l'attitude des prédicateurs de la Cour devant un roi aussi impérieux que Louis XIV et quels directeurs de conscience, sévères ou complaisants, ils furent. L'un des chapitres suivants sera expressément consacré à nous montrer Bossuet directeur d'une conscience royale, mais il n'y sera guère question en définitive que d'un Louis XIV qui n'est plus, dirions-nous, que l'homme privé, si ce langage pouvait avoir seulement une signification dans les mœurs du temps, qui n'est plus dans ses fonctions de Roi. Or, on ne parle évidemment pas, évêque ou jésuite, à Louis XIV, pour le déterminer à une rupture avec une favorite, comme à Louis XIV pour l'engager à signer la paix ou à soulager la misère de son peuple. Mais quand on s'adressait au seul Roi, y avait-il d'abord une leçon à lui donner ? Pouvait-on donner à sa conscience de Chef d'Etat, une direction générale, et, pour tout dire, indiquer à la sagacité de son intelligence, à son aspiration vers la gloire, un champ d'activité ?

C'était assurément l'opinion de Bossuet et sa préoccupation la plus fréquente est de prémunir son royal auditeur contre l'égoïsme, c'est-à-dire contre cette conception de la royauté peu choquante avec la majesté et la politique d'un Louis XIV, mais qui sera plus tard dégradante avec un Louis XV, et qui consiste à incarner dans le Roi seul les besoins et les aspirations de la nation. Ce mot « la nation », Bossuet le prononce, plus audacieux que tous les autres prédicateurs de la Cour. « La justice sur le trône, c'est ce que le genre humain peut voir de plus beau ». Il n'ose dire de plus rare.

« Je suis », disent les Rois, ajoute-t-il : « Je suis et il n'y a que moi sur la terre ». Dangereuse erreur ! car les rois ne sont que les intendants de Dieu et leurs peuples sont ses peuples à lui. Ils s'imaginent « que tout leur est dû : ils doivent en vérité plus à la nation qu'on ne leur doit ».

Quelles idées pouvait bien se former Louis XIV de ce qu'il pouvait devoir à la nation ?... Quelle idée même se faisait-il de cette nation ?... Il paraît bien improbable qu'il ait goûté ou seulement compris les exhortations austères de son prédicateur. D'un génie supérieur, mais d'une instruction à ce point négligée et faussée qu'on en suit la trace tout au long de son règne, il s'en tient à ce que les flatteurs murmurent autour de lui. Sa mère, l'altière Anne d'Autriche, lui a enseigné que ce qu'elle a défendu avec tant de peine contre la Fronde ce n'était pas seulement le patrimoine de l'unité morale de la France, mais « la propriété royale ». La rude forteresse du premier Capet et les étroites terres enclavées dans l'enceinte se sont agrandies jusqu'à devenir la France, mais c'est toujours « la propriété royale ». En dépit des efforts de Bossuet à lui faire entendre au prix de quelles luttes et de quelles souffrances la nation a pu lui garder sa couronne, il ne saurait admettre qu'un droit subsiste en face du sien. Chose plus grave : tout entier à la gloire du présent, il ne perçoit pas des frémissements dans la nation, ces frémissements qui n'échappent pas à Bossuet vers qui cependant ne convergent pas toutes les relations des Intendants et des Gouverneurs. Aucun contrôle, aucune assemblée de notables, aucun Parlement : Louis XIV se juge lui-même et c'est assez.

Lourdes fautes, qui oserait le nier ? car un Roi doit voir loin qui porte en lui l'avenir d'une telle dynastie. Ajoutez qu'il affecte de vivre loin du peuple. Bossuet l'en avertit : pourquoi n'a-t-il pas l'audience plus facile ? pourquoi vit-il comme retiré aux regards profanes ? pourquoi ne voit-il les nécessités de ses peuples que de si loin ? pourquoi ne laisse-t-il pas monter à lui le cri des pauvres ? pourquoi ne songe-t-il pas, quand il ordonne ses fastueuses dépenses, aux sueurs nécessaires pour y fournir ? — Pourquoi ? parce que se souvenant peut-être trop de la Fronde, il avait

voulu abandonner Paris, et parce qu'il avait cru
de sa dignité et de sa grandeur de créer un cadre
à sa propre gloire. Il s'isolait ainsi de la vénération et des requêtes des humbles, il s'arrachait à
ces milles clameurs de Paris, spontanées, quelquefois railleuses et inquiétantes, mais d'autant
plus instructives. Louis XVI et Marie-Antoinette
ramenés, les 5 et 6 octobre 1789, de Versailles
par une populace furieuse ont trop chèrement
payé l'exode définitif de Paris à Versailles du
6 mai 1682 et les dix-huit ans de fêtes qui
l'avaient précédé.

Une tradition rapporte qu'à l'heure du trépas
de Louis XIV (8 heures et quart du matin,
1er septembre 1715), les aiguilles s'arrêtèrent au
cadran bleu de l'horloge de la Cour de Marbre :
heure qui marquait la fin de l'apogée de la plus
glorieuse des dynasties. Que si pourtant ce Roi
eut des torts, et son règne des misères, n'imitons
pas ceux qui insultèrent jusqu'à son cortège
funèbre. N'oublions pas qu'aucun des maîtres que
les Dynasties ou les Révolutions nous ont donnés
n'a fait davantage pour la gloire solide et durable
du nom français, et puisque Bossuet nous a si
bien conduits à travers la majesté de son règne,
nous rappellerons le rare et naturel éloge qu'il
adressait à Louis XIV : « Sire ! vous avez porté
au plus haut point la gloire de votre France ! ».

Et en parlant ainsi Bossuet revoyait sans doute
ce tableau qu'il s'est complu à refaire souvent : le
Roi de France grand par l'infinie multitude qui
attend de lui sa protection, son salut et sa liberté :
les terres bien cultivées, la mer libre, le commerce
riche et fidèle, chacun dans sa maison en paix, la

munificence du Prince portant sa vertu jusque dans les provinces reculées, tous lui devant tout : honneurs et charges, fortune et vie, sécurité publique.

CHAPITRE II

La Cour de Louis XIV

—

Sommaire. — Une vue générale sur la Cour de Louis XIV : elle est une vaste comédie qui se joue en différentes scènes. — L'apparence et la réalité ; soucis, intrigues et mélancolie des courtisans. — L'ambition, nécessité de s'avancer. — Confusion des conditions et des classes, la noblesse envahie par la roture. — Arrogance des courtisans pour le peuple, leur servilité devant le roi. — Le jeu ; la noblesse s'y ruine. — Les nobles ne paient pas leurs dettes. — Exigences du luxe, toilette des femmes. — Coquetterie et séduction, galanterie et amour. — L'hypocrisie religieuse ; licence et débauches des Grands. — Envie et méchanceté des courtisans. — Les disgrâces et l'incertitude de l'avenir. — Instabilité de la faveur royale. — Susceptibilité des courtisans ; ils veulent être traités avec ménagement.

Comme pour La Bruyère ou Madame de Sévigné, la Cour est pour Bossuet un vaste monde, compliqué, où les passions et les intérêts se heurtent, où sous les dehors les plus brillants se cachent les pires difformités et, sous le contentement du visage, l'âpreté et les inquiétudes de l'égoïsme. De grandes ambitions sont poursuivies par des moyens mesquins, sinon même inavouables, la pompe des mots décore des banalités. Bref, c'est une perpétuelle contradiction entre ce que l'on voit et ce que l'on ne voit pas.

Il en est ainsi forcément de toutes les Cours, mais celle de Versailles a une originalité : son immensité et sa multitude. Quel monde en raccourci que ce palais qui peut abriter 10,000 personnes ! Chaque jour les conversations de milliers de courtisans s'y renouvellent à propos d'une intrigue, d'une guerre, d'un traité de paix, d'un mariage, d'une disgrâce, d'une fête. C'est une Cour qui est à elle-même son propre intérêt et qui, pour se divertir, n'a besoin de rien autre que de se considérer au miroir.

Là-bas au bout de ces avenues triomphales, il y a la verdure simple des champs et les chaumières pittoresques et dénudées des paysans. Il y a des artisans et les premières usines créées par Colbert et un peuple qu'il serait curieux de surprendre en ses sentiments secrets : tout cela n'importe à la Cour, pourvu qu'en un jour de « grand ballet » elle puisse, à la lumière des girandoles, se renvoyer son image dans le Salon des Glaces. Tout — heureusement — n'est pas à Versailles où l'on consomme sans produire, mais la Cour dit et croit que tout y est. Au surplus, à ne constater que le fait, sans en peser la légitimité, tout n'y est-il pas ? Tout ce qui pense noblement, tout ce qui est riche et beau, tout ce qui a de la grâce, du génie, de la race et de la gloire ? Oui, sans doute, il y a là-bas des ouvriers habiles en dentelles et en soieries, mais c'est ici que l'on se pare de leurs chefs-d'œuvre parce qu'il n'y a qu'à Versailles que « pour orner un corps mortel, ainsi que le dit Bossuet avec amertume, il faut que tous les métiers suent, que toute la nature s'épuise, que toute l'industrie se consume ». Ces tapisseries, ces glaces, ces porcelaines et ces marqueteries sont pour Versailles. Qui s'avisera de penser — en dehors de Louis XIV

— que Colbert ait de toutes pièces créé ces industries pour nourrir le peuple et non pour parer la Cour ?

En outre, dans une Cour restreinte et terne comme celle de Louis XIII, une certaine grossièreté extérieure de mœurs, d'habitudes et de langage laissait apparaître les défauts et les vices avec moins de désavantage, dans une tonalité générale. Le contraste n'était pas saisissant : ici au contraire il devient énorme dans une Cour qui porte à leur suprême perfection le culte des arts, le souci de la politesse et des belles manières, le plaisir délicat de la société, le respect de la hiérarchie, la recherche du style noble. Le spectacle est nouveau pour la Cour elle-même. Combien plus l'est-il pour la France dont tous les regards convergent, pour le scruter, vers ce monde qui délibérément s'est mis à l'écart !

Du même geste la Cour s'est créée, hiérarchisée, solennisée. L'apogée de Versailles ne date point de 1682, quand il fut définitivement habité : il est des beaux jours de Louise de La Vallière et de Madame de Montespan. On voyait donc alors des courtisans dont les ancêtres, il n'y avait pas soixante-quinze ans, luttaient contre le roi de Navarre et l'unité de la France, et qui, il n'y avait pas vingt ans, forçaient eux-mêmes Louis XIV enfant à fuir pendant la nuit du Louvre à Saint-Germain. Et aujourd'hui ce sont des courtisans ! Ils nous semblent de loin s'être accommodés aisément de leur rôle et certainement les pensions et les bénéfices les y aidèrent, mais de tels contrastes ne s'effacent point en quelques années.

De quelque côté donc qu'on aborde la Cour de Louis XIV, il faut s'attendre à rencontrer un enchevêtrement de faits, de mœurs, d'habitudes, d'usages complexes, contradictoires, heurtés, d'où résulte plus souvent peut-être l'impression d'un chaos que la satisfaction d'une majestueuse ordonnance.

*
* *

Ce n'est pas, on le pense bien, le côté pittoresque ou l'aspect esthétique de la Cour qui retiennent l'attention de Bossuet, et il ne faut pas oublier d'ailleurs que Versailles, déjà très imposant, mais en voie d'achèvement, n'a pas revêtu, quand Bossuet est dans sa gloire d'orateur, ce caractère hiératique qu'il aura à partir de 1683. On a tort aussi de croire que c'est l'immense château qui a nécessité la Cour, c'est au contraire la Cour qui a fait bâtir Versailles : dès le début du règne personnel de Louis XIV, il ressort de tous les mémoires que vers 1660 le Louvre et Saint-Germain sont encombrés de courtisans, qu'on n'y peut plus loger, qu'il faut attendre longtemps de quoi manger, qu'on n'y trouve pas toujours possibilité d'y coucher sur des « carreaux », et que c'est pour réglementer cette cohue et la surveiller de près que le Roi projeta l'agrandissement de Versailles qui progressa jusqu'à l'énormité.

Mais déjà vers 1670, Bossuet démasque ce qu'il aurait démasqué vers 1685 : le vice, ce qu'il appelle « l'éternel dessous des Cours ». Tout son rôle consiste à arracher à ce vice son déguisement, à jeter dans un coin « ce déguisement d'étoffe fanée » et à dire au vice bien mis en lumière : de quelque nom que tu te pares, tu n'es que le vice ; tu es même plus laid ici qu'ailleurs.

Suivons en effet son raisonnement. Il constate dans le sermon pour la vêture de Mademoiselle de Bouillon que nous apportons au monde en naissant une liberté indocile, une molle délicatesse, un vain désir de paraître. Il s'agit de naissances hors du commun, on le voit. Mettons donc que ce soit là le triste lot des gens riches. Or, et voici maintenant le partage de la Cour : « plus la naissance est illustre, plus ces maux sont enracinés dans le fond du cœur ». Ainsi donc quand tous les moralistes se contenteront de donner à la Cour ni plus ni moins de vices, de travers et de ridicules qu'aux autres hommes, le prédicateur se permet une toute autre hardiesse. Il est plus sévère que le moraliste et l'historien et la Cour est pour lui (ou peu s'en faut) ce qu'il y a de pire.

C'est en effet en ces termes que dès 1662 il en résume la valeur morale : « les jalousies qui ensanglantent, les délices qui corrompent, l'iniquité qui déshonore ». Ou encore dans l'oraison funèbre d'Henri de Gornay : superbe grandeur, désir immodéré de se pousser, amour des plaisirs. Mais ce qu'il faut voir, c'est le contenu qu'il renferme sous chacun de ces termes, c'est l'extraordinaire commentaire que fournissent ses sermons de ce premier jugement, à mesure que l'expérience de la Cour et la pratique des hommes instruisaient mieux l'orateur et le moraliste des vices et des louches compromissions que le faste et la politesse paraient d'une spécieuse élégance.

La Cour n'est pas seulement une mécanique, une vaste comédie qui se joue en différentes scènes et que ceux qui sont dans le monde comme spectateurs connaissent souvent mieux que ceux qui y sont acteurs. Ce n'est pas seulement un jeu d'optique dont la première vue ne nous montre qu'un mélange confus de couleurs, mais que, si celui qui en sait le secret vous le fait considérer par le point de vue, aussitôt les lignes se ramassent, cette confusion se démêle et vous produit une image bien proportionnée.

La Cour est « une assemblée, une compagnie » qui a son esprit particulier. En prenant place dans ce corps on prend l'esprit de la compagnie. Il y a donc un esprit de Cour comme il y a un esprit de l'Académie, un esprit du Parlement, un esprit des Cours de Justice. Cet esprit de la Cour est fait d'un peu de bien, mais de toutes sortes de haines, de médisances, de bassesses, de vengeances, de mollesses et de délicatesses. Quand les hommes se heurtent, se mêlent, le mal grandit. L'esprit de Cour concentre, en son essence la plus maligne, l'esprit du monde.

Telle est l'idée directrice de Bossuet dans la mise en œuvre d'une aussi riche matière. Sans nul souci du pittoresque, laissant de côté, comme de peu d'importance, les ridicules et les travers, c'est aux vices qu'il s'attaque, soucieux avant tout de les condamner énergiquement. Il n'est ici encore ni moraliste, ni satirique : il est prédicateur ; mais aussi devrons-nous reconnaître bien vite que si parallèlement à ses observations, nous ne suivions pas pour les commenter l'histoire anecdotique de la Cour de Louis XIV, la moitié et beaucoup plus de ces observations ne seraient pas même pour nous des lieux communs, mais de véritables hors sens. Pour le dire autrement, ce n'est pas la Cour d'un monarque quelconque qu'il décrit : c'est celle de Louis XIV.

* *

Le premier caractère de la Cour est d'être une apparence, un décor sans fondements, sans réalité en dessous. On veut toujours unir les affaires et les plaisirs. Tout est couvert d'un air gai. Enfoncez : vous trouvez partout des intérêts cachés, des jalousies délicates qui causent une extrême sensibilité et, dans une ardente ambition, un soin aussi sérieux qu'il est triste et vain. Et Bossuet revient sans cesse à parler de la tristesse, de l'amertume de cœur, de la mélancolie de la Cour. Dira-t-on que c'est la remarque d'un prêtre toujours pessimiste en telle matière? C'est pourtant l'âme pleine de mélancolie que la douce Louise de La Vallière, que l'impérieuse Montespan, que Madame de Ludres et Mademoiselle de Fontanges promenèrent leur bonheur apparent au milieu des fêtes sans rivales de Versailles et de Marly. Ces seigneurs et ces grandes dames qui portent sur eux, en dentelles et en pierreries, la moitié de leur revenu, ont besoin des gratifications du Roi et ils pensent que « si la source venait à se tarir pour eux demain, ce serait la pauvreté et le déshonneur ». Ils sont en attendant, comme le constate La Bruyère après Bossuet, inquiets et pauvres avec le superflu. Il y a mille rivalités, aigreurs, sourdes colères pour une place de gentilhomme de la garde-robe. Chacun doit pousser soi-même et les siens. En définitive, elles étaient peu nombreuses les personnes qui, dans ce milieu, s'amusaient bien, franchement et de bon cœur, comme Madame de Sévigné. Chez presque tous, pour peu qu'ils eussent de l'ambition ou le besoin de remplir leurs coffres, l'étiquette et le souci avaient figé la spontanéité, inséparable condition de la vraie gaieté.

Voulez-vous savoir à quel degré de souplesse ou d'hypocrisie devait se ployer un bon conrtisan? Ce n'est pas La Bruyère qui va vous le dire sur un ton de persiflage, c'est Bossuet, et Bossuet prêchant à la Cour, circonstance qui garantit la véracité de ses observations : « Faites céder toutes vos passions au désir d'avancer votre fortune. Dissimulez tout ce qui vous déplaît et souffrez tout ce qui vous offense. Etudiez sans cesse la volonté d'autrui. Si vous ne vous façonnez point à cette souplesse, vous êtes un esprit rude et maladroit. Vous n'êtes propre ni pour la fortune, ni pour le grand monde ». Enfin, affectez « en tout un certain air de mondanité qui change le visage et le ton de la voix ».

Au moins cette éducation vous assurera-t-elle la paix et le bonheur? Non, un regard bienveillant du Maître excitera contre vous, pendant plusieurs journées, des jalousies, des méfiances, des soupçons, cruels bourreaux des hommes du monde. Il est terrible à la Cour de tomber entre les mains de ses ennemis, d'être décriés par leurs médisances, enveloppés de leurs artifices, accablés de leur puissance et de leur crédit. Sans cesse il faut se prémunir contre leurs intrigues par d'autres intrigues : un jour passé sans intrigues est peut-être gagné pour le salut éternel du courtisan, mais il est perdu pour sa fortune et l'établissement de sa famille. Une vie sans intrigues est une vie languissante. Or, cette contrainte, ce perpétuel besoin de mensonges, de fausseté et d'artifices, empreignent l'âme de tristesse et de doute et l'assouplissent à la servitude.

Sévérité excessive! dira-t-on encore. Cependant lorsque les soucis politiques, la maturité d'âge de Louis XIV, le tarissement des ressources publiques et l'influence de Madame de Maintenon eurent mis une fin à ces fêtes légendaires qui se succédèrent presque sans interruption de 1660 à 1690, quand il n'y eut plus que les collations à Trianon, les monotones promenades en gondoles sur le Grand Canal et quelques fusées d'artifices sur la Pièce d'eau des Suisses, tous les témoignages nous confirment que sous la pompe du décor, la gravité de l'étiquette et la correction des bienséances, Versailles distillait un ennui mortel. On ne sait que trop où et comment le Régent, Louis XV et sa Cour résolurent de se divertir.

Gais ou mélancoliques, c'est en tout cas dans les vaines occupations de la vie de Cour que les courtisans épuisent « la série de jours que leur a départis la Providence ». Que font-ils donc ? Quels plaisirs, quelles occupations assaisonnent pour eux la monotonie des mêmes révérences ? De quoi sont faits leurs jours ? Bossuet les a vus, observés, jugés, — et ne les flatte guère.

D'abord « il faut s'avancer ». Jamais peut-être

aucun siècle ni aucun régime n'ont vu, sous le scandale de la faveur, une telle curée aux places et aux pensions. Quand nous croyons superficiellement les trois ordres sociaux superposés dans une belle architecture, et dans chaque ordre une harmonieuse hiérarchie, en réalité l'anarchie et le désordre ravagent la noblesse, parce que pour s'avancer dans les honneurs et les richesses elle s'est laissé par en bas envahir par les parvenus qui, s'ils ne peuvent avoir encore la grandeur, veulent du moins la contrefaire. Ils se sont « enrichis par des concussions épouvantables », vivent quelquefois dans une avarice sordide, « mais ils tiennent bonne table ». On les estime de fort honnêtes hommes, parce que les concussions et les rapines sont effacées dans le rang du vulgaire si l'on en fait une belle dépense. De là une superbe ostentation de grandeur qui a mis une telle confusion dans tous les ordres qu'on ne peut plus y faire de discernement.

Voilà ce que dit Bossuet à son auditoire — un auditoire de nobles et de courtisans — quand il les entretient des nécessités de la vie ou de l'honneur. Et déjà il voit par où croulera le Régime : « personne ne se connaît plus, on ne connaît plus personne, les marques des conditions sont confondues ». En voici d'autres qui ont acheté des charges de robe et d'épée et ont accommodé vaille que vaille leurs sentiments à la gravité d'un magistrat ou à la bravoure d'un homme de guerre. Le Roi lui-même, pour avoir de l'argent, crée et vend les charges qui anoblissent, et l'orateur, comme déconcerté, s'écrie : « Quelle condition n'a pas oublié ses bornes? Quelle condition s'est contentée des titres qu'elle avait reçus de ses ancêtres ? On s'est servi de l'occasion des misères publiques pour multiplier sans fin les dignités ».

Rappelons-nous, pour bien juger de la valeur de paroles si sévères et qui s'adressent à Louis XIV, que Bossuet reste dans la plus scrupuleuse exactitude : terres et duché-pairie de Vaujours donnés à Louise de La Vallière, plus la terre de Saint-Christophe, « toutes terres considérables par leurs revenus et le nombre de leurs mouvances » ; châteaux et terres de Clagny et de Glatigny à Madame de Montespan ; terres, château et marquisat de Maintenon à Françoise d'Aubigné, veuve Scarron ; gratifications immenses, près de dix-sept millions de notre monnaie, à la Princesse de Soubise ; 200,000 écus de pension et un duché à Mademoiselle de Fontanges. En 1669 on crée avec anoblissement deux charges de Trésoriers de l'Epargne et l'on force deux financiers à les acheter 700,000 livres chacune. On crée du même coup six charges de Maîtres des Requêtes à deux cent mille livres... On pourrait prolonger vingt pages cette énumération. Tout cela n'était pas nouveau. Mais dans la persistance même de tant de faveurs, comment ne pouvait pas s'effacer et se perdre le sentiment de la vraie noblesse, de celle qui avait conquis ses titres sur les champs de bataille ou dans les grands services politiques ? « O siècle stérile en vertus (entendez en mérites), s'écrie Bossuet, et magnifique seulement en titres !... O siècle qui se détruit pour se parer et qui s'épuise à dorer un édifice dont les fondements sont écroulés et qui appelle se soutenir que d'achever de se perdre ! »

Pour dorer l'édifice, nous dirions aujourd'hui le blason, un Conti, neveu du Grand Condé, épousait Mademoiselle de Blois, fille naturelle de Louise de La Vallière, mais qui avait de grands biens ; une petite-fille du Grand Condé est donnée en mariage au duc du Maine, bâtard du Roi ; Mademoiselle de Nantes, fille naturelle de Madame de Montespan épouse le duc de Bourbon, et la seconde Mademoiselle de Blois, fille naturelle de la Montespan, épouse le duc de Chartres. Si c'est ainsi que la première famille du Royaume entendait perpétuer sa race et sa fortune, on peut penser ce qu'il en était des autres. Mais qui donc a mieux que Bossuet discerné les conséquences de cette confusion des classes, sous le couvert de l'argent ? A l'entendre, on comprend que ce régime, féodal encore et suranné, et qui ne s'étaie plus des services de la conquête et des illustrations de la guerre ou de la politique, mais seulement de la faveur et de la fortune, n'a plus aucun sens, et l'on songe que la Révolution n'a peut-être que consacré, avec une inexorable brutalité, un fait accompli depuis longtemps dans l'insouciance de ceux qui devaient en être les premières et les plus glorieuses victimes.

A l'intérieur de sa caste et dans ses limites étroites, la noblesse n'a pas plus de stabilité. Dès qu'il s'agit d'une passion à satisfaire, d'une intrigue à amorcer, on ne regarde plus à rien, on oublie le rang et la dignité, on n'a point souci de savoir où l'on ira chercher ses favoris et ses favorites, ses conseillers et ses complices, on ne recule pas devant l'alliance avec le roturier. On ne demanderait pas mieux que de suivre les bonnes voies, mais ni les basses complaisances, ni même le crime, dit expressément Bossuet en pleine Cour le jour de la Pentecôte, ne font reculer. A modérer son ambition ou même les exigences de sa passion, on estimerait manquer de courage et « la loi souveraine est qu'il faut servir les autres dans leurs passions pour les engager dans les nôtres ».

En réalité, la noblesse était partout en compromissions louches avec les usuriers, les traitants, les pourvoyeurs et les brelandiers. Se méprisant eux-mêmes, minés par les rivalités, les jalousies, les débauches et le jeu, ils sont tous désunis les uns des autres, la convoitise individuelle de chaque noble a tué le sentiment de l'intérêt général de la noblesse. « On ne s'aime pas, on ne s'aime que pour le siècle et les vanités. Chacun vous exploite, cherche à vous engager dans ses intérêts, à vous embarquer dans une intrigue malicieuse au préjudice de la conscience. On décore cela d'honneur, d'estime, de désir de notre avancement : c'est de l'égoïsme ». — On connaît la parole de La Bruyère parlant de la Cour : l'intérêt est ce que l'on y digère du matin au soir, le jour et la nuit. Bossuet est aussi expressif quand il résume dans cette brève formule l'égoïsme des courtisans : « Tout va bien, c'est assez : je suis à mon aise ! ».

L'esprit de caste de la Cour ne gardait plus son âpre énergie que contre la noblesse de province, les Sottencourt et les Pourceaugnac, déjà si ridiculisés sur le théâtre pour l'amusement téméraire de la noblesse de Versailles : gens honnêtes, mais pauvres, exploitant eux-mêmes leurs terres et n'ayant plus guère d'autre privilège que de porter l'épée au côté.

A plus forte raison le mépris accablait-il le roturier, à moins qu'il ne fût très riche, auquel cas on oubliait de demander à ses filles de faire preuve des « quatre quartiers ».

Si arrogante pour les inférieurs qui pour le moins l'égalaient en utilité sociale, — c'est par les ouvrages laborieux que le genre humain se conserve, — disait Bossuet, la noblesse était courbée jusqu'à la servilité devant le Roi, « jusqu'à ce que vienne luire un petit rayon de faveur ». Il ne suffisait pas de flatter, il fallait mentir, se ravaler bas et jouer la comédie de résister et contredire pour céder plus agréablement. Le mépris des nobles pour le peuple était ainsi leur revanche ; leur infatuation héréditaire aboutissait à les persuader que la droiture d'esprit, l'habileté et la délicatesse étaient « choses dues à la naissance ». Mais ils avaient un si grand prestige ! leurs noms disaient encore au peuple tant d'actions d'éclat ! « Ces grandes puissances que nous regardons de si bas », dit Bossuet lui-même qui pourtant les avait mesurées et pesées.

*
* *

Il est donc entendu que la moitié de la journée d'un courtisan est prise par l'ambition, la jalousie, l'intrigue, la flatterie. Il faut parvenir, il faut s'avancer, et toutes les observations de Bossuet nous laissent l'impression de gens qui sont presque tous à la merci du lendemain et ne trouvent que dans les inspirations — et les rémunérations

— de l'intrigue et de l'adulation, de quoi soutenir leur honneur et maintenir « le luxe de leur train ».

Qu'appellent-ils donc « soutenir leur honneur »? C'est ici vraiment que les remarques ou les reproches de l'orateur évoquent à notre souvenir les plus curieux détails des mémoires.

Il y a d'abord les exigences du jeu. Nous savions que le duc de Bourgogne aimait le jeu en fureur et ne pouvait supporter d'être vaincu, que la Montespan jouait un jeu infernal et jetait un million sur le tapis, que même Monsieur de Montespan avait, sans trop crier, disait-on, cédé sa femme, espérant combler ses dettes de jeu avec les munificences royales. Ouvrez n'importe quels mémoires, n'importe quel recueil de lettres, on joue : on joue à prime, à tric-trac, au quinola, aux dés, au reversi, au lansquenet... ; on joue avec des jetons de 5,000 pistoles d'or, plus de 250,000 francs d'aujourd'hui, et la fine main d'une marquise peut tenir ainsi cinq millions de notre monnaie. Grammont se ruine, Créqui perd en une fois cinq millions de livres, Danjeau gagne 100,000 écus, plus de 1,500,000 francs d'aujourd'hui, d'Estrées en perd autant. Mais, comme il convient, l'altière Montespan est ici encore plus que reine et le jour de Noël 1674, elle perd plus de dix millions de notre monnaie ! Quelques jours après elle gagne sept millions « sur les cartes ». Il y a jeu tous les soirs chez le Roi, la Reine, le Dauphin, la Dauphine, Monsieur, Madame. Versailles est en outre plein de brelans de jeux. Le Roi finit par imposer une heure de fermeture ou de clôture des jeux, avec de formidables amendes.

Mais on jouait toujours, furieusement, et l'on comprend toute la pénétrante finesse de La Bruyère : « une tenue d'Etats est moins grave », dit-il, et la Cour elle-même s'évoque naturellement à son imagination comme « un jeu sérieux, mélancolique et qui applique ».

Pourquoi cette fureur ? Beaucoup voulaient flatter le Roi dont Saint-Simon nous a assez dit que c'était lui plaire que de se jeter dans la profusion en tables, en habits, en équipages, en bâtiments, en jeux, parce que tout le monde était ainsi réduit à vivre entièrement de ses bienfaits. Tel le duc d'Antin, fils légitime de la Montespan et que, comme bien on pense, le Roi ne pouvait souffrir parce qu'il lui rappelait « l'autre » : il finit par se faire à peu près pardonner sa naissance par ses prodigalités au jeu et ses adulations énormes.

Mais il est une autre raison de bien plus de portée. Ce besoin d'agio, ce risque du jeu, c'était la transformation pervertie et malsaine de ce sentiment héréditaire dans la noblesse et qui a fait sa gloire : le goût du hasard et de l'aventure. Pour les descendants des Croisés, c'était une déchéance, mais qui s'explique, et les périls d'outre-mer au travers desquels chacun des ancêtres avait rêvé de se tailler une principauté étaient remplacés par les risques de la table de jeu. Et c'était toujours « le sentiment du point d'honneur » !

Bossuet attaque le jeu et, pour parler comme lui, il fonce contre le jeu avec une fréquence et une énergie qui montrent combien le danger devait être extrême. Ce ne sont plus du tout les arguments de l'Ecole et des Pères avec lesquels l'Eglise a toujours condamné le jeu et les gains du hasard et de l'usure. Rien qui rappelle une seule fois le lieu commun. L'aspect doctrinal de la question est même laissé de côté : il ne reste plus qu'un prédicateur qui dit à ses contemporains : voilà ce que vous faites malhonnêtement ici chaque soir et voici à quels abîmes vous courez.

Il admet le jeu comme « relâchement de l'esprit ». Mais quoi ! on y absorbe la meilleure partie de son temps, on s'y passionne, on s'y impatiente, on en fait une affaire de première conséquence. Ce n'est plus un délassement, c'est une malfaisance sociale, car à ce jeu ruineux les familles changent d'état à chaque coup ». « On devient malhonnête, on ne rougit pas de prendre tous les jours des avantages frauduleux (Madame de Sévigné parle d'un joueur qui gagna 500,000 écus avec des cartes ajustées)... On dérobe en un jour le patrimoine des enfants, le bien des filles, et l'on couvre ce brigandage du nom d'honneur... On considère les dettes de jeu comme privilégiées, comme si elles étaient les plus simples et les plus inviolables de toutes...

Naturellement, Bossuet parlait dans le désert ; mais il faut avouer que le mot « brigandage » n'avait rien d'immérité, car, toujours à l'entendre, ce n'est pas à la Cour que la probité bannie du reste de la terre aurait trouvé asile.

Ces grands seigneurs acquittaient bien les dettes de jeu, mais ne s'acquittaient pas des autres dettes. Le point d'honneur n'était pas de payer ses fournisseurs. Riches habits, hôtels, équipages, ne sont pas payés. Les familles éplorées

des fournisseurs sont réduites à la famine, et —
remarquez ici un véritable jeu de mots du prédicateur, — l'éclat doublement emprunté des courtisans fait misérablement languir les marchands
et les ouvriers qui seuls soutiennent cet éclat de
leur travail. Du reste une fois de plus entrons au
Carmel du faubourg St-Jacques et nous enten-
drons Bossuet citer ces hommes nés dans les
richesses et qui « les ont dissipées par profusion
et qui empruntent de tous côtés pour remplir par
ce moyen en quelque sorte le vide de leurs maisons et soutenir l'éclat de leur ancienne abondance ». Et de quoi donc va-t-il louer Anne de
Gonzague, en pleine oraison funèbre ? Inutile de
dire de quelle majesté d'épopée Bossuet revêt
cette sorte de composition. L'observation n'en est
que plus curieuse, parce que plus inattendue. Il
la loue donc d'avoir payé ses dettes, tout simplement. Elle avait retiré un million de livres de la
vente du Rethelois et elle avait payé « d'abord »
ce qu'elle devait, ne voulant pas se permettre
« ces compositions si adroitement colorées qui
souvent ne sont qu'une injustice couverte d'un
nom spécieux ». — Vous imaginez-vous aujour-
d'hui un orateur sacré louant une Princesse d'un
tel lignage de n'être pas morte en retenant, par
des moyens frauduleux, le bien d'autrui ? Si dans
le travail de la composition il lui pouvait arriver
d'y songer, jamais il n'oserait le dire en chaire.
Mais sur cette question Bossuet est vraiment impitoyable. On devine le dialogue.

Il est vrai, je n'ai pas payé mon hôtel, mais
j'ai payé mon maître d'hôtel. — Soit! « mais c'est
pour ne pas tarir le ruisseau du crédit qui entre-

tient votre vanité », vous négligez vos vieilles dettes, vous avez ruiné vos amis. Vous ne payez que pour emprunter davantage.

Mon père a payé tous ses créanciers dans son testament. — Oui, mais c'est « en leur laissant à la mort les débris d'une masure ».

J'ai vendu généreusement à mon voisin le marchand de draps une bonne terre alors que j'aurais pu aisément le tromper sur les redevances. — Soit! mais vous n'apportez « plus de bonne foi que dans ces petites affaires et encore ne le faites-vous que par bienséance et pour maintenir votre crédit ».

Quand un courtisan paiera ses dettes, disait La Bruyère, alors je dirai de ce personnage : c'est un homme donné à son siècle pour le modèle d'une vertu sincère.

De constatations aussi dénuées d'artifices et de ménagements, rien ne serait plus facile que de s'emparer pour conclure à l'improbité des courtisans, à l'improbité personnelle, voulons-nous dire. Alors nous dépasserions la sévérité de Bossuet. C'était une improbité de caste.

Etant donné qu'en l'état de la Cour de Louis XIV, ils n'étaient plus maîtres de limiter leurs dépenses et (c'est Bossuet lui-même qui leur offre cette circonstance atténuante) de rien retrancher aux superfluités de la table, rien à l'or des ameublements, avec quoi donc auraient-ils payé leur luxe? En retranchant de leur superflu! Certes, il le leur dit assez, mais il n'est pas aussi commode de définir le superflu, pas plus à un économiste qu'à un théologien. Voilà une femme de noblesse, vaine et ambitieuse, qui traîne sur

elle en ses ornements la subsistance d'une infi-
nité de familles. Mais si ce « train » assure l'avenir de la maison ?

Voilà au contraire une parvenue qui s'imagine
croître elle-même avec son train qu'elle augmente.
Mais si cette petite bourgeoise a épousé un seigneur haut titré, veut-on qu'elle ne vienne pas à
la Cour ou qu'elle y vienne costumée dans son
mantelet de bourgeoise du Marais ?

Toutes les femmes portent « d'invraisemblables
édifices de cheveux, de rubans, de perles et de
plumes », le tout frisé, poudré, étagé. Bossuet en
est exaspéré ; il va jusqu'à dire que la nature a
jeté par négligence les cheveux sur la tête comme
un excrément superflu, et c'est avec allégresse et
vivacité qu'il paraphrase l'Ecriture : « Je ferai
tomber leurs cheveux. Je détruirai et les colliers
et les bracelets et les anneaux et les boîtes à
parfums, et les vestes et les rubans et broderies
et ces toiles si déliées, vaines couvertures qui ne
couvrent rien ». Mais quoi ! les femmes ont peut-
être frémi à l'écoute de telles imprécations, mais
elles savaient trop que les invraisemblables édifices de la coiffure étaient nécessaires à leur
cadre.

Condamnons si vous le voulez bien, les femmes
qui « se fardent, se plâtrent et se déguisent »,
sans aller toutefois à en faire le symbole « de notre
haine pour la vérité ». Détournons même notre
regard de celle-ci qui vient au temple la tête
orgueilleusement levée comme une idole, qui veut
être adorée et qui fend la presse avec bruit. Peut-
être était-elle entrée pendant que Bossuet
prêchait.

Mais si vous aimez vous représenter ces fameuses robes à panier qui s'étalaient majestueusement sur les degrés de marbre, ces robes de velours de Milan et de soie de Turin ou de brocart de Bruges, tissues et retissues d'or, brodées et rebrodées de perles, de corindons et de diamants, ne demandez pas à Bossuet son avis. Il les ridiculise ; littéralement, il s'en moque. Où est l'orateur des oraisons funèbres ? « Vaines couvertures qui ne recouvrent rien... Etes-vous serrées ou vêtues, ou chargées et couvertes, Mesdames ?... Quelle extravagance d'accabler le corps, de le faire gémir sous le poids que lui impose une propreté affectée, afin de contenter la curiosité ! » Ce n'est plus de l'ironie, c'est du persiflage.

On peut penser si les élégantes et les précieuses s'amusaient ! Elles se sont vengées en préférant à Bossuet Bourdaloue qui, sur ce chapitre délicat, ne leur a pas fait trop de peine et qui au moins ne les menaçait pas, au nom de l'Ecriture, de faire tomber leurs cheveux ! Il est tout de même bien curieux de voir Bossuet s'embarrasser dans des imprécations contre la toilette et la mode des femmes de son temps !

On ne peut s'empêcher de sourire, pour le contraste d'abord de ces familiarités imprévues avec l'allure de tant de pages immortelles qui résonnent en notre mémoire, et surtout parce qu'il s'y connaît si peu ! C'est le seul chapitre sur lequel il ait commis des hérésies. Il confond les soieries et les draperies, les broderies et les plumetis, les velours et les brocarts, et il appelle vestes, les corsages aux manches largement bouffantes.

Il y revient tout de même ! Ah ! ces cheveux ! Je les ferai tomber, dit l'Ecriture. Ah ! vos vestes et vos robes, je les réduirai en cendres ! Ah ! vos bracelets, je les jetterai au brasier !

C'était une bien belle trouvaille d'avoir, de l'énorme volume des Ecritures, extrait une toute petite phrase, pleine de malédictions menaçantes pour les cheveux, juste à point pour en faire frémir ces nobles dames dont la moins élégante exigeait quatre heures pour édifier une coiffure de trois étages seulement.

Jamais d'ailleurs la coquetterie féminine n'a trouvé grâce devant lui : c'est le moyen de la séduction, l'arme qui fait chanceler la vertu des forts. Ces habits inconvenants qui devraient cacher fidèlement ce que la pudeur ne doit pas laisser paraître, ces visages qui se font souriants plus qu'il ne convient, ces propos galants, ces entremises commodes et complaisantes pour faciliter les secrètes correspondances : tout cela tend au même but : séduire. « Les femmes se piquent de faire perdre aux autres leur vertu..., c'est l'opprobre des mœurs du temps ».

Il y aurait là-dessus plus d'une remarque à faire, sans même se demander s'il est juste de ne condamner que la femme. D'abord, il ne faut pas oublier que, même au travers des indiscrétions des Mémoires, la cour de Louis XIV garde sur les mœurs une certaine tenue. Ensuite, il y avait souvent plus d'amour dans les propos que dans la réalité. On jouait encore aux Pastorales. Honoré d'Urfé gardait des disciples. Voyez même les tragédies de Racine : la terminologie galante n'y est-elle pas souvent plus variée et plus ardente que

ne le comporte la passion des personnages ? Nous
ne serions donc pas en définitive éloigné de croire
que Bossuet exagère quand, nous conduisant du
débordement du luxe à la mollesse, de la mollesse
à l'amour, il résume le tout dans un seul mot,
sans nuances, sous une seule condamnation :
« licence et impudicité », s'indignant contre ceux
qui admettent sur ce sujet beaucoup de choses
inoffensives et n'y voient que « galanterie, politesse et courtoisie ». Ce résumé semble une synthèse, là où les synthèses sont dangereuses ou
injustes : une synthèse de morale.

*
* *

L'ambition, l'intrigue, le jeu, la galanterie, le
luxe, ne sauraient recomposer toute la physionomie d'un courtisan, et de nous-mêmes nous
attendons que Bossuet y ajoute l'hypocrisie religieuse et l'envie sur lesquelles les Mémoires, les
moralistes ont insisté à satiété. Le Tartufe de
Molière, l'Onuphre de La Bruyère, le courtisan
de La Fontaine qui va s'acquitter d'un vœu, à
combien d'exemplaires les découvre-t-on embus-
qués dans les Mémoires de Saint-Simon ou dans
le journal monotone de Dangeau ! « La licence et
la volupté règnent, constate l'orateur, et ne nous
laissent plus de la religion que la montre et les
froides grimaces ».

Vous voyez ces seigneurs agenouillés dans la
chapelle royale, sous le regard du maître d'ici-
bas plus que sous le regard du maître du Ciel.
De la religion ils n'ont que le masque ; dans leur
vie, ils se plaisent de faire les grands par « la

licence effrénée du crime, comme le fils de Domitien qui, du vivant de son père, s'exerçait à faire le fils du prince par ses adultères et ses débauches ». Découvrir l'hypocrisie dans une cour n'est pas sans doute bien neuf : comme le disait La Bruyère, « les libertins et les hypocrites y fleurissent en divers temps ». Mais ici la gravité extérieure et la dignité que Louis XIV entendait imposer à son entourage, l'exemple qu'il donnait lui-même de si nombreuses pratiques religieuses mêlées à tant de scandales, son habitude de se présenter en public comme l'objet d'une vénération qui ressemblait à un culte : tout cela dut aboutir forcément à un mélange extraordinaire de religion mal comprise, d'incrédulité railleuse, de pratiques et de licence qui faisait dire à la princesse Anne de Gonzague, bien placée pour être renseignée, que tel était dévot à Versailles qui était libertin à Paris et qu'à Versailles même la fausseté passait pour de l'esprit, et la franchise pour de la simplicité. On voyait les plus grands seigneurs s'acoquiner pour l'orgie et le blasphème avec des viveurs de tripots et des écrivains du plus bas étage, et au sortir d'un sermon de carême (où d'ailleurs ils n'étaient allés que pour être vus du Roi) se réunir dans quelques mauvais lieux avec des femmes perdues. De grandes dames ne répugnaient pas à s'y fourvoyer. Le grand Dauphin trouvait plaisant de faire déjeûner un jour de carême sa maîtresse, la comédienne La Raisin, avec de la salade et du pain rôti dans l'huile, voulant bien « commettre un péché, mais pas deux ». Mme de Montespan jeûnait régulièrement et, à qui s'en étonnait, de répondre avec

désinvolture : « Parce que je fais un péché, faut-il
que je les commette tous » ?

Précisément, ce n'est pas de la tenue faussement humble des courtisans à l'église, de leur
affectation de candeur et de modestie, que Bossuet est surtout frappé, mais de cette alliance du
blasphème et de la licence avec la religion et de
ces effroyables déportements qui s'abritent sous
le couvert de la piété. Qu'un prédicateur s'indigne
contre les hypocrites de la religion, rien de plus
naturel, mais Bossuet, si l'on considère l'économie de l'ancien Régime, avait doublement raison :
l'incrédulité devenait un attentat social, à plus
forte raison la licence qui ridiculisait la religion
par ses hommages menteurs. Voilà en effet
un Etat monarchique et de droit divin où le
clergé est le premier Ordre. Cet Etat, à n'en pas
douter, a besoin de s'appuyer sur la religion : or,
il n'en connaît que le décor. C'est pourquoi, dans
le sermon sur le devoir des Rois, Bossuet déclarait qu'un de leurs premiers devoirs est de faire
disparaître le blasphème « sans égard aux conditions ni aux personnes ».

Mais la législation des Etablissements de
Louis IX remise en vigueur n'aurait pas plus
arrêté les blasphèmes que les amendes de
100,000 livres ne gênaient les brelandiers ou que
les livres brûlés par arrêt du Parlement n'entra-
vaient les progrès de l'irréligion. L'hypocrisie
religieuse était un mal profond et incurable dont
les germes empoisonnaient déjà la haute société ;
pour qu'il apparût dans sa « monstruosité », il ne
fut pas besoin de conditions sociales nouvelles ni
même de beaucoup d'années. Il suffit qu'on n'eût

plus à redouter le geste impérieux et autoritaire de Louis XIV. Chacun se démasqua, l'absence de sens moral apparut totale, irrémédiable. « L'horreur du mal en notre siècle fera frémir les peuples ». N'est-ce qu'une hyperbole? Assurément non, si l'on songe que les causes profondes de la Révolution ont été alimentées par cette alliance « vraiment insupportable » d'une religion « toute de montre et de surface ». En images grandioses, actuelles, et combien émouvantes, l'orateur traîne son auditoire au jugement de Dieu, à ce terrible jugement général où Dieu aura tous les peuples témoins de ses sentences : « Fasse le Ciel que j'adore que tant de Grands qui m'écoutent ne perdent pas leur rang en ce jour !... Les Rois, les Rois eux-mêmes viendront subir, sans cour et sans suite, le jugement de tous les peuples ».

Il semble que de telles paroles auraient pu, à travers la morgue du courtisan, pénétrer jusqu'à sa conscience. Mais avaient-ils donc le temps de réfléchir, tous ces seigneurs si parfaitement esclaves d'une vie empressée et turbulente où ils se plaignaient toujours de ne pouvoir trouver de loisirs? Il faut reconnaître pour leur excuse qu'ils n'étaient pas maîtres de résister au courant qui les emportait et que déchaînait l'inexorable évolution de l'histoire.

Bossuet cependant ne cesse de les accabler sous le poids de leurs vices : menteurs, bas flatteurs, artificieux, médisants, ennemis perfides contre lesquels il faudrait toujours avoir l'épée tirée, ils ne peuvent vivre sans faire de mal, on ne peut pénétrer dans leur vie sans dégoût !... Du moins offraient-ils à l'orateur la compensation de s'entre-

dévorer, et il saisit, on le pense bien, avide-
ment cette revanche.

Comme il parle de cette mutuelle envie qui leur
fait plus de mal que les disgrâces du Roi ! Et quels
raffinements ils y apportaient ! Aujourd'hui les
voilà qui poussent l'un des leurs à un emploi dont
il ne peut s'acquitter dignement, afin de pouvoir
se railler de son élévation et étaler à tout l'univers sa faiblesse déplorable. Demain, quand ils
auront tiré d'un homme en charge tout ce qu'il
peut leur donner et bien arrosé leurs terres de
cette belle fontaine, ils dirigeront contre lui tant
de calomnies, insinueront dans l'oreille du Prince
tant de causes de haine que l'infortuné devra
quitter la place. Ce sont là de « détestables pratiques ». Tout homme en place est usé par les
médisances, les railleries, le ridicule qui sont le
principal attrait de la conversation dans un monde
où c'est « une grande vertu que de savoir divertir »,
même et surtout si le prochain doit être victime
de ce futile délassement. Et là-dessus Bossuet de
faire la confidence à son auditoire, on devine avec
quel dédain, qu'il connaît des « courtisans qui
épuisent leur temps dans la recherche d'un bon
mot ».

Ces querelles mutuelles et cette maligne réci-
procité de l'envie ne favorisaient que trop le
caprice d'un Roi qui ne savait pas toujours défendre un Colbert contre les cabales et qui mettait à
distribuer les charges simplement honorifiques ou
les faveurs de sa cassette, c'est-à-dire du Trésor,
un scepticisme qui excluait, même pour les plus
favorisés, toute certitude de l'avenir. Aussi avaient-
ils des appétits d'autant plus violents qu'ils

devaient être plus vite rassasiés. En effet, que de disgrâces ! Si l'ambition, s'écrie Bossuet, n'avait encore que sa captivité, ses empressements, ses défiances et ses craintes ! Mais elle avait, hélas ! aussi dans sa hauteur même la mesure de son précipice. Disgrâces d'autant plus cruelles qu'on vivait en un siècle où l'on trouvait insupportable d'avoir déplu au Prince : Fouquet, Colbert, Louvois, Racine, Créqui, Lauzun, Bellefonds, Fénelon, Tréville, sans parler de tant d'autres moins connus ni des maîtresses congédiées et qui entraînaient dans leur ruine ceux qui les avaient trop servies. « Vous vivez ici, à la Cour, leur dit textuellement Bossuet, et sans entrer plus avant dans l'état de vos affaires, je veux croire que votre état est tranquille ; mais vous n'avez pas si fort oublié les tempêtes dont cette mer est agitée que vous vous fiiez à cette bonace et c'est pourquoi je ne vois point d'homme sensé qui ne se destine un lieu de retraite ».

« Je ne vois point d'homme sensé... » A-t-on jamais rendu plus saisissante cette instabilité perpétuelle où l'absolutisme du pouvoir royal, pour n'en pas dire le caprice et l'humeur, avait réduit les plus brillantes fortunes et les plus illustres familles du royaume ? Mais qui donc en était alors assez convaincu pour céder à l'invite du prédicateur ? Qui donc ne se croyait pas exempt de la disgrâce qui frappait autour de lui chaque jour ses meilleurs amis, ceux qui avaient eu l'oreille du Prince ? En vain Bossuet leur dit-il que la retraite est le parti le plus sage quand on est disgracié, parce que l'on conserve le meilleur de sa vie, parce que mourant pour ainsi dire avant la caducité, on ne laisse de soi qu'une brillante idée et une mémoire agréable : les malheureux courtisans pensaient décidément qu'il n'y a de soleil et de douceur de vivre qu'à la Cour. Dans les amitiés les plus intimes de Bossuet nous en trouvons un exemple curieux. Il s'agit du Maréchal de Bellefonds. Disgracié une première fois, en 1672, pour avoir vaincu malgré un ordre de Créqui, il fut rappelé en 1674 et la même année disgracié à nouveau pour avoir gardé victorieusement une place malgré l'ordre de l'évacuer ; on agite, lui écrit Bossuet, la question de le rappeler en 1675, après la mort de Turenne : le Roi ne le fit point, ce qui évita sans doute au glorieux maréchal d'être exilé une troisième fois sur ses terres. Or croyez-vous que ce vaillant et heureux soldat supportait ses disgrâces avec fierté ? Point du tout. Il en exhale sa douleur dans ses lettres à Bossuet et Bossuet y compatit avec onction. Un peu plus courtisan et moins soldat, il n'eût pas hésité, pour rentrer en grâce, à humilier sa rare valeur devant l'incapacité de Créqui.

*
* *

Tel est donc le tableau de la Cour, comme l'a vue, étudiée, comprise et décrite Bossuet. Ce tableau n'a pas le relief, les couleurs et le réalisme de celui de La Bruyère qui, avant tout, vise à l'œuvre d'art. Il n'a pas la véhémence de Saint-Simon qui, n'écrivant pas pour son siècle, pouvait être hardi et accusateur sans péril. Il ne miroite pas dans la lumière des jardins et des glaces, comme celui de Madame de Sévigné, mais il est autrement vigoureux et de plus robustes proportions que celui de Bourdaloue.

L'étude de Bossuet est aussi exacte, l'histoire, même l'histoire anecdotique le prouve, que n'importe quelle autre étude de ses contemporains. Il était forcément astreint à l'exactitude, puisqu'il parlait aux intéressés eux-mêmes. On ne monte pas en chaire pour dire à un auditoire : « Vous êtes vains, futiles, intrigants, ambitieux, envieux, jaloux, fraudeurs au jeu, durs pour vos inférieurs, sans cœur pour les pauvres, bornés dans l'esprit étroit de votre caste ; votre luxe insolent ruine vos enfants et anéantit dans la racine l'avenir de votre race ; votre religion n'est qu'une façade qui cache les excès de votre débauche, etc. », non, on ne dit pas cela, si cela n'est pas rigoureusement vrai.

Cette étude est surtout la moins indulgente, la moins façonnée et la plus rude de toutes celles que nous ont léguées les contemporains qui promènent dans la foule bigarrée des courtisans leur curiosité, leur impertinence, leur amusement, leurs rancunes ou leur philosophie. C'est que Bossuet est prêtre et que la direction des consciences et le confessionnal sont d'impitoyables pourvoyeurs du moraliste. Il a vu le mal dans son fonds, comme il le dit, et il s'explique : « dans la laideur du péché ». C'est la conception théologique contre laquelle ne peuvent prévaloir les séductions et les éblouissements de la Cour la plus polie et la plus charmante qui fût.

Au reste ce n'est pas de sa sévérité que beaucoup ont demandé compte à Bossuet, mais plutôt de ce qu'ils appellent ses accommodements et la forme respectueuse de ses reproches. Pourtant, si

l'on fait état des exigences du grand siècle, de la
bienséance de la chaire et des convenances parti-
culières du milieu, il n'était pas possible de dire
plus. Bossuet d'avance a répondu à toutes les
objections, en faisant ressortir lui-même la susceptibilité et la délicatesse de la Cour qui rendaient
épineuse la tâche du prédicateur le plus circons-
pect.

Habitués à se cacher à eux-mêmes la vérité par
tous les artifices de l'amour-propre et à se donner
de faux jours, à prendre le change, à détourner
leur attention en charmant leur vue, plus soucieux
d'ailleurs de leur plaisir que de leur salut, les
courtisans demandent non pas qu'on les guérisse,
mais qu'on veuille bien plutôt chercher de nouveaux moyens de flatter leur goût raffiné. Ces
grandes fortunes, ces puissances souveraines veulent être traitées délicatement. Elles ne prennent
pas plaisir qu'on remarque leurs défauts. Les
personnages de la Cour se piquent d'honneur avant
tout, et ils se trouvent satisfaits d'eux-mêmes,
quelle que soit leur conduite, pourvu qu'ils ne
commettent aucune action dont on puisse soupçonner en eux de la lâcheté.

Leur vanité, leurs passions chatouilleuses sont
toujours en éveil. Il y a encore en eux, malgré
Richelieu et Louis XIV, du sang de ceux qui mettaient la dague au poing pour un mot mal compris
ou un clignement d'yeux, qui craignaient surtout
le qu'en dira-t-on et s'entre-perçaient pour le
geste d'un soufflet. A quoi Bossuet fait d'ailleurs
observer que ce n'est pas celui qui donne le
soufflet qui déshonore, mais ceux qui nous font
l'injustice de nous en estimer moins.

Sans doute, on ne se bat plus guère en duel, parce que Louis XIV (et Bossuet l'en loue avec solennité comme feront plus tard La Bruyère et Voltaire) a mis sa fermeté à faire cesser cette fureur. Mais le noble n'a rien cédé de sa susceptibilité à l'égard de toute leçon que pourrait lui adresser un roturier : il reste noble et seigneur, capable de faire bâtonner par ses gens qui parlerait mal de sa caste, asservissant l'homme de lettres, et incapable de pardonner même à l'homme d'Eglise qui, du haut de la chaire, lui donnerait une leçon trop directe et trop intelligible. A la fin de son carême des Minimes, Bossuet était obligé d'interpeller vivement les courtisans qui des antichambres du Louvre étaient venus l'entendre : irrévérences, insolences, audaces, groupements scandaleux, paroles et actions profanatrices, telle était leur tenue dans l'église même ! Autant dire qu'ils retenaient peut-être les compliments adressés par l'orateur « aux premiers de la terre », mais qu'ils se moquaient de son enseignement.

Ajoutez à ceci qu'en ce siècle d'expressions pompeuses et nobles où il ne faut ni termes crus, ni termes réalistes, mais où toutes pensées doivent être relevées noblement, il n'est pas facile de faire toucher du doigt certaines plaies, même dans les limites que permettraient les plus rigoureuses exigences de la chaire. En plusieurs sermons, et particulièrement dans celui de l'Intégrité de la Pénitence, Bossuet s'est plaint de cette délicatesse efféminée qu'affectait le siècle. Il en donne un exemple saisissant. Parlant des rechutes dans le péché : un prédicateur, dit-il, craindra de faire horreur aux sens s'il dit que le pénitent qui retombe dans son premier crime, c'est un chien qui reprend ce qu'il a jeté. Cette précaution oratoire ne l'empêche d'ailleurs pas de dire ce qu'il pense, et non sans crudité, car il poursuit en ces termes : « Nous ne craignons pas quelque chose de plus horrible, c'est de reprendre nos voies corrompues et de ravaler le poison qu'un remède salutaire nous avait ôté ». Dans le sermon sur la Mort, quelles précautions pour ouvrir un tombeau et mettre « un objet si funèbre » sous les yeux de la Cour ! Il l'ouvre tout de même et étale « ce je ne sais quoi qui n'a de nom dans aucune langue ». Mais ce sont là hardiesses du génie et qui même alors ne vont pas sans quelque enveloppe.

Ce n'était pas d'ailleurs la sévérité de la doctrine catholique qui effarouchait la Cour, puisque ce monde frivole, élégant et corrompu fut enthousiaste des rigueurs du jansénisme. En quoi au surplus une doctrine ou une autre leur importait-elle ? « Donnez-leur la vérité dans toute son étendue, sans égards, sans déguisement, disait La Bruyère, ils vous écouteront avec goût, avec admiration, avec éloges... et n'en feront ni pis, ni mieux ». Ce qu'ils veulent, c'est qu'on respecte jusque dans l'église le privilège de leur aristocratie, de leur naissance et de leur fortune, et qu'on ne leur fasse point trop sentir que leur religion est celle du peuple.

Ce sont de tristes constatations et trop vérifiées, malheureusement. Elles servent à nous expliquer partiellement ce qu'il y a dans le tableau de Bossuet d'éclat amorti et de couleurs fondues.

Bossuet lui-même, si dès 1670 il n'avait été absorbé par sa fonction de précepteur du Dauphin, aurait marqué d'un trait plus accentué certaines esquisses. Il ne faut jamais oublier sa manière de composer un sermon. Il l'a dit dans un sermon sur la Nativité de la Vierge : « On crayonne avant que de peindre, on dessine avant que de bâtir, et les chefs-d'œuvre sont précédés par des coups d'essai ».

Enfin, dans ses sermons, que d'actualité perdue pour nous parce que, dans la poussière de l'histoire, nous ne retrouvons plus le bénéfice de telles allusions, l'à-propos de tel mouvement oratoire ! Bossuet, une fois en chaire, déclamant son sermon, pouvait être provoqué à improviser, à introduire sur-le-champ des observations d'actualité que nous n'avons pas dans les rédactions écrites. Il suffisait pour cela de la vue de son auditoire, de l'entrée d'un personnage illustre, d'un scandale appris avant de monter en chaire, d'une préoccupation de guerre ou de paix, d'un lendemain de fête... Ce que nous avons, c'est, à quelques exceptions près, la préparation écrite de ce qu'il voulait prononcer, ce n'est pas ce qu'il a prononcé. Il écrivait une courte rédaction, elle n'était que le plan et le rappel des principaux thèmes théologiques. On ne peut donc pas traiter avec lui comme avec Bourdaloue, qui nous a laissé écrit tout ce qu'il a dit et dont les sermons minutieusement préparés, entièrement rédigés d'avance, débités par cœur, n'exigent que le travail du commentaire, grandement facilité par la précision absolue des détails qui se dessinent souvent jusqu'au portrait.

CHAPITRE III

La Famille Royale

—

Louis XIV, qui a terminé mélancoliquement
son règne dans l'isolement et qui a vu mourir
tous les siens, à l'exception d'un neveu d'allure
inquiétante et d'un arrière-petit-fils de cinq ans
qui lui succédera, Louis XIV avait vu se presser
autour de lui, « parures de ses palais », agitateurs d'intrigues, princesses douces ou turbu-
lentes, personnes généralement peu compliquées
et toujours prêtes à tirer révérence à l'étiquette,
l'une des plus nombreuses familles royales qui
furent jamais. Il y eut d'abord, selon l'expression
du temps, bizarre, mais consacrée, les trois
reines : Henriette de France dont les pleurs
avaient tari, mais ne s'apaisait point la douleur ;
Anne d'Autriche, imposante jusqu'au dernier
jour dans sa beauté superbe qu'on ne voyait point
vieillir et que les années ne changeaient pas et

dont « la constitution merveilleuse semblait défier la mort » ; enfin la Reine, celle qui devait l'être le plus, mais qui l'était le moins, celle dont Louis XIV, dans une parole d'une tranquille impudence, disait que sa mort fut le premier chagrin qu'elle lui causa. La vraie reine de la Cour, ce fut, pendant les jours trop brefs de sa vie, la séduisante Henriette d'Angleterre. On vit le Dauphin sournois, le duc de Bourgogne pétulant et leurs femmes pour qui Louis XIV avait une indulgente affection, car elles entassaient les bévues : Marie-Anne-Christine de Bavière et Marie-Adélaïde de Savoie ; un roi détrôné, Jacques II, plus fier à Saint-Germain que sur le trône des Stuarts, Monsieur, personnage de moralité suspecte ; la malicieuse Anne de Gonzague, « insinuante et railleuse » ; sans oublier Monsieur le Prince, prince du sang, et la fière et délibérée Montpensier, la Grande Mademoiselle, que la différence d'âge (onze ans de plus que le roi) n'avait point empêchée d'abord d'appeler Louis XIV son petit mari. N'oublions surtout pas la multitude des enfants naturels et légitimés et leur descendance.

Rien ne permet mieux de mesurer l'extraordinaire durée du règne que le renouvellement de la maison royale autour du même chef. Que de chemin parcouru dans l'histoire de la monarchie depuis la fille d'Henri IV, victime de la Révolution d'Angleterre, jusqu'à cet enfant qui sera Louis XV et le dernier de nos souverains à ne pas connaître l'exil ou la captivité !

Un grand nombre de ces personnages, tous ceux qui ajoutèrent à l'élévation de leur rang par la grâce, l'intelligence et le courage, revivent dans l'œuvre de Bossuet, les uns en des peintures immortelles, les autres évoqués en quelques traits. N'est pas même oublié, parce que sa mort rappelait une date dans l'histoire des amours du Roi, un tout jeune enfant, beau entre tous les cinq enfants de Marie-Thérèse qui moururent en bas âge, le gracieux duc d'Anjou, dont Madame de Sévigné disait qu'il était beau comme un ange et dont la mort « j'en fus témoin, dit Bossuet, réunit deux grands cœurs dans un même sentiment et fit voir, sous des formes différentes, une affliction sans mesure ». « Il me semble que je vois encore tomber cette fleur »... Ne croyez-vous pas voir Louis XIV gardant jusque dans le comble de la douleur la gravité de la majesté royale, et Marie-Thérèse éplorée, inconsolable, et tous deux se rapprochant, et se renouvelant dans une étreinte muette, des serments de fidélité qui ne gênaient guère le Roi ?

*
* *

La famille royale est à elle seule un petit monde et très complexe, surtout lorsque les enfants légitimés y viennent demander leur place et que des mariages continuels augmentent le nombre des princes et des princesses du sang et par conséquent celui des apanages, des pensions et des titres.

Ce monde ne s'accordait guère entre soi. On se tenait « rangé » devant le Roi, mais quand il n'était pas là, les Mémoires nous ont laissé quelques tableaux qui donnent l'idée d'une cohue. Pleins de hauteur vis-à-vis du commun des cour-

tisans, qui prenaient d'ailleurs à tâche de s'humilier devant eux, jeunes princes et jeunes princesses
raillaient, taquinaient, médisaient, « semblaient,
disait, non sans une rancune peut-être, l'auteur
des Caractères, faire entrer dans leur plaisir un
peu de celui d'incommoder les autres ». Il est
vrai que les princesses, en général sévèrement
élevées dans les cours étrangères, arrivaient
timides à la Cour, mais, à l'exception de Marie-
Thérèse qui avait tant de raisons d'être mélancolique, elles s'y dégourdissaient vite, si l'on me
pardonne cette expression. On devine aisément
ce qui devait s'entrechoquer de bavardages, de
rumeurs, de jalousies, de querelles, d'intrigues
domestiques dans le palais du Louvre et surtout
dans le château de Versailles, où un si grand
nombre de familles apparentées avaient leurs
appartements côte à côte, vivaient, dirions-nous
aujourd'hui, bourgeoisement, porte à porte et ne
pouvaient donc avoir ni secrets, ni indépendance.
Nous n'avons pas ici à rappeler les histoires
piquantes et plus ou moins authentiques de Saint-
Simon. Qu'on feuillette ses Mémoires et d'autres
si l'on veut entendre les filles, belles-filles et cousines du Roi se traiter de sacs-à-vin, sacs-à-gue-
nilles ; si l'on veut les voir fumer les pipes em-
pruntées au corps-de-garde des Suisses, ou la
duchesse de Bourgogne jeter à la tête de Louis XIV
le contenu d'un saladier, ou la Grande Mademoiselle griffer Lauzun jusqu'au sang après l'avoir
fait se traîner à genoux d'un bout à l'autre de
l'immense galerie des Glaces. Dans cette famille,
les enfants surtout étaient terribles. Il y a plaisir
vraiment à voir s'épanouir dans la joie et la tur-

bulence de vivre, la postérité de Louis XIV. Le
Roi, il est vrai, a bien souvent de la peine à
maintenir la bienséance en menaçant chacun de
l'envoyer sur ses terres, mais quel monde pittoresque où l'on ne s'ennuie point, où l'on n'est
point rongé des soucis du vulgaire courtisan sur
l'incertitude de son avenir! On éprouve de la joie
et un peu d'étonnement à penser que cette jeunesse ne s'était pas figée dans l'étiquette, qu'elle
restait vive, primesautière, fertile en escapades
et que « ces enfants des dieux » si élevés « au-
dessus des enfants des autres hommes » s'en
allaient la nuit, par les escaliers dérobés du château, tirer des pièces d'artifices sous les fenêtres
de Monsieur pour l'empêcher de dormir ou faisaient des espiègleries à leurs gentilshommes ou
demoiselles d'honneur. Cela repose un peu des
solennités de l'éloquence. Encore ne faut-il pas
oublier que les Mémoires de Saint-Simon nous
reportent à de nombreuses années en-deçà de
l'époque où Bossuet était prédicateur de la Cour
et que si sans doute les changements survenus
dans la famille royale n'auraient pas pu modifier
chez l'orateur sa thèse constante des directions de
la Providence, on ne doit pas confondre les
dates.

Bossuet reste naturellement fidèle à la théorie
du droit divin. « Dieu a préparé dans son conseil
éternel les premières familles qui sont la source
des nations comme il a préparé dans toutes les
nations les qualités dominantes qui en devaient
faire la fortune ». Entre ces premières familles,
il en est une plus spécialement encore élue de
Dieu : c'est la Maison de France. On sait en quels

termes magnifiques il a, dans l'oraison funèbre d'Henriette de France, glorifié cette famille qui s'élève autant au-dessus des autres maisons royales que les rois s'élèvent au-dessus des particuliers.

Est-ce à dire qu'il mette la famille royale au-dessus des faiblesses humaines ? Il est manifeste qu'il l'entoure de respect et on peut dire même de vénération, qu'il ne lui reste rien contre les princes ou les princesses du dédain qu'il professait tout à l'heure contre la vie de la Cour.

Il est juste aussi de rappeler qu'ils étaient réellement presque tous personnes bienveillantes, aimables, d'abord facile, bons pour leurs serviteurs et sachant fort bien à l'occasion se dégager de l'étiquette pour approcher de plus près le peuple. Mais ils étaient susceptibles et leur éducation ne les portait pas précisément à se croire du commun des mortels : « Nous nous piquons de ne pas être endurants, sensibles au moindre mot si on ne nous ménage pas avec précaution non seulement dans nos intérêts, mais encore dans nos fantaisies et dans nos humeurs. Comme si la nature même était obligée de nous épargner, nous nous regardons comme des personnes privilégiées que les maux n'osent approcher..., n'osant presque pas avouer à nous-mêmes que nous sommes des créatures mortelles ». C'est en ces termes que Bossuet les fait parler et aux inspirations de cet orgueil, il ne cesse d'opposer les salutaires réflexions que devraient susciter en leurs esprits les infortunes et les catastrophes qui sont la rançon de leur puissance. Leur propre siècle en effet leur fournissait assez de preuves que « la foudre frappe plus souvent les hauteurs ».

*
* *

De ces infortunes royales qui, selon un mot plus spirituel que vrai, inauguraient le règne des rois en exil, le xviie siècle en vit deux, inégalement touchantes : l'une en la personne de la reine Henriette de France, fille du roi Henri IV et veuve de Charles Ier, précairement abritée au Louvre les premières années de son exil, sans argenterie et souvent sans feu, l'âme dévastée par la tourmente ; l'autre avec Jacques II, le descendant des Stuarts, plus fastueusement, mais avec moins d'honneur, abrité à Saint-Germain. Plus de trente-cinq ans séparent le jour où Henriette débarquait à Calais impuissante à venger son époux et celui où y débarquait Jacques II. En 1685, Bossuet ne pouvait plus faire en chaire aucune allusion, à propos de l'exil de Jacques II, aux lendemains incertains de la puissance royale. Il n'en était pas de même des malheurs d'Henriette dont la grandeur tragique avait vivement frappé les imaginations : « Quoi qu'il soit assez extraordinaire de venir de la misère à la royauté, constate l'orateur, et qu'il le soit beaucoup plus d'être pauvre et roi, toutefois il est véritable que nous avons eu des exemples de l'un et de l'autre ». On peut reconstituer sa pensée : quelque histoire plus ou moins légendaire de la Bible ou d'Hérodote se présente sans doute à son souvenir ; rarement, en conclut-il, un pauvre devient roi ; il est encore plus rare qu'on soit pauvre et roi en même temps. Il se reprend aussitôt : nous n'en avons pas moins des exemples. Mais il juge inutile d'insister et de faire la démonstration, car un de ces exemples au moins était connu de tous, s'était imposé aux réflexions, à l'imagination de tous : c'était celui même de la fille d'Henri IV. Tel était en effet le désarroi de la Cour de France et sa pénurie au Louvre, au moment même où Cromwell donnait comme dénouement à la Révolution d'Angleterre la décapitation de Charles Ier, qu'elle ne pouvait pas assurer à la tante du jeune roi de quoi payer son boulanger et ses serviteurs. Il soufflait un vent de tempête sur les couronnes, et l'on ne pouvait pas traiter avec plus d'égards une reine déchue qu'on ne traitait le roi régnant emporté nuitamment dans une mauvaise berline jusqu'à Saint-Germain où il y eut quelque difficulté à assurer le sommeil de ses dix ans. On aurait peine à croire à certains récits de ce dénuement d'une fille de France encore ennoblie d'une catastrophe sans exemple. Il n'importe du reste pas beaucoup. Quand Bossuet connut la reine d'Angleterre, il n'appartenait qu'à elle d'habiter des palais, mais, aggravées de la gêne matérielle ou voilées par les richesses et les marques de la plus grande déférence, les douleurs d'Henriette n'étaient pas à proprement parler celles de l'exil, puisqu'elle retrouvait sa famille et sa patrie ; c'étaient celles de la gloire anéantie et du deuil sans consolation. On la vit, non sans étonnement, elle qui avait été héroïque jusqu'à la témérité, se consacrer sans retour à méditer sur l'amertume des grandeurs et la vanité des ambitions. Au couvent de Chaillot, Bossuet pouvait, malgré la restauration sur le

trône de Charles II, l'entretenir de pompes abat-
tues, de gloire évanouie en fumée. Henriette ne
poursuivait aucune revanche. Enfermée dans sa
douleur, avec le goût suprême de n'en point
sortir, même sur les sollicitations de l'affectueuse
vénération et des largesses fastueuses de Louis XIV
devenu majeur, elle ne s'occupait que d'œuvres
de piété et de la sanctification de son âme. Son
oraison funèbre a marqué d'un trait ineffaçable
ce brusque changement de la gloire à l'humilité :
découragement d'une âme brisée, pour les histo-
riens ; œuvre de la grâce, pour le prédicateur.

Or, si à cette oraison funèbre l'on compare un
discours que Bossuet avait prononcé devant la
reine déchue elle-même, au monastère de la Visitation dont elle était la protectrice, on retrouve
en quelques lignes le même plan, l'opposition du
même contraste, les mêmes images. L'oraison
funèbre est dans le sermon et cet exemple prouve
d'une manière assez caractéristique ce qu'on ne
saurait trop redire : que les oraisons funèbres
sont avant tout, sous l'apparat de l'éloquence et
de l'histoire, l'étude des transformations d'une
âme par la vie chrétienne.

*
* *

Voici une autre reine dont les jours s'écoulent
aussi dans la retraite. C'est Anne d'Autriche.
Chaque fois que Bossuet parle d'elle ou lui
adresse le compliment d'usage, il n'a garde d'oublier que son titre de reine-mère ne lui donne
plus droit qu'aux égards et que le roi son fils,
jaloux du pouvoir, n'aime pas entendre parler

trop de la puissance de la régente d'hier. Aussi la loue-t-il très simplement pour sa piété et ses fondations charitables au Carmel, à Saint-Germain, au Val-de-Grâce, à Chaillot. Il insiste sur sa « constance infatigable et son application à rendre à son fils illustre une autorité aussi entière que celle dont elle avait reçu le dépôt ». Il la féli- d'avoir élevé ce fils, « l'attente de tout un royaume », dans la compassion des pauvres et des misérables. L'éloge s'arrête là : discret au possible, il paraît d'abord inférieur aux mérites d'une femme de si grand sens politique. Mais il ne faut pas oublier que devant les premiers scandales de la vie privée du Roi, Anne d'Autriche, dame de Sainte-Thérèse, c'est-à-dire tertiaire, s'était retirée au Carmel, ne pouvant ni désapprouver hautement ni autoriser de son silence l'inconduite de son fils auquel il faut rendre cette justice qu'il sut attendre le départ désiré de sa mère pour jeter bas toute contrainte. Derrière les hautes murailles du couvent du Carmel, dont le rôle fut si grand dans la vie du xvii° siècle, dans le pavillon médiocre qu'elle s'était fait construire au fond boisé du parc, Anne d'Autriche oubliait les calomnies qu'avait rassemblées impitoyablement le cardinal de Retz. Elle oubliait même les triomphes de son gouvernement. Reine régente, elle avait eu le grand sens politique de ne pas reprendre le rôle de Marie de Médicis. « Fléchissant quelquefois par prudence, les accidents imprévus n'avaient ni ébranlé, ni étonné sa grande âme ». Reine-mère, elle estimait son œuvre terminée, et celle que madame de Motteville nous a montrée occupée, au milieu des pires soucis d'Etat, de vénérer des reliques et de faire des neuvaines, n'avait plus d'ardeur que pour la piété et la cause de l'Eglise ». Dans ses retraites à la Visitation de Chaillot, au Carmel du Faubourg Saint-Jacques ou chez les Bénédictines du Val-de-Grâce, retraites « dont les heures lui semblaient si douces », si elle jetait encore un regard sur les affaires publiques, c'était pour céder aux exhortations de Bossuet et s'affliger « jusqu'aux larmes » des succès des Turcs dans l'Orient de l'Europe ou des démêlés du Roi son fils avec le Pape Alexandre.

*
* *

Peu de jours après la mort d'Anne d'Autriche, dont il avait prononcé une oraison funèbre malheureusement perdue, Bossuet déplorait publiquement de ne plus voir que dans une reine « ce noble amas de vertus qu'on admirait en deux ». Cette reine qui, aux bienfaits que lui suggère son propre cœur, ajoute « ceux que lui a légués dans sa munificence la mère de l'époux auguste que la Providence lui a donné pour l'union des deux plus grandes familles », est Marie-Thérèse d'Autriche, obligée de vivre, si jeune et au milieu de la Cour la plus bruyante, dans la retraite et le délaissement. Les rêves de bonheur ébauchés à Saint-Jean-de-Luz ont été pour elle presque sans lendemain. La politique elle-même ne retira pas de solides et durables avantages de ce mariage que Bossuet célébrait parce qu'il avait saintement affermi la paix et qui menait en réalité tout droit à la Guerre de Dévolution.

Marie-Thérèse est environnée de tout l'éclat de

7

la pompe royale et le roi n'admettrait pas encore
que fût atténuée une seule de ses prérogatives :
ce n'est que plus tard qu'il oubliera sa propre
dignité jusqu'à forcer la reine à habiter les appartements du second étage pour donner ceux du
premier à une maîtresse. Deux fois, partant pour
ses armées, il la nomme régente. Quand elle
accouche du dauphin (1er novembre 1661), il
demande aux médecins le salut de la mère plutôt
que la naissance d'un héritier. « Il me souvient,
dit Bossuet, de ces mères infortunées à qui on
déchire leurs entrailles pour en arracher leur
enfant ». Cependant, le Roi a recherché déjà
Henriette d'Angleterre, puis Marie et Olympe
Mancini ; La Vallière est toute proche et la Reine
ne recevra plus dès lors du Roi que des marques
d'estime, de confiance et de considération.

Le contraste entre son inviolable fidélité au
devoir et la vie scandaleuse et sans contrainte de
son époux a été suffisamment indiqué par Bossuet,
malgré la délicatesse du sujet, dans l'insistance
qu'il a mise à louer Marie-Thérèse de sa vertu,
de sa perpétuelle régularité de vie, de la majestueuse beauté de sa vertu toujours constante.
Comment s'y tromper d'ailleurs quand il ajoute :
« Notre siècle ne voyait nulle part dans une si haute
élévation une pareille pureté » ? Il nous semble
cependant qu'on n'a pas assez remarqué combien
la sensibilité de Bossuet a été émue par ce délaissement ininterrompu pendant vingt-trois ans d'une
princesse douce, bonne, attrayante, manquant
peut-être de coquetterie, mais pleine de grâces et
de fraîcheur et, dans le rêve de sa jeunesse, d'en-
jouement. Ce n'avait été vraiment qu'un rêve, et

déjà pour elle, après la naissance du Dauphin, il formait le souhait bien expressif qu'elle pût vivre sur la terre n'ayant de goût que pour le ciel, dédaignant ce qui passe, jetée au milieu de tant de grandeurs dans une véritable humiliation devant Dieu. Et depuis, il nous l'a toujours montrée non plus joyeuse, mais résignée : résignée, parce qu'il fallait qu'à certains jours, sur la volonté du roi ployant tout et tous à l'insolence de son étiquette et de son égoïsme, elle occupât sa place de préséance dans ces fêtes où l'on ne s'entretenait que de ses désillusions ; résignée parce que, elle, reine de France, était obligée parfois de rester dans ses appartements si elle ne consentait à voir une maîtresse, enorgueillie d'un an des faveurs royales, faire avancer son carrosse devant le sien.

Au milieu de tant de difficultés et d'ordre si délicat, elle eut le tact de ne rien abandonner de sa dignité de reine ni de sa dignité d'épouse outragée jusqu'à l'opprobre : se prêtant, dit Bossuet, et il faut ici vraiment peser tous les termes, se prêtant au monde avec toute la dignité que demandait la grandeur, aimant mieux tempérer la majesté que de la faire éclater devant les hommes, s'enfonçant dans son oratoire où elle a retrouvé le Carmel d'Élie ».

A plusieurs reprises, madame de Sévigné écrit : « La reine fait ses dévotions et va au salut du Saint-Sacrement ». Étourdiment et sur les apparences, elle juge la reine ennemie de l'étiquette et de la représentation. Bossuet est bien obligé lui aussi par les convenances de mettre cette attitude effacée de la reine sur le compte d'une piété exemplaire, et « des tristesses, des gémissements et des larmes que lui coûtent les trop longues divisions de la France et du Saint-Siège ». Mais ni Bossuet lui-même ni surtout l'auditoire ne s'y trompaient, et à entendre les graves enseignements de l'oraison funèbre, les princes et princesses, ducs et duchesses, marquis et marquises qui avaient négligé la reine pour chaque maîtresse en faveur, devaient faire d'amères réflexions à cette évocation inattendue du Carmel, du Carmel où sœur Louise de la Miséricorde elle aussi s'était enfoncée et expiait alors depuis neuf ans de s'être appelée Louise de La Vallière et d'avoir été, comme le disait douloureusement la Reine à Mademoiselle « cette jeune fille qui a des pendants d'oreilles et que le Roi aime ».

D'ailleurs, parmi ces nobles auditeurs, quelques-uns pouvaient se rappeler une autre coïncidence. En 1660, Mademoiselle de Bouillon prenait le voile au Carmel et Bossuet, dans son sermon, décrivant les cérémonies magnifiques et les pompes de l'entrée toute récente de la jeune reine à Paris, la félicitait d'être l'épouse chérie du premier monarque du monde, qui s'était arrêté pour l'amour d'elle au milieu de ses victoires et l'avait préférée à tant de conquêtes infaillibles ! C'est donc dans la chaire du Carmel que Bossuet, pour la première fois, salue Marie-Thérèse et augure pour elle un bonheur sans mélange ; — et, vingt-trois ans plus tard, c'est la retraite du Carmel qu'il doit évoquer pour sous-entendre son délaissement, ses déceptions et ses désenchantements.

*
* *

Aux côtés de la jeune Reine l'orateur avait remarqué souvent une Princesse illustre entre toutes et qui unissait en sa personne le sang de France et le sang des Stuarts, petite-fille d'Henri IV et sœur de Charles II. — A elle la retraite ne saurait plaire. Elle n'a fleuri qu'un matin « avec quelle grâce, vous le savez ». Elle a aimé les fêtes, les plaisirs, les intrigues politiques : morte d'ailleurs trop tôt pour avoir pu connaître le désenchantement des grandeurs et ce cantique de la vanité des choses humaines que Bossuet célèbre sur sa tombe. Henriette, Duchesse d'Orléans ! Si belle et si gracieuse qu'elle ait été, son nom ne s'élèverait pas au-dessus des renommées discrètes si le génie de Bossuet ne lui avait donné la lumière de l'immortalité, et l'histoire nous a livré moins d'elle que ne nous en laisse entendre l'éloquence.

D'abord on ne sait pas bien au juste jusqu'où allèrent quelques-unes de ses intrigues. Le Roi ressentait pour elle un vif attrait. Coquette et légère, prenant sa revanche d'une enfance triste, contrainte et monotone, infiniment séduisante plutôt que belle, mais si vive et si spirituelle ! Elle ne vivait pas en bon accord avec Monsieur, froid pour les femmes et pourtant jaloux, et l'indignité du mari explique peut-être que quelques-uns des propos et l'absence de scrupules chez Henriette soient allés parfois beaucoup plus loin « que cette joie incroyable » dont Bossuet fait un de ses traits les plus aimables.

Malgré l'extraordinaire acharnement que mit la fine et gracieuse Princesse à perdre dans l'esprit du Roi Louise de La Vallière, son ancienne demoiselle d'honneur, il n'y eut jamais, semble-t-il, dans la tendresse du Roi qu'une vive et profonde amitié pour sa piquante belle-sœur et cousine. Bossuet en a consacré le souvenir dans une image saisissante, quand il montre le Roi s'efforçant d'arracher Henriette à la mort : « En vain Monsieur, en vain le Roi même tenait Madame serrée par de si étroits embrassements ».

D'ailleurs Bossuet n'a nullement dissimulé son amour ardent des plaisirs. « Ses généreuses inclinations la menaient à la gloire par les voies que le monde trouve les plus belles ». C'est pour cela même que cette jeunesse « où les années n'auraient pas dû manquer à d'aussi grandes espérances » n'est en dehors de ce qui l'unit à Dieu qu'un exemple contre « l'ambition et le plaisir ». Telle est, on le sait, la thèse du prédicateur.

Le portrait qu'a tracé d'elle son ami, son confesseur au lit de mort, celui qui reçut d'elle par delà la tombe cet anneau d'émeraude qu'il ne quitta plus, ce portrait revit dans toutes les mémoires : Madame fut douce envers la mort comme elle l'avait été envers tout le monde... Nous l'avons perdue, elle qui dans ces superbes palais donnait un éclat que les yeux cherchent encore !... Toutes les fois que regardant cette grande place qu'elle remplissait, vous sentirez qu'elle y manque, songez que cette gloire que vous admirez faisait son péril dans cette vie. Et c'est dans une apostrophe désolée dont nous frémissons encore que l'orateur sublime exhale sa douleur : O nuit désastreuse ! O nuit effroyable ! où retentit tout à coup comme un éclat de tonnerre cette étonnante nouvelle : Madame se meurt ! Madame est morte !

C'est donc devant le cercueil d'une jeune
femme de vingt-six ans que le chantre des ruines
des anciens Empires et des catastrophes de la
Révolution d'Angleterre, que l'orateur qui a exalté
tant de victoires de la mort, tant de revanches de
la Providence sur la beauté, le talent et la richesse, a forcé l'éloquence, a forcé les expressions
pour les faire retentir dans tous les siècles à venir
dans ce sanglot de détresse.

Le plus bel effet de cette éloquence a été que,
paraissant si poignante, même de la part de
Bossuet, on en a demandé compte à l'orateur.
Tous les regards de la postérité se sont tournés
vers Henriette d'Angleterre. Pourquoi Bossuet
avait-il pleuré sa mort en un si émouvant langage ? Cette mort ne cachait-elle pas un mystère
angoissant ? Pourquoi montrait-il ces superbes
palais devenus vides et les courtisans y cherchant
encore Henriette ? Avait-elle donc rempli de sa
grâce la Cour de Louis XIV ? Avait-elle donc joué
quelque grand rôle que l'histoire ne nous avait
pas dit ? On a voulu ne rien laisser perdre de tout
ce que l'on pouvait connaître des brèves années
de sa vie, et on s'est arrêté devant ses portraits
pour y retrouver le secret de cette grâce, de cette
joie et de cette vivacité si délicatement poétisées
par l'orateur sacré. Notre mémoire entretient
ainsi autour de Madame une sorte de culte comme
autour de toutes celles que la toute-puissance du
génie a idéalisées, vraies créatures de rêve, charmantes et énigmatiques. L'éloquence a faite Henriette d'Angleterre sœur des Andromaque et des
Cordélia. Mais cette éloquence cependant ne doit
pas nous dominer tellement que nous n'arrivions

plus à voir qu'un poème dans l'oraison funèbre. C'est une page d'histoire et si complète que la critique depuis n'y a guère ajouté, qu'il s'agisse des négociations diplomatiques ou du drame mystérieux de la mort d'Henriette. Peut-être seulement pourrait-on penser que la majesté du discours n'eût point été diminuée par une allusion rapide à l'influence que Madame eut sur les lettres, influence certaine : Molière lui a dédié l'Ecole des Femmes, Racine lui a dédié Andromaque, et, sur la foi de Fontenelle, elle passe pour avoir mis aux prises peu de temps avant sa mort Corneille et Racine sur le sujet de Bérénice renvoyée par Titus (ce qui, pour le dire en passant, s'accorderait assez avec sa haine pour La Vallière et ferait croire qu'elle voulut forcer le Roi à entendre une leçon indirecte).

Henriette d'Angleterre appartient donc à l'histoire pour ses missions diplomatiques et pour l'étrangeté troublante de sa mort.

« Elle se précipita dans la gloire » dit Bossuet, et la hardiesse de cette image est parfaitement justifiée. Au lendemain du traité d'Aix-la-Chapelle, la politique de Louis XIV, malgré ses victoires, était en échec ; la Hollande arrêtait la marche de ses conquêtes, le tournait en ridicule et renouait une Confédération entre elle, l'Espagne et l'Angleterre. Il fallait en détacher Charles II. Louis XIV lui envoya Henriette, diplomate secrète qui pouvait échouer sans trop compromettre le Roi et qui au contraire, si elle réussissait, évitait à l'Angleterre, par une convention cachée, la fausse position où un acte public l'aurait placée vis-à-vis de la Hollande. On sait que

Madame réussit au delà de toute espérance et si son retour fut un véritable triomphe, elle en avait mérité les honneurs, puisque son habileté permettait à Louis XIV la conquête de la Flandre et de la Franche-Comté.

Ce n'était pas son premier succès. A peine mariée elle s'était entremise auprès de Charles II qui l'aimait tendrement. Ambassadrice toujours écoutée, elle avait eu le but d'unir l'Angleterre et la France « deux puissants royaumes » et procédait avec plus de rapidité et moins de raideur que les diplomates. Elle joua un grand rôle dans trois négociations difficiles : la cession de Dunkerque à la France, les préliminaires du traité de Bréda, l'affaire de la souveraineté du pavillon britannique sur les mers.

Aussi Bossuet, pour rappeler en peu de mots ces nombreux et fructueux services, prend-il soin de faire remarquer que la gloire d'Henriette ne fut pas une surprise : « le passé et le présent (elle tomba malade et mourut douze jours après son retour) nous garantissaient l'avenir... on ne l'eût point vue s'attirer la gloire avec une ardeur inquiète, elle l'eût attendue sans impatience comme sûre de la posséder », et de ses actions glorieuses on eût écrit non une belle page, mais « une histoire ».

Ainsi donc, et c'est ce que signifie de la manière la plus évidente le langage de Bossuet, Henriette n'était pas qu'une de ces habiles entremetteuses qui passent un moment et disparaissent et dont toutes les Cours autorisent la séduction et les souples intrigues, là où ne réussissent plus les marchandages trop officiels des ambassadeurs :

elle était diplomate, avait l'intelligence des affaires politiques et enfermait les résultats de ses négociations en d'authentiques traités. Dans l'histoire de la diplomatie officieuse ou secrète de Louis XIV elle doit être placée au premier rang. Le Roi était autorisé à mettre de grandes espérances dans son habileté et sa discrétion déjà tant de fois éprouvées.

Malheureusement, comme le dit magnifiquement l'orateur, on ne pouvait arrêter les yeux sur sa gloire sans que la mort s'y mêlât aussitôt. N'en avait-elle pas elle-même le pressentiment? On l'avait vue attentive et bouleversée sept mois auparavant à l'Oraison funèbre de sa mère. Elle en avait pris l'occasion de revenir à Dieu et avait supplié Bossuet de faire imprimer cette Oraison « pour l'édification de tous ». Elle avait même commencé à prendre de Bossuet lui-même trois leçons de religion par semaine. A cette conversion car c'en fut une véritablement, l'orateur attachait tant d'importance que dans son Oraison funèbre déjà si surprenante il n'a pas craint de reculer pour son auditoire les bornes de la surprise et de l'étonnement, quand il a dit : « Dieu ébranle, s'il le faut, l'Etat pour une âme ; pour donner à l'Eglise Henriette d'Angleterre, il a fallu renverser tout un Royaume ». Ainsi donc la conversion d'Henriette aurait eu pour rançon vingt ans de guerre civile, le supplice de son père et les douloureux exils de sa mère ! Si l'idée d'une aussi formidable compensation est plus que contestable et si vraiment la théologie n'en saurait accepter la responsabilité, on ne peut nier que de pareilles considérations, même paradoxales,

n'élèvent jusqu'à la plus vaste philosophie de
l'histoire la conception d'une Oraison funèbre.

*
* *

Madame fut-elle ou ne fut-elle pas empoisonnée?
Nous n'avons évidemment aucune compétence
pour formuler un sentiment personnel ni même
apprécier et discuter les avis des hommes
compétents sur cette mystérieuse question. Il
nous suffit d'établir quelles étaient les préoccupations du moment et de l'entourage immédiat et
comment Bossuet y fit écho. Car enfin, nous avons
son texte, et si ce texte lu naturellement par nous,
pour ce qu'il est et non pour ce que nous voudrions y forcer d'y rentrer, donne, et c'est notre
avis, l'impression très nette qu'un drame s'est
passé, il faut avouer que nous avons, en faveur
de la thèse de l'empoisonnement criminel, un
argument qui a sa valeur à côté des diagnostics
rétrospectifs des médecins.

D'abord presque tous les contemporains immédiats crurent à un empoisonnement, sans en
avoir la preuve. Il suffit de lire les mémoires et
les gazettes. La raison d'Etat, le manque de
démonstrations péremptoires, la prudence habituelle à la Cour où l'on n'ose dire tout bas ce que
l'on pense de plus certain, l'appareil rudimentaire
des investigations médicales, empêchèrent cette
opinion de s'étaler au plein jour. Seul Louis XIV
pouvait se permettre de marquer à Monsieur
une froideur allant jusqu'à l'affront et qui persistait
encore, quand, un an après, ce triste personnage
se remaria avec Elisabeth-Charlotte de Bavière.

Pourquoi d'ailleurs accuser Monsieur, dont Madame de La Fayette, faisant allusion à ses vices, a pu dire que le miracle d'enflammer son cœur n'était réservé à aucune femme ? Il y avait bien le chevalier de Lorraine, Charles d'Harcourt, comte de Beuvron, personnage taré qui eut avec Monsieur une amitié trop intime pour la réputation de l'un et de l'autre, mignon fort beau de visage, mais plein d'audace et de hauteur, surtout envers Monsieur qu'il menait bâton haut. Saint-Simon l'a cloué au pilori. Henriette avait fini par obtenir son exil. Se serait-il vengé par le poison? C'est improbable. On n'a pas historiquement le moindre droit à cette hypothèse.

Il y avait encore Madame de Montespan devenue mère en mars 1670 du duc du Maine, et dont le rôle infâme qu'elle joua plus tard dans les messes noires et l'affaire des Poisons, permet de supposer qu'elle pourrait n'avoir pas reculé à se débarrasser par un crime d'Henriette qui avait une grande influence politique et une toute autre ambition que celle d'essayer sur Louis XIV l'effet de sa coquetterie.

Olympe Mancini, l'une des sept nièces de Mazarin, est aussi fort suspecte: rivale d'ambition, déçue dans un amour peu partagé par le roi, réduite à rien, point scrupuleuse par tradition de famille, détestant naturellement Madame. Elle fut impliquée plus tard dans l'affaire des poisons en France, et quelques mois après dans une semblable affaire en Espagne, et dut s'enfuir successivement de l'un et l'autre royaume. Avec Madame de Montespan, elle assistait à l'agonie d'Henriette.

Ces amoureuses, même jalouses, avaient-elles
donc l'âme si noire ? Voyez donc justement à la
même époque les tragédies de Racine : elles étalent le fait-divers, et l'on pourrait leur donner
pour épigraphe ce jugement que Bossuet émettait
devant la Cour elle-même : « Je vous dirai ce
que tout le monde sait, qu'il n'est rien de plus
furieux qu'un amour méprisé et outragé ».

On a enfin émis l'hypothèse d'un empoisonnement par des affidés de la Hollande. C'est une
hypothèse vraiment trop gratuite, encore qu'il
vaille la peine de faire remarquer que les soupçons du crime faillirent faire rompre par l'Angleterre l'exécution du traité de Douvres, l'œuvre
personnelle d'Henriette. Que faut-il penser de
cette parole de Madame elle-même : « qu'elle
connaissait mieux son mal que le médecin et qu'il
n'y avait point de remède » ? Parole troublante
où l'on pourrait retrouver un secret dont elle
était décidée d'emporter la moitié dans la tombe,
et cependant l'histoire ne dit pas expressément
qu'elle ait confié à qui que ce soit qu'elle se croyait
empoisonnée. En somme, il faut bien le dire, si
passionnées qu'aient été les recherches et si
inclinés qu'aient été les enquêteurs à expliquer
par un crime la surprise de cette mort, l'hypothèse de l'empoisonnement ne s'appuie sur aucun
argument historique et l'on ne nomme point, on
n'arrive même pas à soupçonner qui aurait pu
profiter de ce crime. Mais que valent les enquêtes
menées deux siècles et demi après l'événement ?
Il y aurait peut-être quelque naïveté à s'imaginer
que les archives sont faites pour garder de tels
secrets.

Ce qui n'est point niable, c'est que l'on crut partout à l'empoisonnement, non seulement en France mais en Angleterre où on n'avait pas les mêmes raisons de se taire qu'à Saint-Germain et à Saint-Cloud. L'indignation y devint même populaire et alla jusqu'à la fureur.

C'est à ces préoccupations, à ces questions angoissantes, que Bossuet, confesseur de Madame et peut-être possesseur du secret redoutable, fait manifestement écho dans cette page immortelle où la place de certains mots, la valeur de certaines réticences, des phrases étudiées, des expressions qui paraissent calculées, mesurées, pesées, donnent réellement dans leur ensemble l'impression d'une tragédie dont lui, le dernier confident, pourrait dire plus qu'il ne veut en dire.

C'est d'abord tout un luxe d'expressions requises à peindre un malheur inattendu et foudroyant : une étonnante nouvelle (étonnante : au sens étymologique), un éclat de tonnerre. La mort est prise à partie et sommée de s'expliquer sur son œuvre inconcevable. Quelle diligence ! en neuf heures l'ouvrage est accompli. Le matin elle fleurissait, le soir nous la vîmes desséchée (1).

Or, il convient de remarquer que, morte le 29 juin à 3 heures du matin, Henriette était rentrée d'Angleterre le 18. Leurs relations ne permettent pas de supposer que Bossuet, qui avait alors un appartement au Louvre et qu'il occupait

---

(1) Cette image qui est d'ailleurs une réminiscence de la Bible doit être prise à la lettre : le matin (du 28 juin) Henriette était pleine de santé et de grâces, le soir (à 6 heures) elle était frappée du mal qui devait l'emporter aux premières heures du lendemain.

depuis dix mois, ne l'ait pas vue plusieurs fois dans ce court intervalle, et il faut bien admettre que ni le mal de cœur dont on dit qu'elle souffrait, ni sa pâleur habituelle de visage, ne lui avaient paru plus inquiétants ou plus suspects qu'à l'ordinaire, puisque, bien loin de trouver dans une faible santé de Madame de quoi comprendre la soudaineté de sa mort, il s'écrie, interrogateur déconcerté : « Qui eût pu penser, que les années eussent dû manquer à une jeunesse qui était si vive ? Non, après ce que nous venons de voir, la santé n'est qu'un nom ! » (1).

Doit-on envisager l'hypothèse d'une mort subite naturelle ? Pas une seule fois Bossuet n'y fait la moindre allusion. Quel profit cependant son éloquence aurait retiré de ce contraste de tant de beauté, de grâces et de talents abattus d'un coup aveuglément par la mort ! Il insiste au contraire sur ce fait que pas un instant Madame ne s'informe de son état. A peine frappée — à 26 ans ! et subitement ! — elle se juge perdue. Tout est simple dans ses derniers moments, sans ostentation comme sans émotion. Ses mains défaillantes cherchent le crucifix qu'avait baisé Anne d'Au-

____

(1) Il n'est pas sans intérêt de comparer ce que dit ici Bossuet de la santé de Madame avec ce qu'il dira en termes plus saisissants encore, dans l'oraison funèbre de Marie-Thérèse d'Autriche, de Marie-Thérèse elle-même et d'Anne d'Autriche : ces deux reines dont la robuste constitution semblait promettre le bonheur de les posséder un siècle, mais dont l'une, âgée, vit avancer la mort à pas lents et sous la figure qui lui avait toujours paru la plus affreuse (Anne d'Autriche mourut d'un cancer), et dont l'autre, pleine de vie, frappée d'un coup imprévu, se trouva toute vive et tout entière entre les bras de la mort.

triche mourante. « Son jugement est libre », comme de quelqu'un qui n'est pas surpris. Elle est « douce envers la mort » ; comme si Bossuet voulait dire qu'elle n'accusa personne, certaine qu'elle était depuis longtemps que sa gloire et sa grâce ne seraient pas que pour son âme « un péril en cette vie ».

Cet ensemble d'expressions est bien saisissant. Certes, il ne faut pas oublier que les contemporains et la postérité imaginent autour d'un mort illustre de troublants mystères et qu'ils s'étonnent, pourrait-on dire avec Bossuet, que ce mortel ait pu mourir. Mais pourquoi donc Bossuet qui dans une relation manuscrite déclare que le soir même du 29 juin on fit l'autopsie de Madame « parce qu'elle avait dit qu'on l'avait empoisonnée », ne fait-il dans son discours aucune allusion à ce soupçon qu'il savait partagé par son auditoire, au moins pour l'infirmer ? Et pourquoi dans cette relation confidentielle se résume-t-il dans la sécheresse d'un procès-verbal, sans un mot dont nous puissions retenir que Madame, en se disant empoisonnée, avait eu tort ou avait eu raison ?

Qui s'avisera de croire à l'indifférence de Bossuet sur les causes de la mort de Madame ? Quand des suprèmes accents de son âme, on immortalise une telle mort, c'est que l'on connaît le secret de cette mort. Pour nous, le secret est scellé, et à jamais sans doute. Et après tout, que nous importe ? Morte d'un crime ou d'une maladie, Henriette d'Angleterre, duchesse d'Orléans, est la jeune femme dont le trépas a exapéré l'éloquence de Bossuet : « O nuit désastreuse ! ô nuit effroyable ! où retentit tout à coup cette

étonnante nouvelle : Madame se meurt ! Madame
est morte ! » Ah ! que nous sommes loin du Sermon sur la Mort ! Quelle belle revanche du cœur
sur le dogme inexorable ! Dans l'exorde du
sermon sur la mort, Bossuet raille ceux qui s'étonnent qu'un mortel ait pu mourir ; ici, devant le
cercueil d'Henriette, c'est à son tour de s'étonner.
« O mort ! ô mort ! tu m'offusques tout de ton
ombre ! »

* *

Après ce discours où s'étaient prodigués son
génie et son cœur, Bossuet ne devait plus se faire
entendre dans la chaire qu'en 1683 (plus de treize
ans !) sauf au Carmel pour la profession de foi de
Louise de Lavallière en 1675, et à la Cour pour
la fête de Pâques de 1681. En effet, à l'intervalle
de quelques jours, celui qui venait de s'élever à
une hauteur d'éloquence insoupçonnée jusqu'alors
devenait le précepteur d'un enfant de neuf ans, le
grand Dauphin. On le préférait dans cette charge
à deux excellents humanistes, Huet et Ménage, à
cause du lustre de sa renommée, mais le prince
était trop jeune pour les leçons d'un tel maître,
et Bossuet d'un esprit trop synthétique pour
l'élève. Que voulez-vous qu'ait pu comprendre
un si jeune enfant à la thèse de l'Histoire universelle ? Cette éducation, si elle n'a pas fait un
grand prince, nous a du moins valu quelques
chefs-d'œuvre et un très curieux portrait de
Monseigneur le Dauphin lui-même et qui vaut
qu'on s'y arrête un peu.

Les débuts avaient été assez bons et, dans son
discours de réception à l'Académie (1671) Bossuet

pouvait assurer la Compagnie que le jeune prince surmontait heureusement les premières difficultés des études : il est vrai qu'il atténuait aussitôt l'éloge par une réticence : « S'il n'est pas rebuté par les études, quelle sera son ardeur quand il pourra cueillir les fleurs et les fruits ! » En somme, cette première impression était satisfaisante et Bossuet pouvait espérer voir un jour son élève protecteur éclairé de l'Académie. Mais elle ne fut pas de longue durée. En 1672, il confie ses inquiétudes au maréchal de Bellefonds, et ne paraît point faire grand cas de l'intelligence de son élève, si l'on sait lire entre les lignes. Il ne fait que reprendre l'éternelle formule qui a permis aux professeurs de tous les temps de constater avec courtoisie et indulgence que tels de leurs élèves sont désespérément médiocres : Monseigneur a de grandes grâces, de la simplicité, de la droiture, des principes de bonté (des principes de bonté !) « et de l'attention aux mystères » (c'est-à-dire au catéchisme). — On n'accusera pas ici Bossuet de prodiguer les éloges par flatterie.

Sept ans plus tard, la note est aggravée et l'on soupçonne que pendant les neuf années de son préceptorat, Bossuet a été mis à rude patience. Il va bientôt être relevé de sa charge, car le Dauphin est devenu jeune homme. Il s'en réjouit. Il y avait tant « à souffrir avec un esprit si inappliqué, si peu affermi ! ». Admettons que le jugement soit dur et que l'on pourrait éprouver plus de mélancolie ou plus de dépit d'avoir manqué une telle œuvre : l'éducation du fils de Louis XIV, héritier du royaume. Mais retenons les trois derniers mots : « si peu affermi », et ouvrons Saint-Simon : « Il était, dit-il du grand Dauphin, d'un beau blond, mais sans physionomie, il tâtonnait toujours en marchant et mettant le pied à deux fois. Il avait peur de tomber et il se faisait aider pour peu que le chemin ne fût pas parfaitement droit et uni ».

N'est-ce point un curieux rapprochement? Saint-Simon a dépeint le physique, Bossuet a étudié le moral du même prince, et les deux se rencontrent dans la notation du même détail : Le Dauphin était mal affermi.

* *

Bossuet l'a dit lui-même : un petit nombre d'années amènent dans la Cour de grands changements. Quand il remonta dans la chaire pour prononcer, presque coup sur coup après l'oraison funèbre de la Reine, celles d'Anne de Gonzague, de Michel Le Tellier et de Condé, il se trouva que l'histoire de ces trois morts illustres reportait l'orateur à des temps dont la Cour ne se souciait plus guère ; à la Fronde et à la guerre de Trente ans, au cardinal de Retz et à Mazarin, à Rocroi et à Fribourg. Ce n'était plus de l'actualité, ou plutôt ces temps paraissaient déjà si éloignés que les personnages qui en avaient été les héros semblaient s'être survécus à eux-mêmes : même la gloire du vainqueur de Rocroi s'estompait dans le lointain. Il y avait comme deux Condé : celui d'avant, celui d'après le traité des Pyrénées. Voici Anne de Gonzague, insinuante dans ses entretiens, pleine de désirs au dedans, au dehors pleine de grâces, et dont les intrigues

politiques et les amours avaient excité jadis tant
de curiosités, « âme séduite qui s'admire elle-
même et a toutes les vertus dont l'enfer est rempli ». Mais que ces souvenirs sont loin déjà ! Ils
évoquent la minorité de Louis XIV, et depuis
vingt ans qu'elle a quitté la Cour, on l'a presque
oubliée, celle à qui le cardinal de Retz reconnaissait une capacité politique supérieure à celle
d'Elisabeth et que Mazarin citait à don Louis de
Haro pour capable de mettre, avec Mesdames de
Longueville et de Chevreuse, plus de confusion
dans un Etat qu'il n'y en eut jamais à Babylone.

Et le cardinal de Retz lui-même, sur quelle
indifférence il peut promener ses « tristes et
intrépides regards » ! Par de puissants ressorts il
a ébranlé l'Etat pour acquérir avec tant de peine
ce qu'il devait mépriser un jour. Mais à peine
les courtisans osent-ils prononcer haut le nom du
vieux frondeur. Son irrémédiable disgrâce n'est
consolée que par un petit nombre d'amis, Corneille qui lui lit « une tragédie », Molière son
Trissotin, Boileau son Lutrin et sa Poétique.
« Voilà tout ce que nous pouvons faire pour son
service », dit Madame de Sévigné. Quand il
mourut en 1679, il était complètement oublié, et
l'extraordinaire portrait qu'en a tracé Bossuet ne
put redonner à sa mémoire un regain de vie. Il
resterait même à se demander si les éloges de
l'orateur n'étaient pas excessifs, car enfin un fac-
tieux et un frondeur, un agitateur, même s'il a
médité Machiavel et levé quelques bandes à tant
d'hommes par porte cochère, est-ce l'étoffe d'un
politique ?

Condé lui-même, Condé qui au lendemain de

la victoire de Lens aurait pu se rendre maître de
l'Etat, s'il garde encore tout son crédit de Prince
du sang, n'est plus que le survivant d'un glorieux passé. Il porte aux yeux du Roi et des courtisans la peine de sa rébellion et, comme le dit
Bossuet avec un délicat euphémisme, d'avoir été
longtemps inutile à sa patrie. Il semble que ce
soit à lui encore que songe Bossuet dans le sermon
sur l'Honneur, quand il parle de ces grands politiques et « de ces capitaines expérimentés qui
touchés d'un faux honneur ont ruiné malheureusement leurs affaires ». Condé a ruiné ses affaires !
il a brisé sa carrière, il a été longtemps inutile !
Ce n'est pas en d'autres termes qu'il y a lieu de
déplorer aux regards du xviie siècle cette rébell-
lion à main armée que notre indignatien a souvent appelée une trahison. On s'est ingénié mille
et mille fois à chercher pourquoi Bossuet ne
s'était pas, dans son oraison funèbre, plus longuement étendu sur le rôle coupable de Condé pendant la Fronde. Suprême convenance, a-t-on dit,
pour la mémoire du mort et pour le prestige de
l'autorité royale ! Mais ce rôle avait-il donc été si
coupable ! Condé avait lutté en féodal et non point
en soldat rebelle. Un traître ne négocie pas avec
deux rois.

C'est surtout par l'ordonnance même de son
oraison funèbre que Bossuet a rappelé à tous cette
longue disgrâce, noblement acceptée. Après le
fracas des batailles, il se repose avec son héros.
Avec complaisance, il nous le montre sans envie,
sans fard, sans ostentation, toujours grand dans
l'action et dans le repos, et qui paraît à Chantilly
comme à la tête des troupes, dans ces superbes

palais, au bruit de tant de jets d'eau qui ne se taisent ni jour, ni nuit. Voilà bien le Condé du règne personnel de Louis XIV, le Condé rangé, pacifié, grand seigneur entre tous, le premier, de par son rang, après Monsieur, mais non pas le Condé turbulent, vassal impatient de la Régence et du ministère Mazarin. Même il y avait eu aussi un Condé libertin, et Bossuet y a fait allusion quand, parlant de la conversion du Prince, qui fut son œuvre, il a célébré la venue de l'heure de Dieu, heure attendue, heure désirée.

Il est bon de remarquer que ni Condé, ni ses amis, n'avaient pensé d'abord que le Roi persévérerait dans sa rancune au lendemain du traité des Pyrénées. Et lorsque, en 1660, trois mois après sa rentrée en France, il venait à l'improviste assister au sermon sur l'Honneur du monde, Bossuet pouvait raisonnablement prévoir que désormais appuyé sur la fermeté et la justice, il serait le bras droit du monarque. Mais lui-même n'a-t-il pas dit que les rois ne sont oublieux de rien moins que des attentats contre leur souveraine puissance ? Louis XIV continua à se méfier et s'arrangea pour éloigner son cousin de ses Conseils et ne lui donner jamais les premiers commandements. Ce ne fut qu'en 1668 qu'il l'envoya conquérir sans obstacles en trois semaines, puis commander la Franche-Comté, et c'est à Dijon que Bossuet eut l'occasion de le haranguer le premier jour de l'an, comme gouverneur de la province. Or, on supposerait d'abord qu'il le félicite de cette rentrée, un peu modeste il est vrai pour le vainqueur de Rocroi, dans les faveurs du Maître ? Point. Certes il le loue de mettre son honneur dans sa soumission et d'avoir pris des pensées dignes de son rang, de sa naissance et de son courage, mais c'est pour ne pas lui dissimuler qu'il eût préféré le voir encore au repos. Belle et fière leçon si jamais il en fût, car on devine bien l'arrière-pensée de Bossuet : quand on s'appelle Condé et qu'on a gagné les batailles de Rocroi, de Fribourg et de Lens, on peut s'abstenir, sans préjudice pour sa gloire, de venir exercer dans la province un commandement de parade, secondaire et sans périls. Cependant Condé devait encore poursuivre une glorieuse carrière militaire, gagner la bataille de Senef et achever la campagne de Turenne en Alsace. Ce n'est qu'en 1676 qu'il abdiqua tous ses commandements et sut montrer qu'il pouvait être aussi grand dans le repos que dans l'action, en mettant à profit la haute leçon de dignité que lui avait donnée son ami le plus cher et le plus illustre.

Tout le monde sait que Bossuet a consacré à chanter la gloire du fougueux capitaine les derniers restes d'une voix qui tombe et d'une ardeur qui s'éteint. Volontairement il abandonna la chaire. La raison qu'on donne de cette retraite, nécessité de se consacrer à son diocèse, a sa valeur. Mais il y a une similitude au moins curieuse entre 1670 et 1687. Après l'oraison funèbre d'Henriette d'Angleterre, il se tait, avons-nous constaté, pendant treize ans, et s'il remonte une fois en chaire en 1675 pour la Profession de foi de Louise de La Vallière, il sait, non sans une fierté de haute allure, faire valoir cette condescendance : « Et moi, pour célébrer ces nouveautés saintes, je romps un silence de tant d'années, je

fais entendre une voix que les chaires ne connaissent plus ». Or, comparez cet exorde avec la
péroraison de l'oraison funèbre de Condé, où il
déclare dans l'émotion que l'on sait que c'est
pour la dernière fois que les chaires entendront
sa voix.

La conclusion de ce rapprochement s'impose :
après l'oraison funèbre du Prince de Condé, le
silence définitif, le silence voulu ; après l'oraison
funèbre d'Henriette d'Angleterre, un silence de
treize ans une seule fois interrompu — et Bossuet le constate expressément dans les termes les
plus solennels — par la Profession de foi de sa
pénitente. Ne semble-t-il pas que dans le deuil des
deux personnes qu'il a le plus aimées, Madame et
Condé, et devant leur éclat et leur gloire abattus,
il voulut abattre lui aussi le faste de son éloquence ?

*
* *

Il est difficile de penser à Condé sans penser
aussi à Turenne, et si nous évoquons ici son nom,
ce n'est pas pour rappeler le fameux parallèle
qu'a tracé Bossuet des deux rivaux de gloire et
de guerre civile. Il ne peut venir d'ailleurs qu'in-
cidemment dans un chapitre consacré à la famille
royale, et c'est pour nous le cas de ne pas oublier
que les courtisans jugèrent l'orateur hardi d'avoir
mis en parallèle Monsieur le Prince et un simple
maréchal. Mais entrons une fois de plus au
Carmel du faubourg Saint-Jacques : Mademoiselle
de Bouillon va revêtir l'habit. Son oncle, Turenne,
est absent, mais tous songent à lui. L'assistance
entière connaît son incrédulité et se rappelle sa

révolte du temps de la Fronde, plus vite apaisée
par le sentiment profond de l'obéissance militaire qui ne seyait pas à un Condé, mais plus
redoutable parce que Turenne s'était jeté dans la
lutte pour le charme des beaux yeux d'une terrible ensorceleuse, la duchesse de Longueville.
Or Turenne, s'il n'est pas encore le vainqueur du
Palatinat, a réparé son erreur et s'est déjà couvert de gloire dans les armées du Roi. Bossuet
doit le complimenter. Pour le faire, il se contente
de l'adjurer en termes pressants de travailler enfin
pour lui-même, c'est-à-dire pour son salut, après
avoir tant servi ! Oublions l'invite à la conversion qui ne fut point cependant perdue, puisque
huit ans après Turenne se convertit et abjura le
protestantisme aux mains de Bossuet. Mais retenons ces quatre mots : « après avoir tant servi ».
Comme dans leur simplicité et même leur sécheresse apparente, ils excluent toute banalité quand
on se rappelle que Turenne, né prince étranger,
avait pris bénévolement du service dans les armées du Roi, il y avait alors trente-deux ans ! Il
avait servi, il servait encore, il était soldat, et
dans ces expressions mêmes que personne n'aurait
songé à employer pour un Condé, nous avons la
mesure de l'énorme différence qui séparait au
xviiᵉ siècle, dans l'attribution des rangs, Monsieur
le Prince et son rival, le feudataire et le soldat.

A côté de ces personnages illustres entre les
plus illustres, un très grand nombre d'autres
apparaissent quelques instants dans l'œuvre oratoire de Bossuet. La plupart eurent un rôle secondaire, sinon même effacé, mais agrandi par la
flatterie et les conventions de la cour qui ne per-

mettaient pas de rien voir de médiocre dans les actions des princes, — à moins qu'on ne fût un mauvais esprit comme Saint-Simon. Même s'ils ne valurent que par leurs titres, il n'est pas inutile d'en retirer pour quelques instants deux ou trois de l'oubli.

Voici par exemple Monsieur. Nous sommes déjà fixés sur sa moralité. Ses capacités étaient au niveau. Il n'avait même pas l'étoffe d'un Gaston d'Orléans. Son frère consentit de lui laisser dans une campagne facile un rôle brillant et tout préparé. C'en est assez pour que Bossuet en fasse presque un terrible preneur de villes qui impose la paix à main armée et réalise le meilleur emploi d'un grand prince, qui est de sauver des pays entiers ! Evidemment c'était des hyperboles qui ne trompaient personne, et il n'était guère aisé de louer sans hyperboles un pareil personnage.

Il faudrait encore citer le duc de Richemond, fils naturel de Charles II et de Louise de Kéroualle. Son histoire, pour ce qu'elle intéresse notre sujet, tient en cinq lignes : il abjura le protestantisme le 21 octobre 1685, la veille même du jour où allait être signée la révocation de l'Edit de Nantes. Bossuet parla, et s'il faut en croire l'abbé Ledieu, secrétaire perfide et déconsidéré, il aurait développé le « compelle intrare » de l'Evangile dans un sens favorable aux intentions politiques du Roi. Et ceci nous paraît invraisemblable, car si Bossuet, au nom de l'orthodoxie et de l'unité, se félicitait de la révocation de l'Edit, il envisageait bien différemment la seule question pratique et honnête, celle de la sincérité des conversions des protestants. En tout cas, ce sermon est perdu.

Ce qui est plus curieux (qu'on veuille bien excuser cette courte digression) c'est l'histoire de la mère du duc de Richemond : un feuillet à remplir par un Lenôtre qui enquêterait dans ces alentours. Elle avait été demoiselle d'honneur de Madame, comme Angélique de Fontanges, Louise de La Vallière, et Mme de Ludre, car l'entourage de Madame n'était pas de vertu farouche. A l'amour de Charles II, frère de Madame, elle gagna de devenir duchesse de Portsmouth. Au lendemain de la mort mystérieuse d'Henriette, Charles II voulut rompre, avons-nous dit, tous rapports entre les deux royaumes. Louis XIV lui dépêcha en grande hâte une ambassadrice extra-ordinaire et ce fut... Louise de Kéroualle dont Charles II avait goûté les charmes dans le palais même de la sœur qu'il pleurait avec tant de colère. Louise de Kéroualle fut très fière de son rôle imprévu, elle s'y essaya de son mieux et se crut appelée à pacifier elle aussi deux puissantes nations. L'histoire ne dit pas qu'elle n'y ait point réussi. Mais voilà un chapitre séduisant des secrètes négociations diplomatiques de Louis XIV. Et c'est le cas de rappeler sans plus de pruderie qu'il ne convient, ce que Bossuet disait à la cour : « Vous n'hésitez pas d'appeler les passions les plus condamnables à servir les plus grands intérêts ».

Le souvenir de ce même duc de Richemond nous permettra de citer à l'occasion des sermons de Bossuet et pour terminer ce chapitre, un trait qui vaut un livre. La Dauphine avait assisté au

sermon prononcé pour l'abjuration du duc :
jamais, déclarait-elle, elle n'avait entendu parler
comme monsieur de Bossuet, et plus elle l'entendait, plus elle l'admirait. De ce jour, elle se remit
à sa direction spirituelle et cinq ans plus tard,
c'est entre ses bras qu'elle rendait le dernier
soupir. Or, peu d'instants avant le râle suprême,
Bossuet dit à Louis XIV, sans doute pour éviter à
ses regards « un objet si funèbre » : « Il faudrait
que Votre Majesté se retirât ». — « Non, non,
répartit vivement le Roi, il est bon que je voie
comment meurent mes pareils ».

Mes pareils ! Il y a tout de même bien de la
tristesse et de la mélancolie dans cette parole
d'un si audacieux orgueil. Les sermons de Bossuet n'avaient pas toujours eu les résultats désirés
et attendus du prédicateur, ils avaient au moins
fait fléchir l'orgueil dynastique devant la mort
« qui ramène au même niveau les plus hautes
puissances vers qui nous n'osons porter que de
timides regards, et les plus humbles sujets ».

*
* *

Que d'autres personnages défileraient devant
nous si de tous ceux que décrit ou évoque la
parole de Bossuet, notre sujet ne nous contraignait
à ne regarder que ceux-là seulement que Bossuet
avait pu connaître à la Cour ou dans l'entourage
de la Cour. Qui ne connaît les portraits de
Charles Ier, de Cromwell et de Mazarin ? Le portrait qu'aujourd'hui nous considérons comme un
accessoire, fait, au XVIIe siècle, partie intégrante
de l'œuvre. Il y a des volumes entiers qui ne

sont presque composés que de portraits. Une des premières beautés de l'Histoire des Variations est l'art du portrait et c'est avec une étonnante promptitude et sûreté de coup d'œil que sont pénétrés et décrits les grands chefs de la Réforme.

En somme, ce chapitre nous a prouvé, nous semble-t-il, que Bossuet nous aide à mieux connaître la famille royale, à mieux comprendre les révélations des Mémoires et de l'Histoire. Sa parole est un contrôle de grande valeur : ce qu'il dit du Dauphin garantit la véracité de ce qu'en dit Saint-Simon ; la piété, la digne résignation de Marie-Thérèse s'expliquent par ses désillusions ; « la joie incroyable » de Madame, c'est la faveur de la Cour et les promesses de la vie. Anne d'Autriche ne quitte Chaillot ou le Carmel pour le Val-de-Grâce, que parce que son fils ne lui laisse plus de rôle au gouvernement. Tous ces personnages ont déjà leur attitude historique. Il y a plus. Bossuet les a replacés avec tant de bonheur et de vérité dans leur milieu exact et, si l'on peut dire, dans leur « moment » précis, qu'on pourrait suivre rien que dans les Oraisons funèbres l'évolution du siècle. Choisissons quelques exemples.

Henriette d'Angleterre, longtemps éloignée de Dieu, est revenue à lui peu de mois avant sa mort. Etait-elle donc incrédule et, comme on disait en ce temps, libertine ? Non, lisez son oraison funèbre : c'est l'amour des plaisirs, l'ambition, la joie de vivre et de s'épanouir belle et aimée qui lui dissimulent pour un temps la fatale austérité de la mort. Affaire de sentiment et non de raison.

Quinze ans se sont écoulés et voici que Bossuet fait l'éloge d'une princesse qui dans sa jeunesse avait montré plus d'une ressemblance avec Henriette. Longtemps aussi elle fut éloignée de la religion. Mais c'était une incrédulité de pure raison, c'était l'effet de l'esprit libertin, et comme alors les progrès de cet esprit, indiscutablement redoutable à une monarchie se réclamant du droit divin, inquiétaient les plus sages et le Roi surtout, il se trouve naturellement que l'oraison funèbre d'Anne de Gonzague est une véritable thèse contre le déisme, contre l'incrédulité, nous dirions aujourd'hui contre le rationalisme : en somme, c'est la défense d'un miracle, et la duchesse Palatine est louée moins pour avoir mesuré le désenchantement des plaisirs que pour avoir cru à un miracle, « à une vision », et finalement « à Jésus-Christ et à son Eglise ».

Douze mois encore s'écoulent (1686), mais ils ont vu se produire un événement de conséquences incalculables : la révocation de l'Edit de Nantes dont on peut dire qu'au lendemain même de sa promulgation le Roi et les politiques sensés la regrettèrent. La parole de Bossuet fait écho à ces redoutables préoccupations et, dans son oraison funèbre, Michel Le Tellier n'est plus seulement le grand parlementaire, le type du magistrat opposé « aux brigues et aux partialités, aux voies irrégulières et extraordinaires ». Il est surtout l'homme de la Révocation, l'ennemi de « l'hérésie invétérée », celui qui a fait signer « le pieux édit », qui a fait revenir en foule les troupeaux égarés vers des églises trop étroites pour les recevoir. Et certes, ce n'est pas dans cet édit que nous irons pour notre part chercher les titres de gloire de Michel Le Tellier, car nous en con-

damnons le principe et l'Histoire en a suffisamment
condamné la politique et les effets désastreux. Nous
avons même dit que si l'orthodoxie de Bossuet
trouve à se réjouir bruyamment de cette Révocation, il envisageait pratiquement d'une toute
autre manière cette insoluble question de la
conversion des protestants ou de la privation de
leur culte. Dans les instructions qu'il donna,
évêque de Meaux, à son clergé, son indéfectible
bon sens reprenait sa revanche. Mais cet éloge, si
c'en est un bien réel, même pour Bossuet — cet
éloge de Michel Le Tellier est à retenir, il nous
prouve combien dans ses oraisons et à plus forte
raison dans ses sermons, Bossuet s'inspire des
préoccupations du moment, combien il revit, — si
l'on peut dire, le milieu où ont vécu ses personnages et où s'agite encore chaque jour son auditoire.

Quiconque voudra bien lire ses œuvres ora-
toires pour y rechercher autre chose que de
sublimes « passages », s'en convaincra rapide-
ment. Il en conclura encore que l'idée est bien
incomplète qui, expliquant les oraisons funèbres
par les sermons ou inversement, ne juge les
premières que comme des sermons illustrés de
grands exemples. Si des quatre oraisons les plus
classiques et en particulier de celles d'Henriette
d'Angleterre et de Condé, on élimine tout ce qui
ne peut pas ne pas se rapporter à Madame et au
Prince et à eux seuls, il ne reste rien, rien qu'un
ou deux lieux communs qui ne sont même pas
développés. Si maintenant faisant la contre-partie
de cette expérience, nous encadrons le sermon sur
la Mort dans l'oraison de Madame, nous serons

frappés de l'incohérence de cette composition :
pour peindre les coups de la mort, il y aurait
tout au long comme deux tons disparates et juxta-
posés : dans le sermon, la mort est considérée
comme l'austère bienfaitrice de l'humanité, elle
dégage l'âme de son esclavage charnel. Elle nous
révèle notre grandeur. C'est le « mori lucrum ».
Dans l'oraison funèbre, la mort est l'infatigable
dévastatrice de nos espérances, celle qui « offus-
que » tout, elle est prise à partie : ô mort ! ô mort !
— La raison de cette différence profonde est
facile : on ne parle pas sur la mort pour une
foule brillante, mais anonyme, comme on le fait
devant les illustres trépas, car dans les deux cas
on ne l'envisage pas du même point de vue de
doctrine.

CHAPITRE IV

Les Jeunes Filles

—

SOMMAIRE. — Mauvaise éducation des jeunes filles nobles : manque de retenue. — Leurs familles les emploient à pousser leur fortune. — Frivolité et coquetterie. — Elles font parade d'une instruction superficielle. — Elles n'ont qu'un désir, celui de plaire. — Le mariage : l'intérêt en décide et la jeune fille n'y voit que la satisfaction des sens. — Le couvent : celles qui sont obligées d'y entrer ; impossibilité de les y maintenir dans l'esprit de la règle. — Comparaison de Bossuet, sur le sujet de ce chapitre, avec Fénelon et Madame de Maintenon.

De l'éducation des jeunes filles, l'Eglise s'est tellement préoccupée depuis l'époque des Pères et même, avec saint Paul, dès les temps apostoliques, qu'on s'étonnerait que les deux plus illustres évêques du XVIIe siècle n'aient pas tenté d'apporter leur solution à la plus délicate et à la plus aimable des controverses. Mais combien différentes se retrouvent dans l'application d'une même doctrine la manière de Fénelon et celle de Bossuet !

Le premier a écrit « L'Education des Filles ». C'est plus qu'un admirable livre, c'est une œuvre sans pareille dans aucune littérature ; c'est le chef-d'œuvre de Fénelon, c'est le seul de ses ouvrages, si l'on excepte les Dialogues sur l'Eloquence, où le charme du style ne dérobe aucune chimère. Il est d'une exactitude extrême et d'un souverain bon sens dans le plus délicat des problèmes. Sans fadeur ni mièvrerie, avec quelle grâce et quel tact il analyse le cœur d'une jeune fille ! L'on ne sait quelle lumière venue de l'Attique et des jardins où enseignait Platon pare d'une beauté éternelle la doctrine la plus scrupuleuse.

De traité de l'Éducation des filles, il est inutile de dire que Bossuet n'en a point composé « ex professo », ni même dispersé la matière au long de ses Lettres de Direction et de ses sermons. D'abord le temps dont ses charges lui laissent la disposition est tout absorbé dans sa lutte contre les protestants, avec leurs sectes multiples et « leurs ramifications souterraines ». Ensuite il n'y a nulle irrévérence à dire que sa psychologie aurait manqué de souplesse et de nuances dans un sujet où ces qualités sont à ce point essentielles qu'elles feraient passer condamnation sur le manque d'autres. Certes il a pénétré des âmes de femmes : Henriette d'Angleterre, Anne de Gonzague, Madame d'Albert de Luynes, Louise de La Vallière. Mais en fait de féminisme, si j'ose ainsi parler pour l'époque, ce qu'il connaît le mieux, c'est l'histoire de Rachel, de Débora ou de Rébecca, c'est la vie de la « femme forte » du livre de la Sagesse, c'est le geste des « vierges folles » ou « des vierges sages ». Il lui arrive de traiter dans le monde et dans le cloître des jeunes filles et des jeunes femmes du ton dont il traiterait un conciliabule de pasteurs réformés ou un clan de libertins. Nous avons montré dans un chapitre précédent sur quel air de défi et d'allégresse il commente aux femmes de la Cour, paraphrase, aggrave, rend plus chargé de menaces

à faire frémir les coquettes, le texte de l'Écriture :
« je ferai tomber leurs cheveux ! ».

Il est donc bien entendu que nous ne ferons
point de Bossuet un directeur de conscience pour
jeunes filles, et d'autant moins que si l'on groupait
tout ce qu'il a dit ou écrit, même de plus minutieux,
sur ce sujet, l'ouvrage serait loin d'être sans lacune
et manquerait même de plusieurs chapitres
essentiels.

Donc, rien de complet et de didactique où l'on
serait tenté de chercher une réplique aux théories
de Molière, qu'il a tant de fois condamnées. Rien
non plus ou presque qui puisse s'appliquer aux
jeunes filles de toutes conditions, car il ne s'agit
ici, comme du reste dans l'ouvrage de Fénelon,
que de jeunes filles qui n'ont pas toutes assurément la noblesse des quatre quartiers, mais
qui sont riches et, quand elles n'appartiennent
pas à la Cour, font valoir leurs grâces dans les
premiers salons de la grande bourgeoisie. Il est
même assez curieux de constater que pour Bossuet
et Fénelon qui ont tant écrit et parlé sur ce sujet,
ce qu'ils pensaient des jeunes filles de condition
médiocre ou pauvre est resté le secret jalousement
dérobé de leur ministère.

Plutôt qu'il ne donne une leçon positive, Bossuet
critique au nom de la morale chrétienne, la frivolité, la coquetterie, l'éducation trop libre. La
question dont il s'occupe le plus est celle qu'on
appelait alors « l'établissement des jeunes filles »
et qui a provoqué tant de discussions. Nous
allons nous convaincre que sa parole devait
éveiller du haut de la chaire dans l'âme des pères
et des mères, sinon bien des remords, du moins

bien des réflexions, et que comme toujours la solution qu'il leur apportait était dans le retour aux observances sévères de l'Evangile et de la tradition chrétienne. Est-il trop rigoriste ? Sa solution n'est-elle pas un peu sommaire et ne néglige-t-elle pas de parti pris l'élément le plus complexe du problème, les nécessités du milieu et du rang ? C'est à chaque lecteur à répondre, car nous sommes bien près en ces questions d'avoir chacun notre opinion. Il nous suffit que Bossuet, en un sujet où il paraîtra peut-être imprévu à plusieurs de le rencontrer, nous instruise des mœurs et des usages de son siècle et du sort que les conditions de la vie de Cour réservaient aux jeunes filles.

*
* *

La jeune fille « élevée modestement et prudemment sous le regard de sa famille soucieuse de lui garder avant tout sa pureté » est, selon Bossuet, une exception rare. Quoi d'étonnant qu'il en soit ainsi dans ce monde de la Cour tout adonné aux plaisirs et aux fêtes, où l'enivrement et l'étourdissement étaient violents pour des familles transplantées presque tout à coup du calme monotone de leurs provinces dans le faste, le bruit et l'imprévu ; où enfin (notez cette observation) « la nécessité de parvenir et d'avoir de l'argent rendait aussi peu scrupuleuses les mères sur l'établissement de leurs filles que les pères l'étaient peu sur le mariage de leurs fils » ?

Remarquez qu'aujourd'hui encore, malgré le relâchement de la foi et une facilité grandissante de mœurs, c'est une date dans la société aristo-

cratique, c'est une solennité et une certaine
émotion de présenter une jeune fille pour ses
débuts dans le monde. Mais c'est une préoccupation qu'on s'épargnait à la Cour de Louis XIV.
Marie-Angélique de Scoraille, demoiselle de
Fontanges et belle comme un ange, assure
Madame de Sévigné, est dans l'épanouissement de
ses seize ans et demi. La famille qui végète
escompte déjà sa beauté et l'envoie seule à frais
communs à la Cour pour que, se poussant, elle fasse
grandir les affaires de la famille. A dix-huit ans, elle
est maîtresse officielle du Roi qui en a quarante et
une, et Duchesse. A dix-neuf ans, elle meurt des
suites d'une couche, mais « elle a poussé sa famille ».
Louise de La Vallière vient seule à dix-sept ans à la
Cour : elle est engagée, soutenue dans le rôle que
l'on sait par toute sa famille, frères et oncles, qui y
trouvent d'immenses profits. La même Cour vit
les Condé et les Conti rechercher l'alliance des
filles naturelles du Roi. Tant d'exemples partis de
si haut rendaient la morale précaire et incertaine,
car pour quelques jeunes filles comblées des
faveurs royales et qui ont, à le dire sans aucune
ironie, car elles sont toutes séduisantes et leur
destinée ne laisse pas d'être touchante, les honneurs
de l'histoire, combien furent les maîtresses moins
bruyamment titrées des princes, ducs et marquis !
Ecoutez Bossuet se plaindre qu'on ne rencontre
plus la jeune fille chaste et pudique élevée dans
la maison paternelle. D'ailleurs où aurait-elle pu la
trouver cette maison paternelle, dans la cohue
de la Cour de Louis XIV ? Où est la jeune fille
« élevée dans une retenue incroyable, qu'on ne
mène point aux théâtres, qu'on ne produit point

dans les assemblées, et qui, si elle paraît quelquefois, n'a que sa simplicité pour la rendre recommandable » ?

L'honneur du monde « gâte tout », c'est-à-dire la préoccupation, la nécessité, sous peine d'affront, de vivre coûte que coûte avec un brillant équipage et un domestique nombreux, depuis le maître d'hôtel jusqu'au nouvelliste attitré, et par surcroît l'obligation pour les hommes, sous peine de ridicule, d'entretenir leurs maîtresses avec magnificence, et pour les femmes, sous peine d'abandon, d'entretenir non moins magnifiquement leurs amants (habitude généreuse léguée par les mœurs de Louis XIII : voyez la Grande Mademoiselle et Lauzun). Aussi recherche-t-on d'abord l'argent, et les parents n'apportent que « des vues d'égoïsme » dans le mariage de leurs filles. Nul souci de savoir si elles seront heureuses et si le bonheur garantira mieux leur fidélité, mais si leur mariage agrandira l'avenir de leur famille... Les jeunes filles n'étaient pas les dernières à considérer le mariage de ce point de vue. On trouva dans les papiers de Fouquet trois cents billets doux de jeunes filles. Bussy-Rabutin avec son cynisme ordinaire est intarissable sur les imprévus du mariage, et dans les Lettres de sa cousine, que d'histoires de jeunes filles mariées « à un vieux qui les fait mourir d'ennui », et dont elles cherchent à se débarraser quelquefois par les potions de la Voisin !

L'amour conjugal n'a donc pas beaucoup de place dans le mariage, mais cela n'exclut, bien au contraire, ni l'autre amour, ni la coquetterie. Inutile de dire si Bossuet s'en indigne. « On se fait belle pour être aimée..., on ne tend qu'à exciter la

concupiscence… C'est un opprobre pour le siècle ! »
Qu'il y a loin, s'écrie-t-il, de ces fiançailles à celles
d'Isaac et de Rébecca, de Tobie et de la jeune
Sara ! — Oui certes il y a loin, et cette comparaison montre à elle seule comme nous avions
raison de dire qu'en s'aventurant dans ce sujet un
peu frivole à son génie et plein de surprises à sa
rudesse, Bossuet ne perd jamais de vue la Bible,
et même ne la perd pas assez de vue. Les histoires
bibliques ne sont pas des dogmes, elles ne sont pas
même toujours d'un bon exemple, et si de cette
comparaison Bossuet prétendait faire un argument
et en regard du mariage patriarcal mettre le
mariage de notre société contemporaine, la mesure
serait dépassée. L'envers du mariage biblique
n'était pas toujours très beau, et à trop entendre
appeler la Bible à condamner les mœurs du temps
sur « la concupiscence qui attire l'homme vers la
femme, sans le souci de respecter les lois posées
par Dieu », les courtisans auraient pu tomber sur
les pages où sont racontés les amours du Grand
Roi Salomon pour les belles Sulamites, et ce n'eût
pas été pour déplaire autrement à Louis XIV.

Quoi qu'il en soit de la légitimité et de l'à-propos
de l'argument de Bossuet, le fait n'en subsiste pas
moins, et sur ce qu'il appelle sans ménagement
la perversité de l'éducation des jeunes filles,
l'horreur du siècle, la ruine de la pudeur, la
dérision du mariage, Bossuet revient si souvent
et s'y attarde avec une telle insistance et des
jugements si vigoureusement formulés, qu'il faut
bien que nous y voyions nous-mêmes une caractéristique sociale de la plus haute gravité. Car,
redisons-le : d'un prédicateur, quand il s'appelle

Bossuet, Bourdaloue ou même Massillon, on peut dire qu'il a trop de dogme, trop de portraits ou trop de philosophie, on peut ne pas admirer sa manière, on peut dire qu'il n'a pas assez d'onction ou qu'il en a trop, on peut estimer que ses plans sont trop synthétiques ou que ses divisions sont trop subtiles, on peut tout : tout, sauf rejeter en bloc sa morale et les observations qu'il présente à ses auditeurs pour leur prouver qu'ils se conduisent mal. Pourquoi ? parce que si le prédicateur fait à ses auditeurs un tableaux faux ou seulement exagéré de leurs mœurs, aucun n'en prendra son compte. Il est incroyable à quel point l'orateur une fois monté en chaire est obligé d'être « pratique », vrai, exact, et d'atténuer plutôt la sévérité de ses principes. L'orateur sacré est toujours en chaire un peu directeur de conscience et confesseur, et il n'arrive qu'aux novices et aux maladroits de l'oublier qui ne savent pas qu'il n'est ni dogme, ni principe abstrait qui tienne et qu'il faut toujours composer avec l'auditoire.

Il convient donc de réfléchir avant d'accuser Bossuet d'exagération s'il se plaint que les jeunes filles n'aient qu'une passion, le désir de plaire et que « pour le malheur des hommes » elles n'y réussissent que trop facilement. Pour le malheur des hommes ! C'est en somme la doctrine des Pères : la femme plus coupable que l'homme, la femme qui la première veut goûter au fruit défendu. Certes il reconnaît que si la vanité et l'impudeur des jeunes filles sont extrêmes, c'est qu'elles sont nourries et fortifiées par une complaisance universelle. Mais ce n'est là qu'une concession de forme, et non une atténuation sincèrement indulgente. Assurément Bossuet aime la grâce, celle surtout du cœur et de l'esprit et qu'illumine un visage expressif. La preuve en est illustre puisqu'elle se développe tout au long de l'oraison funèbre de Madame, dont il a assez dit qu'elle était enjouée, gracieuse et séduisante. Mais il ne considère qu'avec crainte et dédain la beauté plastique, et c'est en termes méprisants qu'il parle de ces jeunes filles qui « étalent une beauté qui ne fait que colorer leur superficie ». Comme il les malmène ! Veulent-elles poser pour aimables, attirer l'attention en débitant des riens charmants ? Nous sourions, mais Bossuet ne sourit pas. Eh quoi ! elles osent faire éclater dans leurs entretiens ces avantages considérables qu'elles peuvent se sentir dans l'esprit et triompher quand elles s'imaginent avoir charmé tout le monde ! Et les voilà traitées d'impudentes !

Et l'on en arrive malgré tout à se demander si Bossuet n'est pas ici trop sévère, s'il ne met pas une intention maligne, pour parler comme lui, dans des jeux charmants et inoffensifs ? Confondre — ou presque — la jeune fille qui pose pour l'aimable dans un salon avec celle qui n'a ni retenue, ni principe, ni vertu, c'est peut-être passer la mesure ?

S'il y a des salons, il faut bien que des jeunes femmes et des jeunes filles y fassent avec esprit les honneurs de la conversation. On ne peut pas traiter partout et toujours d'une controverse avec M. Jurieu ou avec M. Leibnitz. Qui donc, si ce n'est la femme, donnera le ton à un salon, en fera un salon littéraire ? Et Bossuet lui-même (il est vrai qu'il n'avait que seize ans), s'il n'est pas absolument certain qu'il ait improvisé un sermon à l'hôtel de Rambouillet, ne fut-il pas aise de se faire présenter dans ce salon où toutes les femmes ne cherchaient pourtant qu'à briller? C'est une grave question que celle de la conversation des jeunes filles, c'est celle même de leur éducation, et ce n'est point la résoudre, surtout quand on s'adresse à la Cour, que de dire qu'il faut qu'une jeune fille soit élevée dans une retenue incroyable et n'ait de curiosité que pour les travaux qui conviennent à son sexe. L'on pourrait croire qu'après tout Bossuet cède à un mouvement de mauvaise humeur et qu'il garde quelque rancune d'avoir dû, par politesse, subir les conversations « futiles, vaines et légères » des salons. Mais ce n'est pas cela; c'est un système, un parti pris. Il multiplie ses critiques, malicieux et ironique, et il n'est pas homme à ne pas leur donner une conclusion logique : aussi finit-il par déclarer trouver parfait qu'on exclue les jeunes filles de l'étude des sciences ! La raison qu'il en donne n'est pas digne de lui. Sans doute, où aurait-il pu en prendre une bonne ? Mais faut-il que la cause soit mauvaise pour lui inspirer de pareils distinguo ! Quand les jeunes filles pourraient acquérir les sciences, elles ne pourraient les porter (nous dirions aujourd'hui : se les assimiler), en sorte qu'il convient autant de ne pas engager leur esprit dans une entreprise trop haute que de ne pas exposer leur humilité à une épreuve trop dangereuse ! C'est par sa foi et point par sa science que sainte Catherine a été victorieuse des flatteries et des vaines subtilités des philosophes.

A quoi il suffit de répondre que, pas plus au

xviie siècle qu'aujourd'hui, ceux qui voulaient que
les jeunes filles fussent instruites ne songeaient à
exiger d'elles qu'elles philosophassent comme
Descartes et comprissent la Monadologie aussi
bien que Leibnitz lui-même. On leur demandait
seulement d'en pouvoir à l'occasion parler avec un
charme léger et infiniment de bon sens, même au
prix de quelques erreurs : telle par exemple
Madame de Sévigné. Sur sa vieillesse, Bossuet put
entendre parler de plusieurs femmes célèbres qui
gouvernaient les écrivains par leur conversation
substantielle, quelquefois pédantesque, mais le
plus souvent spirituelle et gracieuse, et quand
son génie mesura leur influence énorme sur l'évolution de l'esprit public, des mœurs et de la politique, il dut comprendre qu'une phrase dédai-
gneuse n'est pas une solution à la question, on
peut même dire au problème de l'instruction des
jeunes filles. Le prestige de Bossuet ne doit pas
nous empêcher de condamner sur ce point précis
l'insuffisance de sa réfutation et sa dialectique
superficielle. Fénelon et Madame de Maintenon
le dépassent de beaucoup.

* *

En résumé, consommée dans l'art le plus perfide
de plaire, initiée à tous les artifices de la coquetterie, mal surveillée par ses parents, n'ayant en
tête qu'un souci, celui du plaisir et de la toilette
et, si par hasard elle a quelque instruction, ne
cherchant qu'à en tirer vaniteusement avantage
pour grouper autour d'elles plus d'adorateurs,
plus de galants : c'est dans ces conditions, au

jugement de Bossuet, que la jeune fille noble arrive à l'âge d'être mariée.

Donc on la marie…, ou on la met dans une riche abbaye. On la marie, car la jeune fille ne choisissait pas son mari ; ce qui doit s'entendre d'abord comme aujourd'hui qu'on le lui choisissait, mais au surplus qu'alors on ne le lui choisissait toujours qu'avec des vues d'intérêt. Il arrivait dans les plus hautes familles que le mari était échu, dit Bossuet, par des conjonctures imprévues. On copiait la famille royale où tous les mariages n'étaient que d'intérêt. L'amour et la fidélité s'ensuivaient comme ils pouvaient.

De ces sortes de mariages, chacun sait qu'il arrive quelquefois — et ceci est à l'honneur du cœur féminin — que la jeune fille vient à aimer celui qu'on lui a donné, à l'aimer sincèrement et fidèlement « encore que son cœur ait erré longtemps sur la multitude par un vague désir de plaire ». A la Cour, le cas est évidemment plus rare. Il importerait donc de le mettre en relief et de le faire apparaître dans tout son prix. Et voilà sans doute ce que l'orateur va faire ?

Eh bien ! non, il va faire tout le contraire. Dans cet amour touchant et profond conçu dans l'étreinte conjugale, sans le charme troublant des intrigues, des approches, des premières timidités et des aveux, Bossuet ne voit pas un éloge à l'adresse de la jeune épouse. Il ne paraît pas qu'il comprenne que le mariage, s'il n'ajoute ou ne retranche guère au caractère de l'homme, modifie foncièrement celui de la jeune fille dont le cœur est honnête. Il pouvait voir Marie-Thérèse d'Autriche qui n'aima jamais que le triste mari auquel l'avait condamnée le Traité des Pyrénées. Mais il ne songe pas au dévouement conjugal ni à cet appel sacré et profond de la maternité que le mariage évoque. Et pour lui, il faut le dire crûment et même avec brutalité : la jeune fille n'aime dans ce cas que parce qu'il fallait à sa « complexion » qu'elle aimât quelqu'un et que ce mari de rencontre ou d'obligation « apaise ses sens furieux ». Nous n'exagérons pas. Voici ses paroles textuelles : « La jeune femme fidèle ne s'est donnée qu'à un seul, elle s'est du moins offerte à plusieurs, et n'ayant pas discerné dans la troupe cet unique qui lui était destiné, son amour est resté longtemps suspendu tout prêt à tomber sur quelque autre ». Il ne voit ailleurs dans le mariage, comme du moins il dit qu'on l'entend dans cette société, que concupiscence, émoi des sens à satisfaire, appétits charnels où l'on n'apporte rien moins que le souci des enfants.

Il n'y a pas assurément de quoi se voiler la face en criant au scandale. Il suffit de constater que dans la classe sociale très nettement déterminée à qui s'adresse l'orateur, on tient médiocrement compte des enseignements de l'Église et que si on a bien le sentiment de la famille quand il s'agit de pousser sa fortune et d'accroître son rang, on l'a moins quand il s'agit de fonder un foyer. Mais cela nous le savions. De quelque côté que l'on entre dans ce siècle pour regarder l'envers du décor et des principes, on constate toujours que l'édifice ne se tient que par un miracle d'équilibre. Nous pouvons donc en croire Bossuet : « Il n'y a plus de familles », dit-il. Mais il

faut entendre avec cette correction : Il n'y a plus
de familles à Versailles. Etait-on même là plus
corrompu qu'ailleurs? La volupté, pour parler le
langage de l'orateur, y régnait-elle en maîtresse
incontestée? Certes, le luxe, le jeu, l'ambition,
la province désertée, l'oisiveté et les fêtes suffisent à expliquer la ruine morale de la famille,
sans qu'il soit besoin de prêter aux courtisans
des passions charnelles plus emportées qu'au
reste des hommes. Les reproches que Bossuet
fait à l'éducation de la jeune fille n'ont rien de
particulier à cette époque et ne paraissent pas,
— pourquoi ne le dirions-nous point? — justi-
fier sa véhémente indignation. Ce qu'il observe
est juste, ce qu'il dit est vrai, mais tout n'était
pas à condamner du même ton. Il était possible
de donner aux jeunes filles des leçons plus douces,
plus appropriées aux exigences sociales auxquelles après tout elles ne pouvaient pas se sous-
traire. Elles ne sont pas des Rébecca qui viennent
à leur époux plus parées de leur pudeur timide
que des présents d'Isaac. C'est entendu. Elles se
sont même fait valoir à Isaac « par la montre de
toutes leurs grâces ». Est-il permis d'en conclure
qu'elles seront de mauvaises épouses ?

*
* *

Maintenant, reconnaissons-le : ces délicates
questions de mariage où la coquetterie, l'amour,
l'intérêt et l'ambition se mêlaient, n'étaient pas
pour réjouir beaucoup un prédicateur ou un évêque de Louis XIV s'ils étaient vraiment hommes
d'Eglise, et Bossuet, comme Bourdaloue d'ailleurs,

est excusable d'en avoir parlé avec quelque humeur. C'est qu'en effet il ne faut pas oublier qu'alors la jeune fille de grande noblesse se mariait... ou entrait au couvent. Le mariage ou le cloître! Il était difficile d'avoir vocation pour les deux. Si les cadettes, dont les familles ne s'occupaient guère, ne se trouvaient pas d'elles-mêmes un mari, elles n'avaient d'autre avenir que de faire dans une riche abbaye vœu de pauvreté. L'Église se trouvait ainsi engagée, plus souvent qu'elle ne l'aurait voulu, dans les difficultés les plus délicates. Prenez à la lettre les paroles de Bossuet et songez de quel œil il voyait s'acheminer en un bruyant équipage vers la porte d'un monastère cette jeune fille qui tout à l'heure recherchait le mariage pour « laisser tomber l'émoi de ses sens! » Le cloître en gémissait, car il était difficile d'y maintenir les règles séculaires. Ces sortes « d'établissements » (c'est l'expression du temps pour dire l'avenir d'une jeune fille assuré), causèrent à Bossuet, évêque de Meaux, des tracas innombrables et exigèrent de sa main une foule de prescriptions minutieuses.

Il n'est plus à dire aujourd'hui que cet usage était affaire sociale plus que de religion. Le droit d'aînesse sacrifiait la fille aux vues de la famille. On faisait à l'aîné des garçons un établissement le plus somptueux possible, on mariait l'aînée des filles richement pour l'accroissement de la grandeur de la famille. Les cadets passaient à l'armée et finissaient par obtenir en premier, second, troisième ou même quatrième, la conduite d'un régiment ; les cadettes étaient destinées au couvent et obtenaient quelquefois, les plus puissantes, la direction d'une abbaye. Il est superflu de dire que mille facilités y entraient avec elles. Le couvent du xviie siècle ne ressemblait que de loin au couvent d'aujourd'hui, et, à en donner un exemple illustre, il est manifeste que le Carmel du faubourg Saint-Jacques n'avait pas au temps de Louise de La Vallière l'inflexible rigidité de pénitence et la morose austérité de clôture qu'on lui a connues en ces dernières années, avant le départ des Carmélites pour l'étranger. Toute la Cour allait en promenade visiter sœur Louise de la Miséricorde. Les grands monastères, ceux de Bénédictines surtout, ne cherchaient même plus, depuis longtemps, à se défendre contre l'envahissement de l'esprit mondain.

Les jeunes filles cadettes ne se sentaient-elles que répugnance pour le cloître, même embelli, élargi et entr'ouvert? Il leur restait la ressource de pourvoir d'elles-mêmes à leur établissement. La coquetterie devait bien alors compenser la médiocrité de la dot, et ce mot de coquetterie n'avait pas alors le sens qu'il a aujourd'hui, évocateur de créatures charmantes qui papillonnent sans trop se brûler les ailes. Jeunes pensionnaires, les cadettes avisées s'essayaient déjà à la coquetterie et se préparaient leur avenir dans le couvent où on leur enseignait la musique et la danse. Prenons en exemple l'Oraison funèbre d'Anne de Gonzague, car il y a là pour le sujet qui nous occupe une page d'histoire intime qui se rééditait chaque jour pour des centaines de jeunes filles. Anne et sa sœur Bénédicte furent sacrifiées à leur sœur Marie qu'on vint chercher

en France pour en faire une reine de Pologne
et qui pour bien « représenter » emporta la plus
grosse part du patrimoine. Bénédicte s'accom-
moda du couvent, mais Anne s'y ennuya fort.
Un excès de contrainte fit désirer davantage la
liberté à sa nature fougueuse et indocile, un excès de piété la jeta plus vite dans l'incrédulité.
Enfin elle se mit en tête de chercher un mari
qu'elle trouva, mais après quelles aventures !
Mise au couvent à neuf ans, elle en était sortie à
vingt et un, son père mort, libre, « pleine de
grâces au dehors, pleine de désirs au dedans ».

Voyez encore la Grande Mademoiselle, la nièce
de Louis XIII ! Certes on ne la mit pas au couvent où l'on pense bien qu'elle ne serait pas
restée vingt-quatre heures, mais elle aussi fut
sacrifiée à la politique. Dès l'âge de seize ans, elle
se cherchait elle-même un mari parmi toutes les
têtes couronnées de l'Europe. A quarante-trois
ans, elle finit par découvrir... Lauzun, mais ne
réussit même pas à l'épouser tout de suite, car
son cousin Louis XIV envoya Lauzun méditer
dans la citadelle de Pignerol sur l'audace de vouloir s'allier à une princesse du sang.

Madame Henriette-Thérèse d'Albert (à qui
Bossuet qui avait prêché sa vêture en 1664, a
écrit 283 lettres, et nous n'avons plus les trois
derniers mois de la correspondance !), Madame
de Luynes, Madame de Thou, Madame de Lu-
sancy, Madame de Rohan, Madame de Richelieu
(qui « a de l'esprit, mais est une bien jeune religieuse pour diriger une abbaye ») : ce sont toutes
des cadettes et des religieuses bénédictines sous
la juridiction de l'Evêque de Meaux.

La plupart de ces moniales n'avaient d'autre vocation que le jeu de leurs pères, comme dit La Bruyère, ou l'ambition de leurs familles. Telle encore Yolande de Monterby, abbesse-chanoinesse du Petit-Clairvaux et qui (on sait que Bossuet a prononcé son éloge funèbre), sans indulgence molle et relâchée, s'éloignait d'une rigueur farouche !

Quelques-unes se consument d'ennui, d'autres bouleversent le cloître par leurs intrigues. Celles-ci élèvent auprès d'elles leurs nièces et leurs cousines, celles-là transforment le monastère en un séjour fort agréable et leurs appartements en salons de réception. Evêque de Meaux, Bossuet eut la charge des plus célèbres de ces aristocratiques abbayes : Chelles, Torcy, Faremoutiers, Jouarre. Il en arriva à désespérer d'y pouvoir rétablir aucun ordre. N'avait-il pas reconnu lui-même qu'en de telles conditions de recrutement les monastères ne pouvaient maintenir leur observance qu'isolés du monde : tel Faremoutiers où Anne de Gonzague avait pensé périr d'ennui, parce que « sa bienheureuse situation le séparait de tout le commerce du monde, et que les vestiges des hommes du monde, des curieux et des vagabonds n'y paraissaient pas ». C'était une des joies enviées d'être, dans la suite de la Reine, des promenades de la Cour à l'Abbaye royale de Chelles les jours de Profession et de remplir de fracas le vieux monastère.

D'autres, parmi ces religieuses involontaires, se faisaient enlever avec esclandre. D'étranges abus se multipliaient. Il ne fallait pas songer à apporter un remède définitif. Du moins Bossuet entend-il

que « la politesse et la distinction » règnent dans
les abbayes de son diocèse, et que les jeunes filles
y retrouvent, dans une tenue aristocratique, l'esprit de leur ordre et de leur caste. C'est ce qu'il
écrit en 1695 à Madame de Luzancy : quand elle
aura des personnes de naissance à proposer pour
Jouarre, il s'emploiera volontiers à les y faire
entrer : « J'approuve fort la préférence donnée
aux personnes de naissance, dont l'éducation est
meilleure et souvent les besoins plus grands
d'une certaine façon ».

On ne saisit pas très bien d'abord le sens qu'il
attache à ces tout derniers mots. Veut-il parler
des besoins spirituels ou des nécessités de la vie
matérielle ? Veut-il insinuer que ces jeunes filles
nobles, accoutumées à certaines délicatesses de
la vie et comptant en retrouver une part dans le
cloître, apporteront au couvent une plus grosse
dot ? Elles y apportaient en tout cas le prestige de
leurs noms ; à quoi les monastères tenaient tant
que, paraît-il d'après Bossuet lui-même, la coutume s'établit de demander une dot plus considérable quand la naissance était de plus mince
lignage ! Coutume injuste au premier abord, mais
facilement explicable. Les religieuses « dont le
nom était grand », à une époque où grand nom
s'associait encore à grande terre, pouvaient n'apporter que peu à leur entrée au monastère, mais
elles y apportaient en même temps les espérances
des biens qui devaient inévitablement leur échoir
de leur riche parenté. Elles recevaient de nombreuses visites dont plusieurs se terminaient par
un don fait au monastère. Au contraire, les jeunes
filles de petite noblesse, de médiocre état, appor-

taient en une fois tout ce qu'elles pouvaient espérer, et l'on se demandera quel sort pouvait
bien leur être réservé et à celles moins fortunées
encore, si le chiffre de la dot grossissait à l'in-
verse de l'illustration du nom. Il dut y avoir bien
des situations douloureuses. C'est sans doute pour
y remédier que Bossuet déclarait suffisante une
dot de 6,000 livres, 25 à 30,000 francs de nos
jours en tenant compte de la valeur marchande
de l'argent ; cette somme était d'ailleurs rarement exigée. Nous en avons une preuve certaine.
Aux jeunes filles de Saint-Cyr Madame de Maintenon donne un trousseau et à peu près 10,000 francs
de notre monnaie, à leur sortie de la Maison. Il
ne faut pas oublier que ces jeunes filles n'étaient
admises à Saint-Cyr que sur la démonstration de
quatre quartiers de noblesse et que Madame de
Maintenon avait voulu pourvoir à ce qu'il leur fût
réservé un établissement décent dans le cloître
ou dans le mariage. Or la plupart entrèrent au
cloître. Pas assez riches pour se marier dans leur
monde, elles furent donc assez riches pour faire,
en dépit de l'épigramme de La Bruyère, dans une
riche abbaye vœu de pauvreté. En définitive, on
peut estimer qu'une dot de 8,000 à 10,000 francs
devait à peu près couramment suffire à une jeune
fille de petite noblesse pour entrer au couvent,
mais c'était pour ce monde vivant médiocrement
sur ses terres, une très forte somme à fournir
pour une cadette.

Les portes des abbayes et même des monastères s'ouvrent sans trop de difficultés aux visi-
teurs, et si nous les franchissons à la suite
de Bossuet, nous allons voir comment ces reli-

gieuses de nécessité supportent leur nouvel état.

Naturellement, Bossuet estime qu'elles sont les plus heureuses personnes du royaume et qu'elles n'ont pas « à porter envie à celles de leur sexe qui courent de çà et de là dans le monde, éternellement occupées à rendre et à recevoir des visites ». Hélas ! c'était précisément ce plaisir des visites qui leur avait paru le plus doux dans le monde, qu'elles regrettaient le plus maintenant, et qu'elles s'ingéniaient à se procurer encore au grand détriment des règles séculaires. Il y avait donc les religieuses édifiantes, et les autres.

Prêchant pour la vêture d'une Bernardine, Bossuet a fait une curieuse classification des diverses sortes de religieuses qu'on pouvait rencontrer dans une même abbaye. Cette classification vaut n'importe quel commentaire.

Il y a les jeunes filles « qui viennent au cloître amenées par des persécuteurs ». — Il y a celles qui y viennent « malgré la splendeur d'une fortune opulente ». Il y a les jeunes filles « calmes et tranquilles dans le cloître parce qu'elles y sont bien appelées », mais il y a celles « qui sont en tempête parce qu'on les y a forcées ». Il y a notamment à Faremoutiers une nièce de Louise de La Vallière qui s'emporte et veut se tuer, et que Bossuet veut absolument faire renvoyer, malgré le souvenir de sa tante. Persécuteurs ! jeunes filles forcées ! C'est un prêtre qui parle ainsi, et l'on peut deviner ce qui se cache de misères et d'abus sous de telles expressions. Cependant, tout ce qu'il pouvait faire, c'était de mettre un peu d'ordre dans les abbayes, monastères et couvents de sa juridiction. Ce mode de recrutement, l'Eglise de

France devait le subir forcément, toute envahie et pénétrée qu'elle était par les forces survivantes du régime féodal. Bossuet ne s'inquiète pas d'ailleurs beaucoup de savoir d'où viennent les religieuses ni pour quelle cause ; il lui suffit de souhaiter qu'elles gardent dans le cloître la régularité relative de leur état, moins encore : qu'elles n'y causent pas de scandale. Elles y sont : qu'elles y restent tranquilles. Mais à côté de Bossuet, il y a son ami qui a mis plus durement le doigt sur la plaie. C'est La Bruyère.

« Un homme joue et se ruine. Il marie néanmoins l'aînée de ses deux filles de ce qu'il a pu sauver des mains d'un Ambreville : la cadette est sur le point de faire ses vœux — qui n'a point d'autre vocation que le jeu de son père ».

« Une mère, je ne dis pas — qui cède et qui se rend à la vocation de sa fille — mais qui la fait religieuse, se charge d'une âme avec la sienne, en répond à Dieu même, en est la caution. Afin qu'une telle mère ne se perde pas, il faut que sa fille se sauve ».

Telle est donc en définitive la condition des jeunes filles nobles au xviie siècle, ainsi que l'exposent les observations, les enseignements et les reproches de Bossuet : une éducation frivole, incohérente même ; un mariage qui engage moins le cœur que la dot ; comme expédient, le cloître ; quelquefois, la fortune brillante, éphémère et sans scrupules des Fontanges et des La Vallière ; plus souvent encore, la tristesse de vieillir, vouée à tous les risques du célibat forcé, dans la maison paternelle, une maison sans foyer et qui n'est que l'abri maussade où se réfugient les rancœurs

et les désillusions : rancœurs et désillusions de
filles de princes, de ducs, de comtes et de marquis !

Plus heureuses assurément les jeunes filles de
la bourgeoisie ou de la petite noblesse de province, ou de celle même qui vivant à Paris ne se
laissait pas attirer au mirage de la Cour et se refu-
sait à échanger ses solides biens immobiliers
contre le bon vouloir des gratifications et des
pensions. Elles ne portaient pas sur elles des fortunes en pierreries ou en dentelles, leurs « favoris » au corsage et leurs « mignons » sur le
cœur n'étaient faits que de simples rubans, elles
n'étaient pas revêtues des trois robes, les trois
fameuses robes de la Cour : la modeste, la fri-
ponne et la secrète ; mais elles recevaient une
éducation solide sous le regard de leur mère et
épousaient qui elles aimaient. Leur sort était plus
assuré que celui des jeunes filles de haute lignée,
de même que la richesse insoupçonnée souvent
et laborieusement acquise de leurs parents était
plus stable que « ces grandes fortunes que le
peuple contemplait de si bas » et dont Bossuet
rappelait sans cesse la terrible incertitude : « Vos
affaires sont bonnes aujourd'hui, je le veux bien,
mais qui vous dit que cette bonace continuera ? »

*
* *

Les observations de Bossuet sur l'éducation des
jeunes filles sont-elles contrôlées et en quelque
sorte certifiées exactes par les observations des
deux moralistes les plus compétents en cette délicate matière : Fénelon et Madame de Maintenon ?

Fénelon reconnaît que les jeunes filles naissent avec un violent désir de plaire, qu'une coiffe, un ruban, une boucle de cheveux plus haut ou plus bas sont pour elles d'extrême importance, qu'elles ne prétendent à autre chose en cherchant à plaire qu'à exciter les passions des hommes, et que leur faste ruine leur famille. Il les dit artificieuses, dissimulées, faussement timides, ne raisonnant guère sur leurs désirs, mais industrieuses pour y parvenir, disant des riens avec beaucoup de paroles, se passionnant pour des choses indifférentes. Il recommande avec instance de les désabuser du bel esprit, parce qu'elles sont plus passionnées encore pour la parure de l'esprit que pour celle du corps. Elles veulent parler de tout, elles décident sur les ouvrages les moins proportionnés à leur capacité, alors qu'elles ne devraient jamais parler d'objets au-dessus de leur portée, même si elles en sont instruites.

C'est à peu près ce qu'en d'autres termes avait dit Bossuet, mais avec une double différence qu'il importe de relever. L'observation de Fénelon, puisque aussi bien c'est un traité qu'il composait, est plus étudiée, plus minutieuse, plus pénétrante, et il arrive à tout voir : qualités et défauts. Il n'a garde de se croire quitte en signalant et en condamnant les défauts ; il s'étudie à les modérer, à les circonscrire même, à les faire servir à la mise en valeur et au plein relief des qualités qui deviennent ainsi, au lieu de revêches et austères, aimables et infiniment séduisantes. Un brin de coquetterie y relève la vertu et un peu de bavardage n'y messied pas.

Surtout, s'il n'a pas caché les défauts de la

jeune fille, il a, au contraire de Bossuet, dessiné
aussitôt comme contre-partie le portrait de la
femme bien élevée et vertueuse dans le mariage
et dans l'intérieur de son ménage. Qui ne par-
donnerait d'avoir été coquette, d'avoir même
cherché à séduire, à cette femme courageuse qui
tempère la volonté de son mari sans la dominer,
possède assez de discernement pour distinguer le
génie et le naturel de ses enfants, qui accoutume
ses filles à remarquer le moindre désordre d'une
maison, qui se fait aimer de ses gens sans basse
familiarité, qui sait les devoirs des seigneurs sur
leurs terres, s'occupe des petites écoles, des assemblées de charité, du soulagement des pauvres
et des malades, qui lit l'histoire grecque et romaine,
connaît la grammaire et l'arithmétique, cultive
la musique, la poésie et la peinture, et « sans y
être enfoncée » a des notions de la justice et de
l'économie ?

Que cet idéal soit facilement réalisable, c'est
une autre question. La perfection est évidemment de s'en rapprocher, et le seul fait de l'avoir
montré aux jeunes filles suffit à donner aux critiques de Fénelon une toute autre portée sociale
et même religieuse qu'à celles de Bossuet.

Sur la valeur éducative des couvents, dans les
conditions que nous avons précédemment rappe-
lées, Fénelon s'accorde avec Bossuet pour la juger
nulle. Il divise les couvents en deux catégories :
les mondains, encore plus à craindre que le monde
même, et les couvents où règnent la ferveur et la
régularité, mais où les jeunes filles de condition
croissent dans une profonde ignorance du siècle.
Il ne veut donc ni des uns ni des autres ; mais ici

encore, à côté de la critique, il propose le remède et en expose longuement l'utilité dans ses conseils à une Dame de qualité : c'est l'éducation maternelle. La mère doit garder sa fille auprès d'elle. Rien ne vaut cette éducation. Et c'était assurément le conseil, tant il s'impose, que Bossuet devait donner dans ses directions privées aux dames de qualité et qu'il entendait insinuer du haut de la chaire, quand il déplorait ne plus rencontrer de jeunes filles modestement et prudemment élevées sous le regard de la famille. Mais il y a tant de manières de dire une même chose ! Ici la différence de manière va presque jusqu'à l'antithèse.

Ouvrons maintenant les Instructions de Madame de Maintenon, c'est-à-dire ses Entretiens et ses Lettres aux Demoiselles de Saint-Cyr. Il est d'abord piquant que dans la bibliothèque de la maison où elle admit jusqu'à des livres de l'abbé de Choisy, elle ne trouva place pour aucun ouvrage de Bossuet. Sur la foi d'une méprise de Dom Déforis on a cru longtemps qu'elle l'avait du moins invité à prêcher, mais le sermon prononcé à Saint-Cyr est manifestement de Fénelon pour la doctrine et le style.

C'est à ces Lettres et à ces Entretiens, dont l'autorité et le bon sens sont incontestés autant qu'on en aime « le goût, la droiture, le ton affectueux et souvent spirituel », que nous emprunterons les idées de notre conclusion.

Ce n'est donc pas aux jeunes filles pauvres des ouvroirs de Rueil et de Noisy qu'elle s'adresse, mais à celles de Saint-Cyr qui ont au moins quatre quartiers de noblesse, à ces aristocratiques jeunes filles de la « classe bleue », de la « classe jaune », de la « classe rouge ». Bien élevées, instruites, ayant pris le goût des grandeurs mondaines dans quelques réceptions à la Cour où, reconnaissait Bossuet, il n'y a pas de tête qui ne tourne, elles rêvent d'un brillant avenir. Eh bien ! voici comment le bon sens et l'expérience de Madame de Maintenon les ramènent durement à la réalité. D'abord, qu'elles ne comptent point sur les parents éloignés : qui avait 2,000 livres de rente n'en a plus que 1,000, qui en avait 1,000 n'en a plus que 500. Aux plus fortunées il ne reste pas grand'chose. Qu'elles ne comptent pas davantage sur la puissance de la coquetterie qui aboutit tout au plus à une domesticité dans une maison étrangère. Elle sont pauvres, et il n'est rien qu'on méprise à la Cour comme une noblesse pauvre. Si elles n'ont pas la vocation du couvent, le célibat leur sera triste et dangereux ; dans le mariage, elles risqueront ou d'épouser un homme de peu de bien, ou d'épouser un homme riche en se mésalliant. A une élève de la classe jaune qui a refusé de balayer la salle d'études : « D'autres que les servantes balayent, lui dit crûment Madame de Maintenon, je souhaite qu'au sortir d'ici vous trouviez une chambre à balayer ».

Orphelines et sans biens ou si peu, elles n'avaient donc guère d'autres ressources que le couvent. Nous avons déjà fait observer que presque toutes le comprirent.

Eh bien ! tenez compte d'abord de ce fait que dans un siècle où la noblesse semble tout posséder, biens, honneurs, pouvoir, facilités de la vie, il faut cependant créer une maison pour

élever, nourrir et maigrement doter des jeunes
filles qui ont dans leurs ascendants paternels et
maternels quatre générations authentiques de
noblesse ; tenez ensuite compte de cet autre fait
qu'au sortir de cette maison la femme la plus
avisée est obligée de leur dire : si vous n'entrez
pas au couvent, vous êtes vouées à un célibat
maussade ou à un triste mariage ; rappelez-vous
enfin qu'on nous a longuement prouvé, Fénelon,
Bossuet ou Madame de Maintenon, que les
couvents ne valaient pas grand'chose, mondains,
frivoles, inaptes à donner à une jeune fille la
juste et nécessaire connaissance du monde, et
vous serez en droit de conclure qu'au XVII° siècle
le sort de la jeune fille noble était souvent infortuné, c'est-à-dire, comme l'a dit Bossuet, mal
préparé par une éducation de rencontre, débattu
sans honneur et sans prévoyance par les parents,
jamais garanti contre les disgrâces et les catastrophes de la famille, alourdi enfin et entravé,
jusque dans le monastère, par les préoccupations
et les vanités de l'esprit de caste. C'est par la
tyrannie de cet esprit de caste que rentraient au
couvent des jeunes filles que leurs parents n'auraient pas données à d'honnêtes et riches com-
merçants. Il faut périr avec symétrie, disait
Madame de Maintenon avec un bon sens plein
d'amertume.

Les plus heureuses étaient celles qui vaille que
vaille s'accommodaient du couvent et se félici-
taient « de s'être enfoncées dans une sainte obs-
curité ». Elles n'enviaient point leurs amies res-
tées dans le monde et qui « exerçaient leur liberté
dans un mouvement éternel, courant sans savoir

où, engagées dans une chaîne continue de visites, de divertissements, d'occupations différentes » et se croyant libres « comme un arbre que le vent semble caresser en se jouant avec ses feuilles et avec ses branches, bien que ce vent ne le flatte qu'en l'agitant ».

Il est inutile d'ajouter que ces paroles sont de Bossuet. A la fin de ce chapitre elles sont bien faites pour nous rappeler une fois de plus ce qu'il pensait des devoirs, des usages et des plaisirs mondains.

CHAPITRE V

Maîtresses et Favorites

—

L'histoire de la vie privée de Louis XIV ne peut rester anecdotique : elle tient par trop de côtés à l'histoire générale du siècle par son influence disproportionnée sur la tenue de la Cour, les fêtes, les mœurs, les distributions des faveurs et des emplois. Bossuet, d'ailleurs, s'y est trouvé mêlé à plusieurs reprises, notamment avec Madame de La Vallière et Madame de Montespan. Surtout, comment, prédicateur de la Cour, lui aurait-il été possible de prêcher sur les rechutes, sur la pénitence, sur la convoitise des sens, sur le scandale, sur les liaisons dangereuses, sans penser au pécheur dont l'exemple semblait autoriser tous les débordements, dont les caprices défrayaient toutes les conversations et à qui la leçon ne pouvait cependant aller qu'enveloppée et à peine soupçonnée? Sujet délicat et dans

lequel il ne faut s'attendre à trouver dans les
sermons de Bossuet ni des allusions trop indis-
crètes qui auraient passé pour un blâme inconve-
nant, en tout cas inutile, ni davantage un silence
de complaisance. Les confidences mêmes qu'il
avait reçues lui imposaient et lui facilitaient de
garder la juste mesure. Quelques souvenirs prouvent combien son rôle fut discrètement actif et
quelle confiance inspirait la dignité de son ministère.

C'est lui qui apprend au Carmel, à sœur
Louise, la mort de Mademoiselle de Blois et du
comte de Vermandois, les deux seuls enfants de
La Vallière qui ne soient pas morts en bas âge.
Vermandois n'avait que quinze ans et sa mère
répondit à Bossuet : « C'est trop pleurer la mort
d'un fils dont je n'ai pas encore assez pleuré la
naissance ». Deux ans après, en 1685, Bossuet
revenait au Carmel lui apprendre le veuvage (à
dix-huit ans!) de sa fille, princesse de Conti,
nièce de Condé, celle-là même dont La Fontaine
a immortalisé la grâce :

> L'herbe l'aurait portée ; une fleur n'aurait pas
>   Porté l'empreinte de ses pas,

Sœur Louise répondit avec douleur : « Que le
Ciel prenne en pitié l'âme et le corps de cette
pauvre femme! ».

Ce fut encore Bossuet que le Roi chargea de
choisir des précepteurs au duc du Maine et au
comte de Toulouse, les enfants doublement adul-
térins de Madame de Montespan.

On se rappelle peut-être ce passage singulier
d'un des sermons de Bossuet, au moins pour

l'une des rares allusions mythologiques qui se sont glissées dans son œuvre : « L'antiquité nous rapporte, dit-il, qu'une reine des Amazones souhaita passionnément d'avoir un fils de la race d'Alexandre, mais laissons ces histoires profanes ». Il passe, en effet, à l'histoire de Rachel et de Jacob pour continuer en ces termes : « Je prétends faire voir qu'une des choses qui augmentent autant l'affection envers les enfants, c'est quand on considère la personne dont on les a eus, et cela est bien naturel ».

Dans ce rappel du souhait passionné de Cléophile, reine des Indes, qui se jeta dans les bras de son vainqueur, on a voulu voir une allusion, il n'en est rien ; il y a tout au plus peut-être, dans le choix de cet exemple, une de ces mille suggestions du présent auxquelles n'échappe aucun orateur, et encore ne peut-elle avoir aucun rapport à la conduite du Roi : les dates le prouvent.

On a ainsi parfois cédé, pour faire le rôle de Bossuet plus grand, en le faisant plus sévère, à la tendance de voir partout des allusions aux scandales de la Cour.

Il serait tout de même aussi maladroit de tomber dans l'excès contraire et de faire garder à Bossuet un silence obstiné. Voici, par exemple, moins un bref extrait de l'un de ses sermons qu'une scène prise sur le vif et qu'il est assez malaisé d'expliquer sans la complicité tacite des mêmes préoccupations chez l'orateur et dans l'auditoire.

Bossuet prêche donc à la Cour et ce jour le Roi est présent. Il vient de dire qu'on s'aime soi-même jusqu'à ce que l'on ait aimé quelqu'un plus que soi-même. C'est de l'amour de Dieu qu'il veut parler. Mais a-t-il surpris sur le visage de ses auditeurs quelque expression, quelques indices d'une autre interprétation ? Sans doute, car aussitôt : « Messieurs, s'écrie-t-il, qu'on ne mêle point dans ce discours des pensées profanes ! Appellerai-je amour ce transport d'une âme emportée qui veut se satisfaire et qui, de quelque nom qu'il s'appelle et de quelque couleur qu'il se déguise, a toujours la sensualité pour fond ? ».

Admettons que dans les paroles de l'orateur il ne pouvait vraiment y avoir d'allusion que pour la pensée malicieuse des courtisans; pour eux l'allusion n'en était pas moins réelle, allusion à une maîtresse ou à une autre, peu importe, car il y avait toujours, même au préjudice de la favorite du moment et de la maîtresse la plus aimée, des infidélités passagères. Nous avons ici, dans le mouvement même du discours de Bossuet, dans la brusquerie de son incidente et l'imprévu de son interruption la preuve qu'au seul nom d'amour, les courtisans songeaient aussitôt à ces amours dont les péripéties occupaient toute la Cour et faisaient la plupart du temps les faveurs et les disgrâces ?

Il est bien difficile encore de ne pas voir une respectueuse leçon à l'égard du Roi dans ce sermon sur la Purification prêché à la Cour, où l'orateur s'adressant à la personne même de Louis XIV, lui dit que « d'autant plus qu'on ne peut rien découvrir sur la terre qui puisse lui faire la loi », il doit être « d'autant plus préparé à la recevoir d'en haut ». De quelle loi s'agissait-il ici si ce n'est de la loi sacrée entre toutes, la loi conjugale pour laquelle Louis XIV affichait avec tant de scandale un si superbe dédain ? Car il faut rapprocher ces paroles de celles qu'à l'instant même venait de prononcer Bossuet : « Cessons donc de nous laisser tromper plus longtemps, disait-il, à cette amie inconstante qui ne peut nous cacher elle-même ses faiblesses insupportables... mais les voluptés s'opposent à cette rupture ! ». Donnez à cette amie un nom : appelez-la Louise ou Angélique ou Françoise-Athénaïs, et c'est l'histoire des amours de Louis XIV. C'était bien encore sans conteste du Roi qu'il s'agissait, car Bossuet s'adressait à lui-même, quand en 1662 il l'invitait à descendre au fond de sa conscience où la parole divine ferait un ravage salutaire en brisant toutes les idoles, en renversant tous les autels où la Créature est adorée. Et même l'allusion à sa passion toute récente pour Louise de La Vallière est ici transparente.

Leçons indirectes, déférents reproches ne touchèrent point, on le sait, l'esprit du Roi, ou bien peu. On peut lui appliquer les pittoresques paroles de l'orateur : il aimait boire d'une eau étrangère ! Il ne dédaignait pas, malgré toutes les invites, « d'aller chercher au dehors, par le ministère des sens, la source du plaisir ». Certes, il sait bien qu'il est mal « d'entreprendre sur la femme de son prochain, sans autre titre que sa convoitise ». Mais quoi ! n'est-il pas le Roi ? Est-ce qu'il envisage les obligations du Décalogue comme le commun des mortels ? Ne connaissant point d'obstacle à sa volonté et dans la satisfaction de ses passions absorbant le devoir, il en était arrivé à trouver plus facile « de résister à Dieu qu'à soi-même ». Il se meut dans l'adulation. L'adulation qu'il recherche, qu'il provoque, qu'il exige, ne nous permet guère de le juger avec les communes mesures.

On a à ce propos beaucoup critiqué et blâmé les prédicateurs de la Cour de Louis XIV et peu s'en faut qu'on ne les ait rendus responsables de tant de scandales. Le Directeur du Roi, le Père de La Chaise, a eu aussi sa large part d'amers reproches. Or pour condamner Bossuet, Bourdaloue et La Chaise dans la même indignation, on a confondu les époques et les dates. Encore quelques-uns excuseraient-ils Bourdaloue pour la rudesse de son langage et les démarches personnelles et pressantes qu'il fit, dit-on, auprès du Roi. Mais on n'a pas assez de sévérité pour Bossuet. Oublie-t-on qu'il ne devait pas être facile d'aller porter la leçon ou de la faire devant toute la Cour, à un prince jeune, plein de l'idée de sa gloire, admiré, adulé de tous, beau aux yeux de toutes les femmes et sentant bouillonner dans ses veines le sang du Roi vert-galant? Une volonté sans contrepoids, et le torrent tumultueux des passions dans un cœur impérieux et changeant! Que si Bourdaloue put réussir plus tard (et pas plus que de La Chaise il est impossible d'en rien savoir historiquement, car nous n'avons ni une lettre, ni une affirmation nette, ni un récit définitif), c'est qu'il a commencé de prêcher dix ans après les débuts de Bossuet et qu'il aurait exercé son influence alors que l'âge mûr permettait aux sages et modératrices pensées de se fixer, quand étaient tombées les ardeurs de « ce sang chaud et fumant qui ne permet rien de

rassis », quand surtout grandissait l'autorité de
Madame de Maintenon dont on sait qu'elle rendit à
Louis XIV, et peu importe que ce soit par calcul
ou par amour, entre beaucoup de services, celui
de le ramener à la dignité et à la tenue de sa vie
privée, en « l'arrachant à l'engloutissement de la
chair ».

La conduite de Bossuet se justifie d'ailleurs
par l'étude chronologique de ses sermons, par
un simple rapprochement de dates. En 1662,
lorsque s'affirme déjà trop la liaison du Roi et
de Louise de La Vallière, mais que tout le monde
peut encore croire à un caprice, à une erreur
passagère, Bossuet cherche à « désenchanter » le
cœur du Roi des plaisirs coupables qui ne laissent que dégoût. Aux « voluptés sensuelles » il
oppose la « volupté céleste » faite du mépris des
premières. C'est après un de ces sermons que
Louise de La Vallière voulut se retirer dans un
couvent, par repentir ou par bouderie, on ne
sait trop. En 1666, alors que, quelques semaines
après la mort de sa mère, Louis XIV ne garde
même plus les apparences de la fidélité conjugale,
il prononce à Saint-Germain le sermon sur l'Enfant prodigue dont l'idée maîtresse est que les
plaisirs sont sources de douleurs : « David s'était
autrefois perdu dans cette terre étrangère ; il en est
revenu bientôt, mais pendant qu'il y a passé,
écoutez ce qu'il nous dit de ses erreurs : *cor meum
dereliquit me*, mon cœur m'a abandonné... il est
allé s'engager dans une misérable servitude ».

La parole de Bossuet est si peu écoutée, qu'en
1667 Louis XIV légitime audacieusement ses
enfants naturels ; mais en 1669, pour l'Avent à

Saint-Germain, Bossuet toujours attentif, donne le sermon de l'Endurcissement, et parce que Louis XIV ne songe à quitter La Vallière que pour prendre la Montespan, il y ajoute son terrible sermon sur les Rechutes. Il évoque à côté du Dieu qui venge les péchés des peuples, celui qui venge surtout les péchés des rois. « C'est lui qui veut que je parle ainsi : et si Votre Majesté l'écoute il lui dira dans le cœur ce que les hommes ne peuvent pas dire ».

Enfin, quand l'époque des plus grands scandales se prolongea, de 1672 à 1682 approximativement, Bossuet n'était plus prédicateur de la Cour et ne parlait plus guère devant elle que pour les Oraisons funèbres. Son rôle n'en fut pas moins efficace, puisque son nom reste à jamais attaché à la retraite et à la pénitence de Louise de La Vallière. Or, cette pénitence, c'était un acte, c'était plus que le sermon le plus éloquent; il rappelait à la foule légère des courtisans, à défaut du respect de la loi du mariage dont trop de scandales illustres ruinaient irrémédiablement la notion, du moins l'idée chrétienne du remords et du rachat de la faute. On ne peut méconnaitre que cette austère et longue pénitence n'ait été, au cours de ce règne, le seul exemple qui ait rappelé avec éclat à la Cour les exigences sévères de cette foi dont elle ne voulait plus dans ses mœurs, mais dont elle se réclamait dans tous les actes publics.

*
* *

L'histoire a poétisé Louise-Françoise de La Baume Le Blanc, duchesse de La Vallière, pour

sa beauté blonde et charmante, douce et humble :
une petite violette, dit Madame de Sévigné. Elle
boitait légèrement, et c'était une grâce de langueur ». D'autres la surpassaient en beauté
piquante et Louis XIV le lui fit bientôt voir, mais
cette « langueur de ses manières » touchait plus
que « le brillant de celles mêmes qui étaient
plus belles ».

Surtout l'histoire n'a pas oublié que quand
elle vint de Touraine dans le service d'honneur
de Madame, elle n'avait que dix-sept ans, qu'elle
s'éprit tout de suite du Roi jeune et beau lui-
même en véritable héroïne de roman ; qu'elle
s'était refusée à Fouquet qui dut se contenter de
faire peindre son portrait sur un panneau, et
qu'enfin elle ne cessa d'aimer le Roi pour lui-
même, alors que toutes les autres qui vinrent
plus tard aimèrent d'abord les pensions, les titres
et le pouvoir. Elle fut la seule aussi que Louis XIV
aima de tendresse : « Cette jeune fille qui a des
pendants d'oreilles de diamant est celle que le
Roi aime », disait mélancoliquement Marie-
Thérèse à Mademoiselle de Montpensier.

On peut lui appliquer entièrement ces paroles
de Bossuet : « Les premiers plaisirs sont entrés
dans son cœur avec une mine innocente, et peu
à peu ont été remuées les passions violentes ».
Aimante, inexpérimentée dans la politique,
n'ayant reçu d'autre éducation que de la lecture
passionnée des romans, manquant de ruse et de
malice pour déjouer les complots qui s'ourdissaient
derrière elle, elle ne faisait jamais de scène,
boudait quelques jours, s'en allait dans un couvent, en revenait sur une missive royale, mais

« comme une sotte, sans jamais faire ses conditions ».

L'histoire aussi consacre le souvenir des fêtes
prodigieuses dont elle fut l'héroïne et dont les
estampes du cabinet du Roi nous ont conservé
quelques splendeurs : le carrousel des Tuileries
(1662), les grandes fêtes de Versailles de 1664
avec la Princesse d'Elide et Tartufe, le carrousel
et les fêtes nautiques de Saint-Germain (1668).
« La bien-aimée parcourait tous les jardins et
tous les parterres et ramassait toutes les fleurs et
tous les fruits pour faire des bouquets et des présents à son bien-aimé ».

Ces paroles de Bossuet traduisent-elles réellement une vision du Cantique des Cantiques ou
une vision des premières splendeurs de la jeunesse de Louis XIV, au milieu des parterres
nouveaux de Versailles ?

Or, dans l'appareil le plus magnifique du luxe
et de la faveur, Louise de La Vallière a répété
souvent qu'elle ne cessait jamais de comprendre
qu'elle faisait le mal et de désirer s'y arracher, et
que dans les plaisirs elle ne pouvait se défendre
de ressentir du trouble et de l'humiliation. Ce
sont ces remords que Bossuet développa, et c'est à
ce titre précisément et, par suite, pour le sermon
si curieux que l'orateur prononça à sa Profession,
que Louise de La Vallière appartient à notre sujet.

Elle avait eu, pour fêter les plus beaux jours
de son triomphe, Molière :

...Ce tribut que l'on rend aux traits d'un beau visage,
De la beauté d'une âme est un clair témoignage
Et qu'il est malaisé que sans être amoureux
Un jeune Prince soit et grand et généreux !

C'est Racine qui dans Bérénice, fit écho aux plaintes de sa disgrâce :

> ...Hélas ! je me suis crue aimée !
> Au plaisir de vous voir mon âme accoutumée
> Ne vit plus que pour vous...........................
> A quels excès d'amour m'avez-vous amenée !

Elle supporta à partir de ce moment les avanies et les maladies. Hésitante, indécise, pas trempée évidemment en héroïne de Corneille, « il fallait que la grâce lentement opérât », dit Bossuet qui employa ces années douloureuses à raffermir son courage. Elle-même se servant d'une image qui est exactement celle dont Bossuet se servait pour décrire les grâces d'Henriette d'Angleterre, elle a comparé ses meilleurs désirs à cette fleur des champs qui fleurit le matin et qui sèche le soir. Ecrivant au maréchal de Bellefonds dont la sœur était prieure du Carmel, Bossuet reconnaît qu'un naturel plus fort aurait fait un plus grand pas. Mais la Cour gardait encore à la délaissée tant de séductions ! Il nous révèle en outre de singulières difficultés. Cette affaire de la retraite au Carmel ne devait se traiter qu'avec une extrême prudence, car elle pouvait être interprétée comme un affront, au moins comme un reproche à la majesté du Roi. Bossuet en parle à peine à mots couverts. Il craint « les échos fréquents... » Un paquet de Bellefonds qui renfermait une lettre pour la duchesse s'est perdu... On exigeait aussi que La Vallière ne se retirât point avant le départ de la Cour pour la campagne de la Franche-Comté (mai 1674), et, si elle persistait dans un départ soudain, « on pourrait employer l'autorité à quelque chose de plus ». Voilà une crainte de Bossuet qui n'honore guère Louis XIV ! Enfin, c'était avec qui? ô ironie ! avec Madame de Montespan que Bossuet, il le déclare expressément, était obligé de négocier pour obtenir le consentement du Roi ! Or la nouvelle favorite tournait le Carmel en ridicule et trouvait qu'après avoir été « tout battant d'or » c'était bien rigoureux d'être sous la bure. Enfin pour, en temporisant, accorder tant d'intérêts divers, Colbert ne se hâtait pas du tout de régler le temporel de la duchesse et de ses enfants. Bossuet, alors en résidence à la Cour pour l'éducation du Dauphin, atteste à Bellefonds qu'il écrit tous ces détails sous les yeux de la duchesse, qui en profite pour envoyer de grands baise-mains au maréchal, — et ces détails valent bien le contenu d'un chapitre de Saint-Simon.

Enfin, le 6 avril 1674, Bossuet annonce le départ direct pour le Carmel (1). Louise avait noblement demandé pardon à la Reine, maîtrisé son émotion devant le Roi et dignement pris congé de la Montespan. Toute la Cour, peut dire Bossuet, est édifiée et étonnée de sa tranquillité et de sa joie. Mais si l'on en croit Madame de Sévigné, tout le monde était content de la voir partir :

-----

(1) Cette lettre de Bossuet, et les détails qui précèdent, détruisent la légende persistante qui veut que Mlle de La Vallière soit restée, avant de franchir les portes du Carmel, cachée pendant trois jours (!) dans un confessionnal (!) — que l'on voit encore — de la Chapelle du Val-de-Grâce. Par Bossuet qui a mené à bonne fin toutes les négociations et qui pour cette raison est le témoin le plus renseigné, nous savons que la duchesse ne quitta la Cour que lorsque le Roi eut donné son consentement. Ce n'était pas une fuite, c'était la retraite.

sa présence était à ceux qui l'avaient abandonnée un reproche d'ingratitude et surtout une terrible inquiétude dans une Cour « où, a dit le prédicateur, la fortune avait plus qu'ailleurs de prompts changements ».

La voilà donc sans transition de la Cour où elle avait été plus que reine au Carmel dont elle devait être l'édification. Bossuet eut la satisfaction de constater sa persévérance « dans une grâce et une tranquillité admirables ». Madame de Caylus l'y trouvait pleine de joie, Madame de Sévigné l'y voyait contente et relevait curieusement que ses yeux ne paraissaient point creusés ni battus par l'austérité, la mauvaise nourriture et le peu de sommeil. On allait l'observer, l'épier. Une retraite si complète était chose si étrange ! Maîtresse disgràciée, il est vrai, mais toujours duchesse de Vaujours, comblée de terres et de pensions avec un charmant enfant de six ans, Vermandois, et une fille de sept ans, mademoiselle de Blois, tous les deux richement dotés et légitimés par arrêt du Parlement ! Des railleries, des colères, des regards indiscrets furent dirigés contre l'asile inviolable au point que Bossuet ne craint pas d'aller jusqu'à dire que la retraite de sa pénitente cause des tempêtes aux Carmélites. Bientôt les rumeurs du dehors se brisèrent contre les murs du célèbre couvent et le silence se fit : le respect d'un grand remords fut plus fort que la curiosité des courtisans.

Nous permettra-t-on ici une digression, puisque aussi bien il y s'agit encore de Bossuet ? Ce nom célèbre de La Vallière, désormais éteint au monde, se retrouvera dans une lettre des plus

curieuses que Bossuet adresse de Meaux à l'abbesse
de Faremoutiers (1694). Il l'entretient d'une nièce
de sœur Louise de la Miséricorde, et il veut qu'on
la renvoie : « Je n'en ai pas parlé à sa tante,
mais je suppose qu'elle sera partie à présent de
chez vous ». Le tort de cette jeune fille que de si
touchants souvenirs ne font pas épargner ? La mélancolie et la tristesse. « Il ne faut plus de gens qui
disent qu'ils veulent se tuer, non pas cela, mais
une suite d'emportements dont on se passe fort
bien dans une maison réglée comme la vôtre ».
Entendez : « aussi mal réglée », car toute la lettre
éclate en reproches. Or cette infortunée jeune
fille était fille du frère de Louise de La Vallière,
de celui qui comme par hasard s'était trouvé
gagner sous les yeux du Roi tous les prix du
carrousel de 1662. Sa tante maintenue dans les
faveurs royales, c'eût été pour elle un somptueux
« établissement » dans le monde ; sa tante au
Carmel, c'était pour elle le couvent forcé et maussade. La ruine avait fait cortège à la disgrâce.

*
* *

Abordons maintenant l'examen du sermon de
Bossuet le jour de la Profession de sœur Louise,
et faisons remarquer immédiatement que ce sermon est avec celui de l'Unité de l'Eglise, le seul
publié du vivant de Bossuet. Encore ne le fut-il
pas avec son autorisation.

Ce n'était pas la première fois que, dans cette
illustre maison, « devant cette clôture rigoureuse,
ces grilles inaccessibles et qui menacent étrange-
ment tous ceux qui approchent », Bossuet avait

consacré à Dieu des jeunes filles portant les plus grands noms de France. Mais en quelle occasion pouvait-il mieux faire ressortir et d'un plus saisissant exemple le néant des pompes et des plaisirs, la vanité de l'amour, de la beauté et des richesses? Et cela devant Anne de Gonzague qui, perdue dans l'auditoire et connaissant elle aussi le lendemain douloureux des passions, disait de sœur Louise : « elle commence dès ce monde à être heureuse » ; devant la Reine qui ne voyait hélas ! disparaître une rivale que pour une autre ; devant la duchesse de Longueville dont la jeunesse amoureuse et belliqueuse avait fait tant de fracas et qui était venue quatorze ans auparavant se convertir dans cette même chapelle.

Dès l'exorde, Bossuet prend son sujet de haut. Pour cette cérémonie qui est une mort au monde, il a la manière des exordes de ses Oraisons funèbres. L'auditoire est mis en présence de « Celui qui est assis sur le trône et dont relève tout l'univers ». Ce sont à peu près les expressions qui ont servi dans l'oraison d'Henriette de France. Il tient à bien pénétrer ses auditeurs du caractère auguste de la cérémonie : « Pour célébrer ces solennités saintes, je romps un silence de tant d'années, je fais entendre une voix que les chaires ne connaissent plus », paroles qui font aussitôt songer à la péroraison de l'oraison funèbre de Condé. Enfin se défendant de toute actualité, tant il comprenait le sujet délicat, il déclare qu'il n'a pas besoin de parler, que « les choses parlent assez d'elles-mêmes » (encore des expressions des Oraisons funèbres), et avec la familiarité habituelle de sa parole, se tournant vers la Professe :

« Ma sœur, parmi les choses que j'ai à vous dire, vous saurez bien démêler ce qui vous est propre ».

La première préoccupation de l'auditoire devait être, nous semble-t-il, moins de chercher à pénétrer les sentiments intimes de sœur Louise que ceux de la Reine, qui avait poussé l'oubli magnanime des affronts et des injustices jusqu'à venir s'asseoir à côté d'elle dans la tribune grillée. Mais si une pensée de rancune avait pu envahir le cœur de cette douce reine, avec quel tact, avec quelle délicatesse l'orateur l'exhorte à n'apporter ici aucune pompe mondaine, mais la seule humilité ! Et quelle précision, quelle hardiesse étonnante, lorsque, du geste montrant sœur Louise, il dit à Marie-Thérèse : « Admirez ces grands changements de la main de Dieu. Il n'y a plus rien ici de l'ancienne forme. Tout est changé ou dehors ». Où donc en effet était la jeune fille aux pendants d'oreilles que le roi aimait ?

Bossuet trace ensuite le portrait de Louise de La Vallière dans les beaux jours de sa faveur, nous disons bien : son portrait, tel que d'ailleurs l'ont décrit tous les Mémoires du temps, et non pas le portrait banal et général d'une femme qui a cédé à ses passions dans l'éclat de sa jeunesse. Cette douceur des regards et du visage, cette douceur d'une humeur paisible, la délicatesse des traits, cette fleur que le soleil dessèche, c'est la beauté timide de La Vallière ; et voilà son histoire, avec cet « équipage qu'on augmente, ces appartements qu'on rehausse, cet or, ces pierreries et mille autres vains ornements ».

Il fallait un art infini des nuances pour tout dire sans trop s'appesantir. Mais il y a mieux :

Bossuet a trouvé le moyen de rappeler à son auditoire le souvenir de l'autre, de l'amant, de celui qui se désintéressait de cette cérémonie, et dont tout le monde évoquait pourtant le nom et le prestige. Ces richesses sont vaines, tout est vain, s'écrie l'orateur, tout, y compris la gloire des conquêtes. Et il en donne pour preuve Alexandre. Il insiste : Alexandre le Grand « ce sera, si vous voulez, Alexandre qui nous fera voir la pauvreté des rois conquérants. Qu'est-ce qu'il a souhaité ce grand Alexandre, et qu'a-t-il cherché par tant de travaux et par tant de peines qu'il a souffertes lui-même et qu'il a fait souffrir aux autres ? Il a souhaité de faire du bruit dans le monde... Il a tout ce qu'il a demandé ; personne n'en a tant fait..... les éloges ne lui manquent pas, mais c'est lui qui manque aux éloges. Il a eu ce qu'il demandait : en a-t-il été plus heureux ?..... Il en est de même de tous ses semblables ». Comment un seul auditeur aurait-il pu ne point penser aussitôt à Louis XIV alors dans l'enivrement de ses conquêtes et proclamé Grand solennellement par les Bourgeois de Paris ? Ce n'est plus de l'éloquence toute seule, c'est un art consommé de rappeler à un pareil auditoire, sans sortir des limites de la bienséance, qu'il est un Dieu devant lequel ne pèsent pas davantage les grâces de l'amante délaissée que les conquêtes du roi sé-ducteur.

C'est maintenant manifestement des confi-dences de La Vallière que s'inspire Bossuet. Ce n'est plus l'ordinaire pécheresse revenue à Dieu. Mes plaisirs furent toujours amers, avait-elle dit. Oui, dit Bossuet, quand une âme est de celles

auxquelles Dieu fait entendre sa voix quand il lui
plaît, au milieu du bruit du monde, de son plus
grand éclat, de toutes ses pompes, l'impression
de Dieu reste si forte dans cette âme qu'elle ne
peut la perdre, elle reste pour convaincre l'âme
de sa faute et lui faire sentir sa perte.

Louise avait dit que même sans ses remords,
le monde lui avait assez causé de tourments. Ce
corps si tendre, dit l'orateur, si chéri, si ménagé,
couché maintenant sur la dure, n'a plus de sommeil que celui qu'y attire les psalmodies de la
nuit et le travail de la journée, mais au dedans,
malgré les grilles affreuses, la retraite profonde,
l'âme est heureuse parce que se souvenant des
tristes jalousies du monde elle veut s'abandonner
sans réserve aux douces jalousies d'un Dieu bien-
faisant.

Prononcer intentionnellement, en le répétant
même, ce mot de « jalousies », c'était forcément
vouloir rappeler de quelles traverses, de quelles
inquiétudes avait été mêlée la faveur de Louise
de La Vallière jusque dans les plus beaux jours
de son triomphe des premières années : ses bouderies, ses fugues à Chaillot, ses absences de plusieurs jours remarquées de la Cour, les conversations à mi-voix, les incertitudes et les revire-
ments des courtisans.

On était donc en pleine actualité et Bossuet
qui se doutait que chacune de ses paroles serait
commentée, sinon dénaturée, avait beau sommer
rudement son auditoire de ne pas songer au prédicateur qui a parlé, ni s'il a bien dit, ni s'il a
mal dit. Cependant la malice des courtisans
attendait plus d'allusions. On peut se demander

quelle idée ils se faisaient de l'éloquence de la chaire ; mais ce sermon qui nous semble si hardi, ne répondit pas à l'attente du public et ne « fut pas aussi divin qu'on l'espérait ». Il convient d'ajouter que c'est d'abord Mme de Sévigné qui l'affirme et que n'ayant pas assisté à la cérémonie, elle n'en juge que sur des on-dit. Bossuet avait en tout cas rempli sa mission qui était d'abord de prouver par un exemple notoire la vanité des plaisirs et de la beauté ; puis surtout d'élever une barrière contre les regards indiscrets du monde en laissant entendre à l'auditoire que la convenance et l'esprit de l'Eglise exigeaient le respect d'une abnégation et d'un repentir aussi complets : « Vous, ma sœur, qui avez commencé à goûter ces chastes délices, descendez, allez à l'autel ».

Tout était fini. L'archevêque de Paris remit le voile, et alors commença jusqu'au 6 juin 1710 une vie de pénitences et de maladies héroïquement supportées. Plus de trente-cinq ans de Carmel pour six ou sept ans d'entraînement et de passion !

*
* *

Cette époque offrait vraiment des spectacles inattendus à qui était bien placé pour observer. C'est ainsi que peu après la profession de sœur Louise de La Miséricorde, Mme de Montespan vint — avec la Reine ! — visiter celle qu'elle avait supplantée ! Elle y revint, mais seule, plusieurs fois, beaucoup d'années plus tard lorsque, à partir de 1682, son influence pâlit définitivement devant celle de Françoise d'Aubigné et surtout lorsque en 1691 elle dut quitter la Cour sans espoir de retour. Le Carmel (et du Carmel du xviie siècle, il ne reste plus guère précisément que le petit oratoire que la tradition appelle oratoire de Louise de La Vallière), le Carmel et d'autres couvents aussi, celui de la Visitation de Chaillot, par exemple, jouaient un grand rôle de purification et d'apaisement dans toutes ces intrigues. Aux victorieuses comme aux délaissées ils procuraient le loisir des calmes retraites, l'oubli des jalousies et des haines, et le courage de toutes les résignations ; c'est tout naturellement que Bossuet pouvait dire de Marie-Thérèse qu'elle avait retrouvé dans son auditoire le Carmel d'Elie. Malheureusement, Mme de Montespan n'apportait d'abord au monastère du Faubourg Saint-Jacques que les désenchantements de son orgueil froissé et les souffrances de son effronterie démasquée.

Il faut nous occuper d'elle d'abord pour les condamnations indignées que Bossuet avait fait entendre sur l'adultère ; ensuite pour le rôle assez peu connu qu'il assuma courageusement pour s'efforcer de convaincre le Roi de la renvoyer ; enfin, parce que si elle en arriva assez tard à accepter la solitude, à se vêtir grossièrement, à se nourrir plus que frugalement, et même, dit Saint-Simon, à porter des bracelets, des jarretières et des ceintures à pointes de fer, il y aurait peut-être injustice à ne mettre ce retour que sur le compte de la peur atroce qu'elle avait éprouvée lors de l'enquête de la Chambre ardente et de l'affaire des poisons. Elle ne valait pas cher assurément, mais on peut supposer que Bossuet sut habilement tirer parti du malheur et de la disgrâce pour apaiser ce cœur aux passions furieusement attardées. Ne pourrait-on pas admettre aussi que Bossuet trouva l'intermédiaire le plus éloquent dans sœur Louise de la Miséricorde ? Le Carmel garde le journal qu'elle rédigeait pour elle-même dans ses longues années de pénitence, et si l'on comprend de reste que le journal d'une carmélite ne soit pas fait pour la publicité, avec quel intérêt cependant ne lirait-on pas le récit de ses entretiens avec la Montespan ?

En ce siècle heureux, le règne des maîtresses s'inaugurait par des fêtes inouïes et des chefs-d'œuvre. Louise de La Vallière languissait depuis trois ans à la Cour ; elle avait une rivale et cette rivale avait des enfants du Roi, mais cette rivale n'était pas encore la maîtresse en titre. Pour consacrer le définitif triomphe de Françoise-Athénaïs de Montespan, on donna des fêtes à Versailles et on représenta Iphigénie. Mais cette fois, le scandale du double adultère parut excessif aux plus complaisants. Le mari avait beau apprendre dans l'Amphytrion de Molière qu'un partage avec Jupiter n'a rien qui déshonore, il ne se livrait pas moins, sans trop de conviction, à quelques scènes et boutades mal séantes à la dignité royale. Altière, insolente, la Montespan fut tout de suite haïe et l'on sait les injures indélébiles que Madame de Sévigné a attachées au souvenir de la Quanto. Cela peut nous étonner d'une société peu scrupuleuse, mais ce scandale dépassait à ce point les bornes mêmes de l'adulation que les courtisans complotèrent de mettre la favorite en quarantaine. Bourdaloue prêchait le carême de 1675 : il flétrit en termes véhéments et capables de ne donner le change à personne ceux qui ridiculisaient sur la scène un mari sensible à l'honneur de sa maison. Sur ces entrefaites, à l'approche de Pâques, un humble prêtre de Versailles refusa l'absolution à la Montespan : c'était l'acte courageux et nécessaire, mais ce refus, dont l'affront éclaboussait le Roi, causa une stupéfaction énorme. Quoi ! on ne verrait pas la marquise de Montespan faire ses Pâques à la messe royale, dans toute la pompe de la Cour ! On vit bien alors que Bossuet avait raison de dire aux courtisans qu'ils n'entendaient rien aux obligations de la religion et n'en prenaient que la montre et la grimace. Il était, dans ces circonstances, absent de la Chaire. Que lui eût-il servi d'ailleurs de renouveler les dures vérités qu'à plusieurs reprises déjà il avait fait entendre au Roi : convoitises exécrables des sens et qui, pour se satisfaire, vont à violer deux fois dans le même péché la loi conjugale ! Tentatives abominables pour détruire par surprise le foyer de son prochain, tel l'ennemi qui se déguise pour entrer dans une place qu'il veut révolter contre les puissances légitimes ! Il ne fallait plus parler : il fallait agir.

Quelles furent les démarches de Bossuet, nous voudrions arriver à le démêler. Mais c'est un sujet où tout le monde avait trop d'intérêt à se taire pour que l'écho de beaucoup de confidences soit arrivé jusqu'à nous. Quelques Mémoires suspects ont prétendu que Louis XIV, comme brusquement réveillé, aurait été frappé lui-même de l'énormité du scandale et se serait décidé à la rupture. Cette attitude n'est conforme ni à son caractère ni à la suite de sa conduite. Un racontar

de l'abbé Ledieu et une anecdote indirectement
venue de Madame de Maintenon ne rendent guère
vraisemblable le dialogue suivant : « Mon père,
vous devez être bien content de moi, Madame de
Montespan est à Clagny ». — « Oui, sire, réplique
Bourdaloue, mais Dieu serait bien plus content si
Clagny était à 70 lieues de Versailles ». — Au
contraire, il nous semble moins inadmissible que
le roi ait dit un jour à Bossuet et à Montausier,
l'un précepteur, l'autre gouverneur de son fils :
« Je ne la verrai plus ». Mais cette réponse suppose précisément des démarches antérieures et
c'est là seul qu'est pour nous tout l'intérêt du
sujet.

La vérité doit, pensons-nous, résulter du
simple rapprochement des dates. Peu de semaines
après ce grave événement d'un refus public d'absolution, Louis XIV part à l'armée de Flandre ;
pendant son absence, Bossuet voit fréquemment
Madame de Montespan qui n'a point suivi la
Cour. Dans le même temps, il écrivait au Roi et
l'exhortait fortement à la rupture, mêlant tout à
la fois aux conseils de morale et de vie régulière
des conseils aussi sages, aussi vigoureux et aussi
peu suivis sur le soulagement du peuple accablé
d'impôts au moment d'une si grande guerre.
Tous ces avis furent reçus poliment, car Louis XIV,
outre sa grande estime pour Bossuet, entourait
d'égards tout particuliers le précepteur de son fils ;
mais de l'armée même, le Roi ordonnait de pré-
parer un appartement à madame de Montespan,
et quand il rentra, à peine eut-il aperçu Bossuet :
« Ne me dites rien, lui dit-il, devançant toute
objection, j'ai donné mes ordres pour qu'on pré-

pare au château un logement à Madame de Montespan ».

Bossuet, et qui s'en étonnera? n'avait donc pas réussi à éloigner la favorite, mais qu'il ait tenté de pareilles démarches, cela suffit à donner témoignage de son courage et de sa conscience. Est-ce du moins à ses exhortations pressantes qu'avait été dû cet éloignement de la Montespan pour quelques mois, le cours de la campagne, éloignement que plus d'un courtisan crut définitif? Non, pas même. Cet éloignement n'était vraisemblablement qu'une feinte motivée d'abord par l'impérieuse nécessité d'apaiser le scandale en gagnant du temps, motivée peut-être bien aussi par la crainte du mari, de M. de Montespan. On l'a ridiculisé, mais il ne fait pas du tout figure d'homme ridicule dans les Mémoires de Mademoiselle de Montpensier. Il l'était si peu que devant ses colères, dont il faut dire cependant que nous ne les trouverions pas pures de tout « chantage », Louis XIV dissimulait ses rencontres et recourait aux artifices vulgaires des amants peureux. Enfin, s'il y eut vraiment de la part du roi une hésitation sincère, ni le souci de la religion, ni les conseils de Bossuet n'y furent, croyons-nous, pour grand'chose. C'était tout simplement, pour reprendre une phrase d'un sermon, que sa convoitise le poussait à goûter d'un autre fruit défendu et à voyager « sur une autre terre étrangère », et à parler sans métaphore, que Françoise d'Aubigné était là.

En effet, la veuve Scarron avait élevé secrètement les premiers enfants de la Montespan dans une maison coquette des faubourgs où le Roi pro-

longeait de plus en plus ses visites. En 1674, elle
vint à la Cour avec les enfants et fascina Louis XIV
qui, d'abord, l'avait trouvée pédante. L'amitié
devenait tendre. Le Roi dut espérer que la Montespan se reconnaissant spontanément vaincue
abandonnerait d'elle-même la Cour ; mais elle
avait autour d'elle une cabale qui la fit triompher et elle n'était pas personne à se retirer,
comme Louise de La Vallière, de son plein gré ;
cependant, l'effet de sa beauté n'était plus désormais irrésistible et elle paya bientôt son triomphe
d'une foule d'avanies et d'affronts.

Des efforts stériles (ou du moins sans résultat
immédiat) de Bossuet pour « convertir » le roi,
il est permis de conclure que ceux qu'un beau
zèle fait accuser les prédicateurs de la Cour de
complaisance devraient d'abord se demander s'il
était possible d'aboutir à quoi que ce soit dans
cette tâche. Parce que Louis XIV, qui a la conscience de ses devoirs et de ses droits de souverain traditionnel, se réclame dans ses actes politiques de son titre de Roi très chrétien, et par
des lois qui sont, reconnaît Bossuet, le plus ferme
rempart de la doctrine, garantit à l'Eglise l'unité
de l'orthodoxie, en supprimant les dissidents, ils
s'imaginent que l'idée religieuse tenait une
grande place dans sa vie et qu'on pouvait le
« convertir » en lui prouvant qu'il offensait la
morale. Rien n'est plus faux. Il était Roi très
chrétien pour « protéger » la religion et non pour
en assumer les contraintes, et dans ses démêlés

avec la papauté, il prouva assez qu'il était plus près de Barberousse que de saint Louis. Les sermons se succédaient donc. Les maîtresses se succédaient aussi dans un véritable imbroglio, même pour la Cour qui ne s'y reconnaissait plus. Le métier de courtisan devenait pitoyable. Choisir entre Marie-Thérèse et Louise de La Vallière n'était qu'affaire de scrupules. Mais où démêler le meilleur parti à prendre, pour se pousser, quand on hésitait entre Louise de La Vallière et la Montespan? une troisième fois entre Madame de Montespan et la princesse de Soubise? une quatrième entre Madame de Ludres, la princesse de Soubise et Madame de Montespan? une cinquième entre ces trois et Mademoiselle de Rochefort-Théobon? une sixième entre ces quatre et Madame de Louvigny? une septième, entre ces cinq et Mademoiselle de Fontanges; une huitième enfin entre toutes celles-ci (moins Fontanges morte en couches) et Françoise d'Aubigné? Bossuet avait eu bien raison de dire que la Cour était une vaste mécanique, un jeu embrouillé, une vaste comédie que les spectateurs démêlent souvent mieux que les acteurs.

Il nous semble que d'avoir circulé quelque temps autour de ces intrigues peut nous aider à mieux connaître Bossuet, c'est-à-dire non pas seulement l'orateur averti qui condamne les désordres, mais, si on peut les en séparer, l'homme, le directeur, l'ami. Il s'applique avec compassion à réconforter le cœur endolori de Louise de La Vallière; il s'attache à elle, il se jette pour elle dans les plus délicates négociations et pour y réussir, il ne dédaigne pas de recourir aux bons offices de la Montespan ; il ne l'abandonne pas qu'il ne lui ait assuré la paix sincère de l'âme et c'est lui encore qui vient apporter à la Carmélite le souvenir de ceux qui lui sont chers dans le monde. Il a rencontré une âme noble, généreuse, sincère, et son grand cœur s'est ému ; il ne s'est plus souvenu de la faute que pour en consoler l'amertume. — Mais le voici devant Madame de Montespan, altière, ambitieuse, impérieuse, en qui ne parlent que les sens. Il est plus dur, ses avertissements sont moins imprégnés de la compréhension de l'humaine faiblesse ; il ne voit plus devant lui que le péché à condamner, à extirper, et sur un autre ton que celui de certains Pères de l'Eglise s'adressant à des empereurs, mais avec la même fermeté rigide de la loi, il dit à Louis XIV : « Dimitte ». Renvoyez-la !

Dur au péché, mais pitoyable aux égarements des créatures généreuses et sincères : nous retrouvons ainsi, dans les demi-confidences de ses directions spirituelles, la source de cette sensibilité qui jaillit dans les oraisons funèbres et dans les sermons d'apparence les plus ardus, à travers l'appareil un peu rude des principes inébranlables de la morale et du dogme.

CHAPITRE VI

Les Pauvres et les Humbles

—

Que le lecteur ne s'étonne point de nous voir
traiter ici des pauvres et des humbles. Certes, ils
n'étaient pas admis à entendre la parole des prédicateurs dans la chapelle royale, et c'est d'eux
cependant que les prédicateurs aimaient entretenir leur auditoire fortuné. Leurs misères et
leurs plaintes tiennent dans les préoccupations
du gouvernement de Louis XIV une grande place.
Tous les politiques, tous ceux qui ne se laissent
pas éblouir par les satisfactions et la splendeur
apparente du Régime conjecturent la gravité de
cette question sociale. Car c'est parfaitement une
question sociale, s'il est vrai que pour la résoudre

il ne suffit déjà plus d'en appeler aux espérances
d'une vie future et compensatrice ou à l'amour
évangélique de notre prochain. Bossuet n'est pas
le dernier à le comprendre. Il aime faire ressortir
brusquement le contraste de l'extrême richesse
et de l'extrême pauvreté ; mais ce n'est pas seulement pour faire honte aux courtisans devant
la loi de Dieu de leur égoïsme et de leurs insou-
ciantes prodigalités ; c'est pour leur faire entendre les rigoureuses exigences de la justice
sociale et émouvoir leur quiétude par la pers-
pective des revanches nécessaires qui s'exalte-
ront un jour pour détruire leurs privilèges. Il y
revient avec une insistance singulière. Ce n'est
plus seulement le développement du thème évangélique sur la dureté des riches, c'est la leçon
même de l'histoire ; c'est l'économie du xviie siècle
étalée sous nos yeux et telles apostrophes de l'orateur nous en disent peut-être plus long sur les
abus du Régime que les commentaires des socio-
logues.

On ne peut en effet bien connaître le luxe de
la Cour que si l'on sait de quel prix « la nation »
(l'expression est de Bossuet) est obligé de le
fournir. « C'est là qu'il faut que tous les métiers
suent pour parer des corps mortels ». Certes la
plupart des courtisans s'endorment dans la sécurité trompeuse d'une hiérarchie qui reste féodale
et encore respectée. Mais le prédicateur secoue
cette indolence. Et quels menaçants réveils il
prophétise ! « N'entendez-vous pas, misérables,
le cri de ceux que votre dureté laisse mourir de
faim ? » Ici comme toujours, par-dessus le présent, son regard perce le lointain et y découvre

la trame de l'histoire future. La Cour avait beau vivre à l'écart du peuple, l'observation amère et aiguë du peuple l'entourait et dans une haine silencieuse les haines couvaient qui font les révoltes. La bourgeoisie elle-même, riche mais plus envieuse encore que riche, devait perdre le sens qu'elle avait eu si clair de la vraie politique française quand elle décernait à Louis XIV le titre de Grand, et ne plus se souvenir que des abus et des excès.

On ne saurait nier d'ailleurs que la concentration de tout le luxe et de toutes les richesses à Versailles, surtout à partir de 1662, n'ait eu pour résultat fatal l'appauvrissement, sinon des provinces reculées qui n'avaient guère d'intérêts dans cette situation, du moins de la capitale, de l'Ile de France et des provinces circonvoisines. Les pauvres dont parle Bossuet, ce ne sont pas ceux qui sont à 150 ou à 100 lieues de Versailles, « ce sont ceux, Messieurs, dit-il aux seigneurs, qui meurent de faim à la porte de vos hôtels et dans vos avenues ». Ce régime sans doute va se maintenir encore un siècle et les excès croîtront jusqu'à la folie du scandale, mais l'histoire de la Révolution ne sera-t-elle pas la démonstration tardive et tragique des sentiments populaires ? Dans toutes les provinces où les nobles, rebelles aux séductions de la Cour, avaient de génération en génération vécu « sur la terre », avaient servi le peuple de leurs bienfaits et de leur protection, les pillages et les incendies de châteaux furent plus rares et les bandes nomades étrangères aux pays se heurtèrent souvent à une solide cohésion de l'aristocratie et du peuple. Toute la noblesse n'en paya pas moins de la perte de ses privilèges et de son influence les égarements d'une minorité.

Au premier abord, il est permis, si l'on entre dans les idées et les mœurs de la société polie du xviiᵉ siècle, de s'étonner de la place que tient dans l'œuvre oratoire de Bossuet le souci d'établir et de venger le droit des pauvres et des humbles, surtout quand il s'adresse à la Cour. Nous avons déjà eu l'occasion de citer quelques preuves de ces préoccupations, notamment dans nos deux premiers chapitres, mais le sujet vaut d'être étudié à part. En effet quand on retrouve par exemple sous les antithèses d'artiste d'un La Bruyère le contraste vrai du luxe et de la pauvreté qu'il dénonce si fréquemment ; quand on songe à ces mémoires présentés directement ou indirectement à Louis XIV sur la misère des temps présents, signés de Colbert et de Vauban, à ne citer que les noms d'hommes de gouvernement, il faut bien reconnaître que c'est à Versailles même que la question se pose. C'est pourquoi ne parlons point ici de « ces animaux farouches, mâles et femelles » répandus dans le campagne et qui méritent à peine de ne pas manquer de ce pain qu'ils ont semé, mais retenons cette parole d'une si poignante sincérité : « il y a des misères sur la terre qui saisissent le cœur. Il manque à quelques-uns jusqu'aux aliments. Ils redoutent l'hiver. Ils appréhendent de vivre ». — Et cela, on ne peut le nier, aux portes mêmes de Versailles.

Aussi des constatations et des enseignements de Bossuet l'idée ressort très vigoureusement formulée que la question de la misère ne se pose pas et ne doit pas être résolue autour de la Cour comme au fond du royaume ; c'est précisément ce qui donne à sa parole une force saisissante et une extraordinaire autorité, car les courtisans ne peuvent pas alléguer que ce n'est pas d'eux qu'il parle et lui opposer le « quid ad nos ? ».

*
* *

Pour donner à l'argumentation de Bossuet toute sa valeur, car c'est une argumentation, et très pressante, beaucoup plus qu'une adjuration, il est nécessaire de résumer, au moins très brièvement, ce que nous appellerions les causes du paupérisme autour de Versailles, si ces expressions ne pouvaient paraître trop prétentieuses. Nous choisissons Versailles parce que si à l'époque où Bossuet est prédicateur de la Cour, le Louvre, Saint-Germain, Saint-Cloud ne sont pas encore entièrement désertés, c'est à Versailles que se donnent les fêtes, si bien qu'on peut dire qu'à partir de 1664 au plus tard, c'est à Versailles, habité déjà de juin à septembre, qu'il faut aller contempler la Cour de Louis XIV.

Le contraste de la splendeur et de la misère y était en réalité effroyable comme dans toute ville factice et bâtie d'une seule volonté où plusieurs siècles n'ont pas lentement et assidûment apporté chacun sa part.

D'abord à Versailles il n'y a presque pas de bourgeoisie et par conséquent pas d'intermédiaires se subdivisant, se ramifiant, pour rejoindre l'extrême pauvreté à l'extrême richesse. Il n'y a que les deux extrêmes, sans gradation. A cette époque de communications difficiles et dispendieuses, l'éloignement des Palais de la Cour, Saint-Germain, Saint-Cloud ou Versailles, des faubourgs pauvres de Paris, a des conséquences pires que le partage de nos grandes villes en quartiers aristocratiques et en quartiers ouvriers qui après tout se compénètrent aisément. Ce sont deux mondes qui se regardent en défiance, ne se comprenant pas, ayant chacun sa règle, ses conceptions qui se résument d'un côté dans la béatitude de la jouissance, de l'autre dans l'âpreté des convoitises. On dira qu'il en fut toujours ainsi et qu'aujourd'hui, malgré tant d'œuvres philanthropiques et la dissémination du luxe, l'humble du xx° siècle ne voit pas d'un regard moins chargé d'envie se dérouler la file des équipages un jour de Grand-Prix que ne virent les humbles de jadis passer les carrosses de la Montespan ou de Mademoiselle de Fontanges. Soit.

Il est une raison autrement grave. Quand Bossuet prononce contre le luxe des riches ses terribles réquisitoires et cherche à apitoyer sur le sort des pauvres ses égoïstes auditeurs, le pauvre ce n'est ni le mendiant, ni le déchu, ni le déclassé ; c'est l'artisan : ce qui revient à dire que l'artisan est condamné à être pauvre, parce que le numéraire ne circule pas, renfermé dans les cassettes des grands seigneurs ; parce que le commerce, l'industrie, l'agriculture subissent mille entraves pour la production et la circulation ; parce que la surabondance des ouvriers d'art, tisseurs, joailliers, orfèvres, ébénistes, tapissiers, n'a pu trouver place encore dans les usines et les fabriques créées et multipliées par Colbert sans doute, mais dont les fondations sortent à peine de terre dans la plupart des provinces. La grande industrie a ruiné les ouvriers en chambre. Les jurandes et les maîtrises ne subsistent plus que par leurs mauvais côtés. Là où l'Etat a des fabriques, il fait venir des Suédois, des Poméraniens, des Vénitiens et des Danois ; là, — dans les provinces — où la main-d'œuvre est abondante, ce sont les fabriques qui manquent.

Mais voici la cause de plus de conséquence et que Bossuet développera aussi avec plus d'ampleur et de précision. Le peuple qui voit tant de prodigalités dans les dépenses de la Cour afflue aux alentours de la Cour comme à une source intarissable de richesses. Maçons, charpentiers, terrassiers et jardiniers, c'est près de 60,000 que la création de Versailles en rassemble des provinces ravagées par les guerres ou des campagnes sans rendement. Peintres, sculpteurs, décorateurs, lambrisseurs sont 25,000. Entre Saint-Germain et Saint-Cloud, Saint-Cloud et Versailles, Versailles et Marly, 30,000 ouvriers alignent les avenues royales.

La ville construite, combien leurs provinces en virent-elles revenir ? Mais voici que d'autres gens accourent qui comptent sur cette multitude d'emplois que dans son domestique la Cour traîne après elle. Nouveau leurre ! car la noblesse, quand elle a obéi à l'appel du Roi, a amené avec elle ses gens du fond de ses terres. D'autre part, les étoffes précieuses, les cuivres niellés, les meubles de marqueterie, les carrosses dorés et cloisonnés, les vaisselles d'or et d'argent, les tapis, les glaces viennent de Cologne, de Venise, de Milan, d'Oxford, de Saxe, de Thuringe. Il faut attendre plus de vingt ans avant de pouvoir en acheter communément en France. Louis XIV a mandé autour de lui les peintres, les sculpteurs, les architectes, les écrivains, mais non pas les industriels et les ouvriers d'art. En réalité ne peuvent trouver à vivre autour de la Cour qu'un nombre restreint d'ouvriers, pour les réparations, pour la culture des parcs, etc. La noblesse, il est vrai, dépense des sommes énormes, mais entre elle, pour le jeu et les fêtes. Les plus haut titrés se contentent d'appartements étroits, sans luxe. S'ils n'ont pas table chez le Roi, ils vivent mal chez eux.

Il y a ainsi à Versailles ou dans les alentours immédiats 30,000 personnes (estimation moyenne) qui ne sont pas des mendiants, mais d'excellents ouvriers inoccupés, et qui le disent au Roi dans une supplique respectueuse, avant le jour trop proche pour la monarchie où ils viendront le dire eux-mêmes dans la révolte. Admettons qu'un dixième vive tant bien que mal et sans honneur des reliefs des tables innombrables de la Cour, de quelques oboles lancées par la portière des carrosses, ou de besognes intermittentes comme de laver les carrosses et les chaises à porteurs ou « de ramasser les bicornes emportés par le vent, des postillons à grande allure », il en reste plus de 20,000 dont la misère se dresse devant l'image même du luxe et de la prodigalité. La sagacité de Bossuet est d'y d'avoir vu un péril social prochain.

*
* *

Il nous donne une idée sinon rigoureusement sociologique, du moins assez nette, de ce que c'est qu'un pauvre au xviie siècle. Alors comme aujourd'hui le terme admettait les interprétations les plus variées.

Pauvre d'abord, dans un certain sens, celui dont la dépense excède la recette. C'était une des définitions de La Bruyère : avec des millions de rentes on peut être pauvre de 500,000 livres. A ce compte, il n'y avait pas dix personnes à la Cour qui fussent riches. Aucune fortune n'était assise et rien n'est plus fréquent que la vente, par les créanciers, des terres et des châteaux. Bossuet le dit expressément en termes qui sont dans toutes les mémoires : « ces terres et ces seigneuries ramassées comme une province avec tant de soin et de travail se partageront en plusieurs mains et tous ceux qui verront ce grand changement diront en levant les épaules : est-ce donc là que devait aboutir toute cette grandeur formidable au monde ? Représentez-vous un homme, dit-il ailleurs, qui est né dans les richesses et qui les a dissipées par ses profusions ; il ne peut souffrir sa pauvreté. Ces murailles nues, cette table dégarnie, cette maison abandonnée et où on ne voit plus cette foule de domestiques lui fait peur : pour se cacher à lui-même sa misère il emprunte de tous côtés ; il remplit par ce moyen, en quelque sorte, le vide de sa maison et soutient l'éclat de son ancienne abondance ». Désastres inévitables dans un monde où il était d'obligation de dépenser selon sa fonction et non selon son bien. Il y avait donc là aussi des misères pitoyables. Des familles furent trop heureuses de s'évader de la Cour quand il leur restait un coin de terre. L'on ne voit pas en quoi, parce qu'elles s'adressaient à des jeunes filles nobles d'illustres familles ruinées, des fondations comme Saint-Cyr révéleraient moins d'amour des pauvres et de préoccupation de leur sort que la fondation des « Jeunes Orphelines » créée à Meudon par la Dauphine pour les filles du peuple.

Mais on ne s'attend pas à ce que Bossuet prenne beaucoup la défense de cette sorte de pauvres qui paient leurs sottes prodigalités ou celles de leurs ancêtres.

Il y a des pauvres moins intéressants encore qu'il nous dépeint en termes véhéments, indignés : « pauvres impudents que les riches nourrissent trop bien ». Que le vrai pauvre vienne réclamer sa subsistance : il n'aura rien. « D'autres pauvres plus pressants et plus affamés ont gagné les avenues les plus proches et épuisé les libéralités à un passage secret ». Ce sont les faméliques, complices louches, pourvoyeurs de vices, parasites, basses maîtresses, entremetteurs, qui ont reçu par une porte dérobée le salaire de leurs viles besognes.

Enfin, comment on peut être pauvre, sans être ni prodigue, ni malhonnête, ni paresseux, Bossuet va maintenant nous le dire, avec une éloquence saisissante qui éclaire l'avenir d'une lueur prophétique. Il faut lire surtout entre beaucoup d'autres son sermon du Mauvais Riche donné au Louvre en 1662 alors que se faisaient cruellement sentir les suites de la disette de 1661, et celui de l'Eminente Dignité des Pauvres.

« Accoutumés à surmonter leur pauvreté par leur travail et leurs sueurs », ces misérables voudraient travailler, mais le travail manque. Ils n'ont en mains que leurs outils et encore Colbert vient-il à peine de les faire décréter insaisissables. « Ils meurent de faim sur vos terres, dans vos châteaux, Messieurs... ; ils meurent de faim, Messieurs, à la porte de vos hôtels » !

Il y a bien des hôpitaux, des hospices, mais si rares pour le nombre des infortunés ! et quels lamentables refuges de la misère, si nous en croyons l'orateur ! « La dureté de nos cœurs y laisse, dit-il, les pauvres et les malades mourir de faim et de pénitences ». Et il n'exagère pas. La première année de son séjour à Paris, il avait pu en parcourir plusieurs avec saint Vincent de Paul et constater l'affreux dénûment de la plupart, constaté, avoué par tous les Mémoires de l'époque.

La faute en était que les hospices vivaient au jour le jour, sans aucune organisation. Un noble donnait ou léguait une somme souvent considérable. On l'épuisait dans la fondation de l'œuvre et il ne restait plus aucune rente fixe ou suffisante pour l'entretien des hospitalisés. Chaque jour devait suffire à sa récolte et saint Vincent de Paul lui-même, dont ce fut pourtant le rôle que d'organiser la charité, entretint précairement pendant trente ans de multiples et énormes fondations.

Le cortège des « misérables », enfants sans pain et sans joies, mères qui désespèrent de pouvoir trouver la nourriture de ceux qu'elles ont mis au jour, hommes que tourmente l'angoisse de ne pas laisser leurs enfants manquer d'un peu de pain, s'achemine vers la mort qui les délivre de vivre. A leur extrême vieillesse, à leurs maladies engendrées par les privations, le luxe qui s'efforce de s'épuiser en tant de superfluités ne sait pas même réserver un abri digne et sûr ! O sécheresse de notre cœur ! ô dureté du temps. Ou les riches n'abaissent pas leurs regards aux peines des misérables, ou s'ils veulent leur apporter quelque soulagement, ils ne savent presque plus, de l'excès de biens où Dieu les a placés, comment il faut compatir aux souffrances des pauvres.

Les pauvres ! Vivement ému par leur détresse, Bossuet y revient toujours (1). Tantôt il sollicite les membres de la famille royale de faire pour la gloire de Dieu, quelque établissement en faveur des pauvres. Tantôt il dit au roi qu'il est plus séant à Sa Majesté d'être charitable pour les humbles et de faire montre de sa bonté envers ses peuples que de sa puissance envers ses ennemis. S'adresse-t-il à la jeune reine, c'est pour l'adjurer de soulager les pauvres au nom de l'enfant qu'elle porte dans son sein : « Puissions-nous ainsi, Madame, changer en actions de grâces les vœux continuels que nous formons pour votre heureux accouchement » ! Quelques années plus

---

(1) Le 5 septembre 1702, Bossuet tenait à Meaux son dernier synode. Il avait encore à vivre vingt mois, mais dans l'étreinte d'une si cruelle maladie qu'il pouvait se croire tout à la veille de sa mort. Son discours synodal était un testament. On l'entendit donc avec émotion y résumer le souci de toute sa vie : le soulagement des pauvres, l'intégrité du dépôt de la doctrine et du dépôt de la discipline.

tard, il lui dira : « Puisse ce jeune prince, le
digne objet de votre tendresse, apprendre de
vous la bonté envers les peuples » !

Parfois c'est la Cour tout entière qu'il tente
d'émouvoir, les fortunés du siècle à qui la faveur,
les richesses, le crédit et l'autorité font trouver
la vie si commode et qui, dans leur état paisible,
semblent être exempts des misères qui affligent
les autres hommes. Il leur rappelle que Dieu
cependant mélange de manière égale et proportionnée les maux de toute condition. Il les invite
à la charité, avec une juste mesure, sans excès.
Il comprend leur état et ses exigences. Il ne leur
demande pas d'abandonner leurs richesses et de
macérer leurs corps, mais seulement de jeter les
yeux sur les pauvres malades de Jésus-Christ, de
descendre à leurs misères par la compassion, de
se charger volontairement d'une partie des maux
qu'ils endurent, de leur prêter des mains charitables, et de les aider à porter cette croix sous
le poids de laquelle on les voit suer et gémir. Il
n'est que juste de reconnaître que ces appels ne
restaient pas sans écho.

C'était l'époque où saint Vincent de Paul trouvait des millions. Les Princesses fondaient des
hospices. Marie-Thérèse en fonda deux à Versailles, un à Saint-Germain, deux à Meudon, un
à Saint-Cloud. Henriette de France en avait fondé
un à Chaillot, Madame deux à Saint-Cloud et deux
à Fontainebleau. Le père d'Anne de Gonzague
avait fondé une œuvre pour marier annuellement
« soixante » jeunes filles ! La duchesse elle-même,
dit l'Oraison funèbre, en mariait aussi tous les ans
ce qu'elle pouvait. Elle avait aussi fondé une

œuvre pour les vieilles femmes. Le Roi combla
de libéralités immenses le Val-de-Grâce, les En-
fants-Trouvés et les sociétés de charité récemment
fondées. C'est avec ses largesses que furent fon-
dés à Rueil et à Montmorency les ouvroirs pour
orphelines. Bossuet pouvait lui dire à la suite de
cette dernière fondation, qu'au milieu des plus
grandes prospérités il ressentait les douleurs
saintes qui saisissent les cœurs charitables à la
vue des afflictions, et qu'il avait appris à connaître de la Régente, sa mère, les pieuses inquiétudes qui le travaillaient en faveur des misérables. Sur l'invitation de la Reine, les dames de
la Cour s'étaient groupées en « charités ». On
organisait en même temps à Paris l'œuvre des
Bouillons, déjà connue en province, et pour
laquelle Bossuet avait prêché à Metz en 1657. Il
était lui-même le distributeur d'aumônes considérables qu'il recevait en descendant de la chaire,
quand il avait parlé avec tant d'onction et une
sensibilité si pénétrante du fardeau de la douleur
et de la pauvreté. Les demoiselles d'honneur de
la Reine, assez sévèrement tenues par Marie-
Thérèse qui avait trop de raisons de se souvenir
des demoiselles d'honneur de Madame, recueil-
laient dans leurs promenades des fillettes du
peuple, les élevaient et la Reine les dotait.

La plupart des nobles étaient personnellement
charitables, ils l'étaient même souvent avec faste
et prodigalité. Les Mémoires nous fourniraient
des centaines de preuves de « leurs bontés pour le
peuple ». Qui ne se rappelle, par exemple, dans
Saint-Simon, Mme la Chancelière qui rencontre
une fillette « du bas peuple », dont le gentil

minois aurait « aisément trouvé pratique », et qui la recueille et l'élève ?

Mais ces charités même décuplées n'auraient pas comblé l'étendue des maux, et Bossuet ne faisait que traduire le sentiment de la réalité, c'est-à-dire de l'impuissance du Roi et du Régime lorsque, constatant que Louis XIV ne demandait pas mieux que de répandre du bonheur autour de lui il ajoutait : « Si je commence à jeter les yeux sur la puissance des hommes, je vois dans tout le pouvoir humain je ne sais quoi de très resserré, en ce qu'il ne peut pas faire d'heureux et se croit souvent obligé de faire beaucoup de misérables ». Autant dire : vous êtes charitables, je l'accorde, mais l'état social en lequel vous vivez est si défectueux qu'il ne vous permet de remédier au mal que dans une mesure médiocre. C'est qu'en effet les charités privées ne suffisaient plus. C'était en masse qu'il fallait secourir les pauvres. Il fallait plus que la charité ; il fallait l'assistance sociale, et déjà en 1657, prêchant à l'Hôpital Général, qui était par exception remarquablement organisé : « Ne semble-t-il pas, demandait Bossuet, que la Providence ait voulu unir ensemble les pauvres dans cet hôpital merveilleux afin que leur voix fût plus forte et qu'ils pussent plus facilement émouvoir vos cœurs ? »

Le mal était donc grand, pas plus grand peut-être qu'en aucun autre temps, puisque rien n'est plus mobile que la richesse. Il faut nous garder de la déclamation dans un sujet qui y prête tant. Le malheur était qu'on entrait dans une de ces époques de crise latente qui aboutissent tôt ou tard à un bouleversement et où la souffrance est tout proche de prendre conscience d'elle-même. Chaque jour déjà, avant l'aurore de ce long règne, avait grandi l'exaspération des fléaux de la guerre extérieure et de la guerre civile, et voici maintenant que sous ce règne si glorieux, si attendu, les guerres extérieures redoublent et que l'insouciance d'une caste peu nombreuse épuise plus sûrement la nation que deux guerres civiles ! Ce n'est pas sans un frémissement qu'on entend Bossuet parler d'une « populace furieuse qui dans une sédition demande arrogamment, toute prête à arracher si on lui refuse ». Ce sera en effet dans un siècle, Turgot obligé de repousser 20,000 paysans qui sur la Place du Château crieront : du pain ! du pain ! Ce sera dans les émeutes des 5 et 6 octobre 1789 les mégères ramenant le Roi et Marie-Antoinette aux cris : du pain ! du pain ! — Remarquez que les révoltés de Turgot choisissaient bien mal leur moment, puisqu'ils protestaient sottement contre l'Edit de libre circulation des grains qui termina l'ère des famines chroniques qui désolaient chaque année trois ou quatre provinces; — et que si le peuple manquait de pain en octobre 1789, la faute n'en était pas à Louis XVI impuissant. Mais on criait : du pain ! par habitude, parce qu'autrefois, quand la Royauté vivait elle-même fort précairement, on avait eu raison de le crier. Tout le monde sait que ces deux mots sont d'une efficacité magique pour ruiner un gouvernement. Bossuet avait tout de même raison d'être sévère et d'évoquer devant ses auditeurs le spectre d'un avenir tragique auquel il n'était peut-être pas tout à fait seul à songer. Tel aussi, mais plus tard, La Bruyère opposant à des gens qui touchaient six-vingt mille livres de revenus, six-vingts familles indigentes qui ne se chauffent point pendant l'hiver, qui n'ont point d'habits pour se couvrir et qui souvent manquent de pain », et se demandant dans une interrogation d'une équivoque prudente si cela ne prouve pas clairement un avenir.

* *

Ce contraste entre le luxe et la misère est donc, nous l'avons dit parce que Bossuet le laisse entendre, la faute du Régime, mais ce serait un prétexte trop commode pour dégager la noblesse de toute responsabilité. Elle était l'armature du Régime, elle lui donnait sa forme. Jusqu'où elle devait s'accuser, le prédicateur va le lui démontrer avec une précision qui manque aux autres moralistes : « Leur grandeur les rend dédaigneux ; leur abondance, secs ; leurs félicités, insensibles, encore qu'ils voient tous les jours non tant des pauvres et des misérables que la misère elle-même et la pauvreté en personne pleurante et gémissante à leur porte ». Point de longues réflexions, des faits seulement, mais accablants.

D'abord l'étalage du luxe, légitime ou non, est une provocation : « O riche superbe et impitoyable ! si tu entendais la voix de Dieu, pourrait-elle pas obtenir de toi quelque retranchement médiocre des superfluités de ta table? Pourrait-elle pas obtenir qu'il y eût quelque peu moins d'or dans ces riches ameublements dans lesquels

tu te glorifies ? Et tu ne sens pas, misérable, que
la cruauté de ton luxe arrache l'âme à cent
orphelins ? » Magnifique mouvement d'indignation et qui ne s'explique que trop quand on pense
que des malheureux sans pain qui avaient pu
voir à travers les grilles fermées du Palais
quelques girandoles, quelques lueurs des em-
brasements, entendaient parler le lendemain de
cavernes de viande froide, de châteaux de mas-
sepains, de montagnes de confitures, de bosquets
d'arbres d'où pendaient des fruits confits, de ceri-
siers transplantés pour un jour des terres de La
Quintinie, de cascades et de fontaines d'eaux
parfumées : le tout livré après le passage de la
Cour au gaspillage des faquins et de ces pauvres
impudents et malhonnêtes que Bossuet flétris-
sait tout à l'heure.

Trop de dureté aussi de la part de la noblesse
pour exiger des pauvres gens leurs dettes, fer-
mages, redevances, dîmes et impôts, malgré les
années de mauvaise récolte et les hivers terribles
comme celui de 1659. Que la noblesse engagée
dans des dépenses excessives apporte plus d'âpreté
à exiger ses droits, on le comprend, mais c'est un
fait, ce n'est une excuse ni chrétienne, ni sociale,
« Il y a des temps malheureux où c'est une
cruauté et une espèce de vexation que d'exiger
une dette ». Ce n'est pas dans un sermon sur la
charité que Bossuet parle ainsi, remarquez-le
bien. C'est dans un sermon sur la Justice. Ce
n'est donc pas d'hier que de nobles esprits ont
voulu transporter cette question de l'aide aux
pauvres du domaine de la charité dans celui de la
justice et faire d'une faveur libéralement octroyée

un droit imprescriptible. « Ce peu que vous arra-
chez aux pauvres qui travaillent sur vos terres
n'est pour vous qu'une goutte d'eau dans un
gouffre, alors que pour eux c'est le pain d'une
année et l'avenir de leurs enfants ». Ce sont des
jugements vraiment sévères, mais, sans vouloir
en rien les atténuer, l'impartialité oblige de
reconnaître que c'est à partir de cette époque
précisément que devinrent de plus en plus fré-
quentes les remises des droits féodaux, si bien
que, lorsque sonna l'heure de la fameuse nuit du
4 août, les nobles n'avaient plus grand'chose à
sacrifier sur l'autel de la patrie.

Ils n'avaient plus que l'amour des privilèges.
Le xviie siècle avait été l'apogée du privilège, de
l'idée du privilège beaucoup plus que de la pratique du privilège. Les grands seigneurs étaient
entêtés de cette idée. Bossuet leur adresse la plus
curieuse des leçons. Voici en quelle manière.
Cette idée du privilège s'impose tellement à tous,
à lui comme aux autres, que tout un sermon, le
chef-d'œuvre peut-être de ses sermons, celui de
l'Eminente Dignité des pauvres dans l'Eglise, a
pour idée maîtresse le renversement des privilèges devant la justice de Dieu. Isolez cet admirable discours de l'époque et du milieu, sa forte
beauté se dérobe. Le privilégié, c'est ici-bas le
noble, soit ; mais ce sera plus tard le pauvre. Il
n'est pas question d'égalité, tant cette société, pas
plus les grands que les humbles, en concevait
peu l'idée ; mais habitués aux disgrâces, aux élé-
vations et aux chutes soudaines, aux retours ines-
pérés de la fortune, les courtisans ressentaient
quelques frissons à entendre Bossuet leur dire

qu'un jour, par-devant un tribunal sans appel, eux, les riches, paraîtraient pauvres, perdus dans la foule commune, et que les humbles, les pauvres d'aujourd'hui, auraient alors les premières places dans le royaume de Dieu.

C'est d'ailleurs dans d'autres sermons encore que Bossuet traînait son auditoire de courtisans, sans suite, sans privilèges, déchus de leur rang, au tribunal de Dieu, au terrible jugement dernier, pour être jugés devant la foule comme de simples mortels. « Fasse le Ciel que j'adore que tant de grands ne perdent pas leur rang en ce jour ! » Nous dirions aujourd'hui aux riches : « Secourez les pauvres, vos égaux et vos frères devant l'Evangile ». On leur dit au xviiᵉ siècle : « Prenez garde ! Plus tard les pauvres seront au sommet, vous serez en bas, et vous aurez besoin de leur appui. C'est à eux que seront échues les premières places de chaque côté du trône de Dieu et la dispensation de toutes les faveurs ». Seulement, comme à l'époque où parlait Bossuet les nobles ne pouvaient prévoir qu'une révolution viendrait qui, ici-bas, renverserait leurs privilèges, ils ne voyaient d'autre échéance possible aux prédictions de Bossuet que l'heure de la mort et, en attendant, ils voulaient jouir de leurs privilèges au point d'ajouter à ceux qu'ils avaient de par l'ordre établi ceux qu'ils n'avaient jamais eus, et toujours pour l'oppression des petites gens et du bas peuple. L'orateur nous instruit de « ces pratiques abominables ».

C'est ainsi d'abord que, devant les juges, le pauvre ne peut avoir raison contre la noblesse. Celle-ci « a entrepris de dominer les lieux

augustes où se rend la justice ». Quelque effort
qu'il fasse, le pauvre n'arrive jamais à se faire
entendre... « Les magistrats exagèrent la rigueur
de leurs ordonnances et le bon droit leur paraît
toujours embrouillé jusqu'à ce que le riche parle ».
Ils se soucient plus de leur avancement que du
droit : « pour s'allier aux riches ou monter aux
honneurs, ils faussent l'esprit de la loi, se jettent
dans les intrigues, les partialités, les voies irrégulières et extraordinaires; ils ne visent qu'à
s'agrandir ; ils changent en souplesse le rigide et
inexorable ministère de la justice et, par leur
bouche, ce ne sont pas les lois qui gouvernent,
ce sont les hommes ».

C'est bien le cas de dire que voilà un véritable
réquisitoire. Il est cependant quelques magistrats
honnêtes, mais que de risques ils courent !
Bossuet cite une espèce. Qu'un magistrat s'avise
de faire son devoir dans un procès comme il en
arrive tous les jours : la restitution d'un bien volé
à quelqu'un de la roture ; aussitôt, les nobles de
sa province se lient entre eux contre lui, font
appel à leurs alliances, à leurs parents, à leurs
amis, à leurs protégés, et ils arrivent ainsi à
engager tant d'intérêts, tant de promesses et tant
de haines, que la justice est contrainte de se
retirer. Et que pouvaient faire en effet les magistrats contre la noblesse dont l'influence était
encore si grande sur ses terres et qui gardait
toutes les avenues par où on accédait au Roi?
Donc, qu'un humble, un petit, un pauvre, s'engage
dans un procès contre un noble, son sort est
décidé d'avance. On achève de le ruiner, dit
Bossuet, par des lenteurs calculées, on le dépouille

de ses biens ; on lui vole le peu de terre que ses ancêtres lui ont laissé pour ne pas mourir de faim lui et ses enfants ; on l'oblige de désespérer ou de solliciter son pain, pour lui prendre une masure et un demi-arpent qui seront ajoutés à des terres immenses comme une goutte d'eau à un océan.

L'histoire n'était pas neuve alors et nos mœurs l'ont peut-être rendue caduque. Mais voilà des accusations terriblement précises pour un prédicateur qui parle, ne l'oublions pas, devant la Cour ! Pour accuser ainsi la magistrature en bloc (voyez l'oraison funèbre de Michel Le Tellier, magistrat « honnête et rigide », mais une exception !) pour l'accuser de complicité dans les exactions de beaucoup de nobles et dans le brigandage de quelques autres, il fallait une hardiesse dont nous ne retrouverons, croyons-nous, aucun autre exemple au XVIIe siècle, car si La Bruyère n'est pas tendre non plus pour les magistrats, il se défend de toute malice, et Fénelon écrit à une heure où tous les appuis du régime craquent et où le respect de la hiérarchie est trop ébranlé pour qu'on risque beaucoup à le secouer un peu plus.

*
* *

De ce qui précède, il résulte assez clairement que quelques nobles, malgré toute la « délicatesse » de la Cour, en étaient restés à la rude notion féodale du droit, et qu'ils ne se croyaient point obligés de respecter les droits de qui ne pouvait défendre ces droits. Pour eux, les humbles, « le bas peuple », comme dit Saint-Simon

avec tant de mépris, sont toujours taillables et
corvéables à merci. Evidemment, ces nobles ne
sont qu'une minorité et leurs agissements sont si
bien un reste des institutions féodales, ils distin-
guent si parfaitement entre le droit féodal qui
n'est que la loi du plus fort ou du plus privilégié,
et le Droit, formule de l'éternelle et absolue justice, que Bossuet les montre à l'heure de la mort,
se hâtant de restituer les masures et les arpents
extorqués par arrêt de justice aux pauvres leurs
voisins, et, pour faire taire la colère de Dieu et
opérer le redressement tardif de leurs injustices,
y ajoutant la donation de quelques biens qu'ils
ne peuvent emporter avec eux.

Il ne faut pas juger de la France d'après la
Cour, car en beaucoup de provinces les distinctions tendaient à s'effacer et le bien-être pénétrait
les plus humbles conditions. Les nobles y étaient
sans morgue, les paysans et les artisans sans
haine. Mais il ne faut pas oublier que Bossuet est
prédicateur de la Cour, qu'il décrit ce qu'il voit
et que c'est contre les mœurs qu'il observe qu'il
élève son éloquence. Il avait raison de dire que
l'extrême misère subsistait en face de l'extrême
richesse, et que dans un espace très resserré, on
rencontrait comme deux mondes qui semblaient
ne se point connaître.

Or, la charité, la bienfaisance, la compassion
peuvent atténuer les défauts d'une société, elles
ne les suppriment pas. Cette société souffrait
d'au moins deux défauts dont Bossuet n'a pas
développé les conséquences, mais que sa clairvoyance a nettement saisis.

D'abord la méconnaissance des principes les

plus élémentaires de la solidarité économique.
Une classe produit, livre le produit de son travail et reçoit peu en échange ; une autre classe
reçoit, dépense et ne garde rien. Chacune s'imagine qu'indépendante et isolée elle est à elle-
même une société complète. Il y a quelque chose
de pire que l'orgueil enflé par les richesses, c'est
que le riche croit n'avoir pas besoin du pauvre,
et de même le pauvre croit que si c'était lui qui
fût le riche, et le riche le pauvre, le monde en
irait mieux. Les nobles se réclamaient de privilèges dont le peuple ne comprenait plus la nécessité ; le peuple de son côté se réclamait de droits
encore trop obscurément définis et que les nobles
en tout cas n'étaient pas encore au moment de
lui reconnaître.

L'opposition était d'autant plus vive que l'excès
du luxe avait entièrement faussé la notion de
l'argent qui n'est qu'une valeur d'échange.
Bossuet l'a dit dans des termes familiers et d'une
clarté limpide : « Deux médecins ne composeront
jamais une société, mais le médecin et le labou-
reur.... Je vous donne mon blé, mais j'aurai besoin
d'un logement dans quelque temps... Vous n'avez
pas de quoi m'accommoder ! Vous substituez de
l'argent en la place du logement que je demande ».
Or, à quoi sert alors l'argent ? A des échanges
réguliers, déterminés par la loi des conditions ?
Non pas. Ecoutons-le encore lui-même : « La
pauvreté n'est plus opposée à la nécessité, mais
au luxe... les bornes de la nature sont trop étroites
pour les excès de la cupidité... le besoin d'argent
passe celui des conditions... on en arrive à appeler
nécessité non seulement le nécessaire, le bien-

séant, le commode, le plaisant, mais le mou, le
superflu, le voluptueux, la folie malfaisante de
la prodigalité ». Tout l'argent du royaume pourrait s'y absorber. A côté, il y a les petits, les
humbles, le peuple aux mains de qui l'argent est
si rare qu'il doit se borner aux échanges de
nature, c'est-à-dire à livrer son blé contre un
logement.

Encore une fois, nous sommes à la Cour et
dans les alentours des villes fastueuses et factices
où trône la royauté. Nous ne sommes pas en province où le noble fait le bien sur le peu qu'il a
et possède bien moins d'écus que le marchand
de la ville voisine. Malheureusement, c'est au
milieu des foules des capitales que dans un Etat
absolu et centralisé germent les révolutions. Le
commentaire des paroles de Bossuet est facile et
dicté mot pour mot par les enseignements de l'histoire. L'argent ne répond plus à la réalité. Les
revenus ne se touchent qu'en médailles d'or,
comme dit La Bruyère. On ignore les ressources
de la spéculation moderne. La noblesse de Cour
ne pense pas à obtenir l'argent nécessaire à son
luxe d'un meilleur rendement des terres et d'un
fonctionnement plus élastique des lois écono-
miques, desquelles au surplus on ne parle encore
que dans les bureaux de Colbert. La grande
noblesse l'attend des pensions et des dons du roi
et Bossuet le lui a assez reproché et en quelles
paroles cinglantes ! « Elle se rue aux pieds du roi
pour se hausser jusqu'à sa bourse ! » La noblesse
de robe et les traitants l'attendent de l'exercice
de charges achetées d'ailleurs très cher ; les magistrats du commun l'attendent des « épices » et des

gratifications des plaignants... Au bout du compte, quelqu'un doit forcément fournir de quoi frapper les médailles d'or ; ce sont les marchands, les fabricants, les artisans et les paysans.

Où tracer la ligne de démarcation entre le Régime et les abus du Régime ? Régime de droit divin, dit Bossuet ; abus insupportables, dit-il encore. Pour nous, il est bien certain que nous sommes volontiers portés à croire que les abus se confondaient avec le Régime et que nous ne comprenons pas toujours comment un homme comme Bossuet pouvait admirer gravement l'ordonnance d'un Régime qu'il voyait si impitoyablement envahi par tant d'abus. Et cependant, il y a dans le même temps quelqu'un, — et qui n'est ni un spéculatif, ni un idéologue, ni un théologien, — à penser comme Bossuet et à croire inébranlablement qu'on peut débarrasser le Régime de ses abus. C'est Colbert. Certes, les dossiers de ses enquêtes innombrables lui révèlent bien autant d'abus qu'a pu en voir l'orateur sacré dans la conscience de ses auditeurs ou de ses pénitents. Pourtant, le Régime est pour lui intangible, appuyé d'un fait aussi déterminant et moins contestable que la théorie du droit divin : la possession politique ; et lui aussi, ce n'est qu'aux abus qu'il s'en prend.

C'était tout de même de rudes abus ; et peu importe le principe sur lequel prétendait s'appuyer le Régime si c'était le faîte qui menaçait de s'écrouler. Quand on examine cet édifice, on songe à une des plus belles images de Bossuet et l'on s'attend toujours à voir le comble s'abattre sur les murailles et les murailles s'abattre sur le fondement. Il faut avouer d'ailleurs que ceux qui à l'époque s'avisaient de vouloir reconstruire l'édifice pour y pouvoir abriter indistinctement les riches et les pauvres, les grands et les petits, n'étaient pas heureux dans leurs conceptions.

Pour les pauvres, pour les artisans laborieux, mieux valait encore habiter Versailles que la république de Salente. Du moins, dans cette Cour dont nous ne redirons peut-être jamais assez qu'elle fut insolente dans son luxe, insouciante, égoïste, légère, Bossuet faisait entendre, aux fortunés des biens de la terre, la seule doctrine qu'ils fussent alors capables de parfaitement comprendre : celle de la nécessité de la charité et de l'éminente dignité des pauvres dans l'Eglise de Dieu : « En vérité, un jour viendra, mes frères, où il vous sera demandé plus de compte de la superbe de votre luxe que des aumônes que vous n'aurez pas faites, où une faible aumône ne pourra racheter la délicatesse de votre vie ».

CHAPITRE VII

Les Libertins

—

On se doutait bien qu'au xviiᵉ siècle la religion n'avait pas à beaucoup près dans les mœurs la place qu'elle occupait dans l'Etat ; mais c'est récemment, lorsque la critique a recherché en plein siècle de Louis XIV les germes de l'incrédulité épicurienne du xviiiᵉ, lorsque surtout la lumière a été portée dans les mystères à peu près insoupçonnés des messes noires, de la magie et de la sorcellerie, que l'on a pu commencer à mesurer non seulement la profondeur et l'étendue de l'incrédulité, mais la perversion de l'idée religieuse dans un siècle où la gloire de Louis XIV semblait rayonner avec la gloire de Dieu, au-dessus des autels, dans les lourdes dorures de la chapelle de Versailles. On comprend mieux alors pourquoi Bossuet en revient presque toujours à ce sujet y apportant toute l'ardeur de son éloquence et l'âpreté de sa controverse ; pourquoi

Bourdaloue s'irrite contre ces monstres qui ne
voient le soleil de Dieu que pour le nier ; pourquoi La Bruyère ajoute tardivement à ses Caractères, après s'être quelque part refusé de se prononcer sur la magie, un long, très étudié, très
serré chapitre sur les Esprits forts ; pourquoi par
la Révocation de l'édit de Nantes, Louis XIV
cherchait à atteindre surtout les rationalistes et
les libertins, ce qui ne légitime d'ailleurs ni la
Révocation ni sa déplorable exécution ; pourquoi
Fénelon se contente, pour prouver l'existence de
Dieu, de renouveler les arguments les plus simples et les plus connus de l'école.

Eest-ce que au surplus le fait que tant de
seigneurs se sentirent atteints par Tartufe ne
prouverait pas que de la religion ils avaient
surtout « la montre et la grimace », pour
employer les énergiques expressions de Bossuet ?

Un courant libertin, épicurien, matérialiste,
s'est infiltré dans les lettres et dans les mœurs.
Il s'y étalera bientôt. On pourrait dire qu'en ces
matières aussi ce siècle extraordinaire a vu
« l'extrémité des choses », d'un côté le rigorisme
du jansénisme ; de l'autre l'insouciance légère à
porter les responsabilités de la religion, et même
une ébauche de satanisme. Il est vrai qu'on s'agite
autour de la grâce efficace ou de la grâce effi-
ciente ; autour de la Bulle « Unigenitus », des
libertés gallicanes, du quiétisme. Mais qui ne
sait à quel point les questions politiques ou les
questions de personnes y sont engagées ? Et puis,
qu'est-ce que cela prouve ? « Rien ! » c'est Bossuet
lui-même qui répond : Rien n'excite de plus
grands tumultes parmi les hommes que la reli-

gion, rien ne les remue davantage et rien en
même temps ne les remue moins. En voulez-vous
voir une preuve ? A présent que je suis assis
dans la chaire de Jésus-Christ et des Apôtres, que
vous m'écoutez avec attention, si j'allais (ah !
plutôt la mort !) si j'allais vous enseigner quelque
erreur, je verrais tout mon auditoire se révolter
contre moi. — Or, il venait de dire à ses auditeurs que rien ne leur servait moins dans leur
conduite que la religion et qu'elle était bien la
dernière chose qu'ils eussent souci de consulter.
Il en faut donc conclure, sur un témoignage
irrécusable, que les discussions théologiques et
scolastiques et les arguties de la terminologie, si
elles n'ont jamais été en aucun temps, n'étaient
pas davantage au XVIIe siècle, la preuve que les
croyances fussent plus sincères et les mœurs
plus conformes aux préceptes !

Que dis-je ? Toutes ces discussions dont doivent
pourtant s'occuper, pour leur répercussion, des
manuels même élémentaires de littérature et
d'histoire, ne font même pas qu'il y ait eu alors
une question religieuse. Si l'on excepte bien
entendu les auteurs apologétiques et les prédicateurs (encore ne faudrait-il regarder de trop
près ni le P. Lejeune, au début du règne de
Louis XIV, ni Massillon à la fin), tous les
ouvrages qui traitent du siècle et qui nous le
décrivent, mémoires, lettres, gazettes, théâtre,
maximes, romans, poèmes ou fables n'offrent que
très rarement des allusions ou des préoccupations religieuses et spiritualistes. Par exemple,
La Bruyère lui-même, ce n'est qu'à la fin du
livre qu'il s'aperçoit que Dieu en est jusqu'ici

absent et il l'y rattache comme il peut. Boileau écrit son Epitre sur l'amour de Dieu, celle que Bossuet appelle un hymne céleste, mais elle est insupportable. En somme, la question religieuse ne se pose même pas. Au contraire, de notre époque prenez un nombre égal de livres et du même genre. Sous des formes nuancées à l'infini, depuis l'athéisme le plus irréductible jusqu'au mysticime le plus panthéiste, qu'ils traitent de politique ou de sociologie, de la haine ou de l'amour, de la joie ou de la mélancolie, ils rencontrent un moment ou l'autre la question religieuse, quelquefois de la manière la plus imprévue. Souvent ils en sont remplis, ils en débordent. Et nous ne disons certes pas qu'il en résulte un bénéfice quelconque pour la foi et la pratique religieuse. Nous voulons simplement montrer par contraste jusqu'où s'étendait l'indifférence religieuse sous le règne de Louis XIV.

Or la constatation a de l'importance, car, à côté de cette indifférence religieuse qui se repose sur les vérités acquises, l'incrédulité toujours active grandit sans qu'on s'en aperçoive. Il faut le regard pénétrant de Bossuet pour la découvrir « en ses cheminements et ses approches », sous ce majestueux appareil de la hiérarchie qui fait de l'Eglise le premier ordre de l'Etat. Telle est pour la multitude l'ignorance du péril que les célèbres apostrophes de l'orateur sacré aux libertins provoquent d'abord une grande surprise. On n'est pas loin d'y voir un ressouvenir de quelque Père de l'Eglise et comme toujours, quand il s'agit de Bossuet, on ne pense pas que le mal qu'il dénonce est dans la place. On ne retient de sa pressante argumentation que les affirmations dogmatiques sur l'existence de Dieu et de l'âme, — et elles pourraient être aussi bien de saint Augustin ou d'Origène, — et on la dépouille de tout ce qui est relatif au milieu et au moment. Combien cependant pouvaient se reconnaître à la définition qu'il donne du libertin !

**

Rappelons tout de suite que ce mot n'avait point nécessairement ni d'abord, le sens de débauché, ni même de viveur. Il ne signifiait qu'allure indépendante, vagabonde et primesautière. Madame de Sévigné se déclare libertine quand elle écrit et l'on sait bien que la gracieuse marquise n'a rien de la langue de Marguerite de Navarre. Sainte-Beuve cependant, faisant allusion aux mœurs du cardinal de Retz, a cru devoir dire : « sobre sur le manger, il était extrêmement libertin ». Mais ce n'est certainement pas le sens de Bossuet, ni de Bourdaloue. Il est rare qu'ils reprochent aux libertins leurs mœurs : c'est assez de leurs blasphèmes et de leurs railleries. Ils les poursuivent dans leur incrédulité et leur indifférence, leur premier souci est d'entasser contre eux tous les arguments de la Bible, de la science et de l'école. Ils cherchent à les convaincre d'orgueil, de suffisance et d'ignorance, beaucoup plus qu'ils ne cherchent à leur faire honte de vices et de débauches ; — ce qui ne veut pas dire d'ailleurs qu'ils en font des stoïciens de vertu. Dans le langage des prédicateurs, le seul qui, après tout ici nous importe, on est libertin quand on professe ou que l'on frise l'incrédulité. Pour nous servir

d'expressions peut-être un peu triviales mais dont
la signification est toute proche du sens étymologique et historique du mot libertin : on est
libertin quand, se réclamant de la religion
catholique, on en prend à son aise des enseignements que revendique son magistère ; à quoi il
ne faut pas oublier d'ajouter que la religion
catholique était alors la religion de l'Etat et celle
de l'état civil et que l'individu « areligieux »
n'existait pas officiellement. Le libertin est donc
— surprenante alliance de mots pour nous — un
catholique libre-penseur.

Si le sens du mot est restreint, le nombre des
libertins ne l'était pas. Ils étaient multitude, depuis
l'indifférence la plus bénigne jusqu'aux pratiques
de la magie, et ils étaient encore bien plus forts
que leur nombre. Ils étaient même un parti, ils
faisaient école, ils englobaient une grande quantité de petites sociétés secrètes qui échappaient,
grâce à de puissantes protections, aux investigations du lieutenant général de police. Ecoutons
d'ailleurs Bossuet, en pesant la gravité de chacun
des mots qu'il emploie et en nous reportant au
sens plus vigoureux qu'ils avaient à l'époque :
nous comprendrons que c'est bien moins encore
le libertinage qu'il dénonce que son organisation
puissante, ses liens et ses serments et son but,
mystérieux à la multitude, mais que ses adeptes
poursuivent sans scrupule : « Le cours paraît
tranquille et on s'embarque aisément dessus, —
mais ce cours vous introduit dans une cité crimi-
nelle. Des hommes y sont liés par des intrigues
malicieuses, des cabales de libertinage, des traités
avec la mort, des alliances avec l'Enfer, et cela

non par emportement, mais par traités exprès, par formelles conspirations ».

Les libertins remplissent les salons, les assemblées, et il arrive quelquefois qu'il s'y rencontrent en si grand nombre qu'ils peuvent tout haut exprimer leurs sentiments. Bossuet demande avec indignation si cela va durer, s'il entendra toujours et trouvera toujours dans le monde ces libertins déclarés, esclaves de leurs passions et téméraires censeurs des conseils de Dieu, s'il les verra toujours triompher dans les compagnies et empoisonner les esprits de leurs railleries sacrilèges. Bossuet, et il est à supposer pourtant que devant lui ils baissaient la voix, Bossuet les a donc vus, entendus, rencontrés un grand nombre de fois, pleins de sarcasmes et de superbe et parlant déjà en maîtres dans un Palais qui ne portait cependant pas leur enseigne.

Or, l'histoire est loin de taxer d'exagération ses paroles. Le libertinage résultait de trop causes profondes convergeant de tous côtés : esprit critique et retour au paganisme, avec la Renaissance ; libre examen de la Réforme ; désaccord des mœurs et des pratiques religieuses (voyez Louis XIV) ; situation trop privilégiée et trop décorative de l'Eglise dans l'Etat ; mauvais ferments de la Fronde ; insuffisance de l'enseignement catéchistique ; recrutement défectueux du clergé. En un temps où le trône s'alliait à l'autel il arriva même tout naturellement que les libertins encadrèrent les mécontents et les partisans. Parmi les libertins vous rencontrez presque tous les anciens frondeurs, les parlementaires que l'absolutisme du Roi fait oisifs, les soldats dont l'obéissance a

bronché, comme Turenne et Condé. Mais combien
plus dangereux dans « leur insupportable malice »
et « leur exécrable méchanceté », La Mothe Le
Vayer, Théophile, des Barreaux, l'abbé de Livry,
de Souvré, des Linières, Saint-Amand, Faret,
Sillery, Mortemart, de Nevers, Guiche, Lionne,
Bussy, Vendôme et Vivonne...! C'est contre eux
que s'acharnent la dialectique et l'éloquence de
Bossuet. Et qui pourrait nier qu'il ait raison de
croire à un péril pour la monarchie et à une
organisation parfaitement arrêtée, en regardant
cette cohue bigarrée où les plus grands noms de
France voisinent avec un Faret et qui fréquente
chez Ninon de l'Enclos dont déjà Madame de
Sévigné peut dire qu'en son hôtel de la rue des
Tournelles elle dogmatise avec horreur de la
religion ?

*
* *

Il y a d'abord dans cette foule le libertin fat et
hâbleur, enivré le premier de sa faconde et d'une
instruction sommaire. Incapable de formuler un
argument sous une forme même élémentaire « il
branle de la tête, pousse quelques fines railleries,
sourit dédaigneusement ». Ses hochements, ses airs
précieux en imposent à l'auditoire et le dispen-
sent de parler. Il n'est pas absolument malicieux,
dit Bossuet, (entendez pervers), « il aime se singulariser ». — C'est ce que répétera La Bruyère,
en se servant exactement de la même expression,
quand il s'étonnera qu'on aime se singulariser
dans une matière si sérieuse et si profonde et
qu'on attende pour être dévot et religieux que
tout le monde se déclare impie et libertin.

Il y a le libertin rationaliste et savant qui « pousse en pointe toute difficulté et s'y accroche infailliblement ». Lui, ce n'est pas l'intempérance des sens, c'est « l'intempérance non moins flatteuse de l'esprit » qui l'a emporté. Il a vu les difficultés, les a nombrées, mesurées, en quoi il n'a pas même été un rare génie et n'a rien vu de plus que les autres. Mais ce qu'il a précisément d'original, c'est qu'il a succombé sur ces difficultés dont tant d'autres ont triomphé ! — Il resterait peut-être à savoir pourquoi il a succombé ? Bossuet ne s'en inquiète pas ; et si sans doute il y aurait trop d'anachronisme à s'attendre qu'il nous décrive l'état d'âme d'un rationaliste, il semble bien que sa psychologie du libertin qui succombe à la difficulté soit trop sommaire et trop aisément triomphante, car enfin ! objecterons-nous, si c'est de bonne foi que le libertin a succombé aux difficultés ?

Mais en cette matière Bossuet est impitoyable et sa rigueur ne recule pas à qualifier de libertins ceux que nous appellerions aujourd'hui déistes ou spiritualistes, vaguement imprégnés de religiosité. « Ils savent encore lire la trace d'une intelligence suprême dans l'ordre des cieux, mais ils sont indifférents en matière de religion ». Et cela veut dire simplement que fatigués des querelles de la Réforme et de l'Eglise romaine, et dans celle-ci des querelles du jansénisme, du gallicanisme et de la grâce, et dans celle-là des querelles des Sociniens, des Calvinistes, des Anglicans et des Luthériens, ces hommes ont pris le parti de la neutralité. Mais Bossuet ne l'entend pas ainsi. Il les juge détestables et il fonce sur eux. Ce ne sont que des ignorants ou des paresseux d'esprit.

Voici maintenant les libertins qui se recrutent parmi les disciples que garde encore au XVIIe siècle le système d'Epicure et sur lesquels a été profonde l'influence de Lucrèce. Libertins franchement athées, matérialistes ouvertement, « ils disent que les choses vont au hasard et à l'aventure, sans ordre, sans gouvernement, sans conduite supérieure ». La terre heureusement « porte peu de tels monstres ». — Il est manifeste qu'ici Bossuet réduit l'athéisme à une négation, mais il aurait pu découvrir, s'agitant à l'ombre même du système dénaturé de Descartes, d'autres athées plus captieux et dont la doctrine procédait d'une réelle affirmation, à savoir que la nature s'organise elle-même dans on ne sait trop quelle vague conscience qui n'est qu'une équivoque tant elle ressemble à une déité. Ceux-ci étaient encore plus dangereux à l'orthodoxie que les « monstres » qui niaient Dieu à découvert.

Mais aucune espèce de libertins ne fut aux regards de Bossuet « plus odieuse et plus maligne » que celle qui se recruta parmi les faux dévots : n'ayant de religion que parce que le Roi voulait qu'on en eût, n'en ayant donc que le maintien ; « ployant leurs genoux » mais ne « fléchissant pas leur superbe » devant Dieu ; bref, dévots à Versailles ou à Saint-Germain, mais libertins à Paris, et se faisant contre la religion un argument des hypocrisies dont ils étaient les témoins, les associés et les complices. On sait avec quelle âpreté Bossuet a lutté contre l'équivoque du Tartufe. Or l'équivoque n'était pas

dans la pièce, elle était dans les spectateurs ; elle
était précisément dans l'existence de ces libertins
faux dévots qui n'entendaient pas être ridiculisés
vifs sur la scène et voulaient abriter leurs dépra-
vations sous le couvert des bienséances de la religion. Cette attitude indignait Bossuet. Il comprenait de quel péril était pour la religion qu'il pût y
avoir des hommes ouvertement menteurs, sacrilèges, médisants, calomniateurs, chargés de haines
et d'injustices contre leur prochain, habitués des
plus infâmes pratiques, qui se proclamaient en
même temps défenseurs de la religion. Mieux
valait l'impiété franche que cette affectation d'une
religion bâtarde et falsifiée qui était toute dans
les discours et dans un extérieur contrefait. Ce
qui l'exaspérait surtout, c'était d'entendre les
libertins faire audacieusement de l'hypocrisie une
sorte de monopole dont l'Eglise serait seule à
avoir le débit. « Ne parlons pas toujours de ceux
qui contrefont les religieux, s'écriait-il. N'y a-t-il
pas des hypocrites d'honneur, des hypocrites
d'amitié, des hypocrites de probité et de bonne
foi ? » Oui, pourquoi n'aurait-on pas parlé de
tous ceux-là aussi dans une Cour qui vivait sur
un mensonge perpétuel ? Par quelle raison l'hypocrisie ne se conçoit-elle généralement que
comme religieuse ? Parce que c'est sa forme la
plus répugnante ? Soit ; mais à condition qu'on
appelle aussi hypocrites avec Bossuet ces multitudes de gens qui passent leurs journées à tromper,
à frauder, hypocrites de l'honneur ou de la probité !

Parmi les libertins, Bossuet range enfin ceux
que, faute d'une expression plus complète, nous

appellerons des libertins politiques. Ils le sont par un ressouvenir d'anciennes agitations plutôt que par conviction. Ils se rattachent presque tous à la Fronde. Leur faculté de dénigrement est sans emploi depuis que Louis XIV gouverne ; aussi, à une époque où il y a positivement moins de risques à s'attaquer à Dieu qu'à s'attaquer au Roi, ils ont reporté leurs saillies, leurs sarcasmes et leurs railleries contre l'Eglise et la religion. Que l'orateur les traite de libertins, c'est fait pour d'abord nous surprendre, car pour nous ils représenteraient tout au plus « l'opposition » sous les gouvernements « bien pensants » et forts. Mais nous sommes au xvii\u1d49 siècle. L'alliance du trône et de l'autel n'est pas une métaphore surannée. C'est le principe même de la monarchie. Qui attaque l'un frappe l'autre. Le cardinal de Retz lui-même avait remarqué que la Fronde s'essaya par les libelles contre le Roi aux libelles contre la religion. Lorsque en 1649 avait circulé dans Paris le « Contrat de mariage du Parlement et de la ville de Paris », et qu'on avait pu lire le libellé de l'article II : « les athées, impies, libertins et sacrilèges seront punis exemplairement et exterminés incessamment », personne n'avait pu se méprendre sur le sarcasme et le persiflage de la réclamation des Frondeurs et leur allusion ironique et irrévérencieuse aux Etablissements de saint Louis. Nul n'ignore combien fut facile à descendre, sinon impossible à remonter, la pente qui menait des attaques contre l'Eglise et le régime de ses privilèges aux attaques contre le principe même de l'idée capétienne de la monarchie. « L'image du Prince est proche de celle de

Dieu, dit Bossuet. La vraie dévotion, loin d'être à craindre dans un Etat, y est au contraire d'un grand secours : elle ne souffre pas qu'on entreprenne même contre un particulier ce qui ne serait pas permis contre un empereur, et combien plus interdit-elle à son égard tout ce qu'elle ne permet pas contre le dernier de ses sujets ? » — Il suffit de constater la noblesse de ce langage pour comprendre de quel prestige sacré la religion enveloppait l'autorité royale et comment dénigrer ou repousser cette autorité c'était dénigrer et rejeter l'autorité de l'Eglise.

Signalons ici une fois de plus la reprise par La Bruyère des expressions de Bossuet : « Chez le vrai dévot l'image du Prince est proche de celle de Dieu.... Si toute religion est une crainte respectueuse de la Divinité, que penser de ceux qui osent la blesser dans sa plus vive image qui est le Prince ? »

.
. .

En résumé, les libertins sont partout : anciens agitateurs politiques, faux dévots, matérialistes, rationalistes, railleurs, sceptiques, indifférents. Ils viennent de tous les points de l'horizon, et ils sont tous de rudes adversaires, au témoignage de Bossuet. Loin d'ailleurs de vouloir dissimuler la multitude de l'armée ennemie, il force de s'encadrer dans ses rangs ceux-là mêmes qui trouvent seulement que la religion catholique est d'une pratique difficile et gênante. Quiconque bat en brèche, même sur un seul point, l'orthodoxie rigoureuse du dogme, de la morale ou de la discipline, est un libertin. Les athées doctrinaires « qui s'efforcent

d'édifier le néant sur leurs conceptions chiméri-
ques » sont ainsi contraints de coudoyer ceux
qui, seulement « pressés et incommodés de leurs
passions, voudraient pouvoir croire que Dieu
n'est qu'un nom et qui disent dans leur cœur,
non par persuasion, mais par désir : il n'y a pas
de Dieu ».

Nous permettra-t-on de citer ici encore La
Bruyère, tant il nous semble, principalement,
dans le chapitre des Esprits forts, avoir introduit
de curieux souvenirs de ses entretiens avec Bossuet ? Il n'admet point — c'est toujours facile —
d'athées convaincus : « J'aurais une extrême curiosité de voir celui qui serait persuadé que Dieu
n'est point... L'athéisme n'est point... Les Grands
qui en sont le plus soupçonnés sont trop paresseux pour décider en leur esprit que Dieu n'est
point... Je voudrais voir un homme sobre, mo-
déré, chaste, équitable, prononcer qu'il n'y a pas
de Dieu ».

Il faut rendre cependant à la clairvoyance du
prédicateur cette justice sur celle du moraliste
qu'il est loin de résumer aussi superficiellement
l'athéisme en un besoin de nier Dieu pour étouffer
la voix du remords, et qu'il n'a point fait des
athées forcément des intempérants, des débau-
chés et des malhonnêtes. Sa compréhension est
beaucoup plus large. Il est visible d'ailleurs que
l'obstination de La Bruyère à nier l'athéisme est
d'une tactique assez puérile et même un peu
niaise.

Mais précisément pour cette raison qu'il élar-
gissait le domaine des libertins, il devenait difficile à Bossuet de diriger contre un groupe si mêlé

une argumentation unique, et singulière anomalie au premier abord ! ces libertins jugés si périlleux, il ne les réfute nulle part. Il se contente de les traiter superbement par l'ironie qui va si bien à son génie et qui l'a fait quelquefois comparer à Pascal, mais qui n'est jamais ni fructueuse, ni démonstrative. L'irréligion pour lui, c'est le néant « contre lequel on ne saurait combattre », et si grand qu'il soit, on est bien obligé de constater son infériorité sur Pascal, qui dresse devant lui le système de l'irréligion pour le combattre dans une douloureuse angoisse, et qui est le premier à avoir compris que l'irréligion est souvent une manière de religion.

L'argument le plus fréquent de Bossuet est celui de la prescription, argument indirect, sorte de fin de non-recevoir qui n'a pas beaucoup de portée. Tertullien lui en avait appris le maniement. L'Eglise possède, elle a un système éprouvé : à ses adversaires d'établir leur système, de dire enfin ce qu'ils veulent et « de cesser de railler ! » Aussi bien, puisqu'il était persuadé que l'irréligion n'était qu'une négation, « une noire malice », et que dans sa robuste orthodoxie il ne concevait pas qu'un athée pût avoir des raisons solides de conviction, par quel argument mieux approprié aurait-il poussé à bout ses adversaires ? En 1680, il vient visiter Patru, pas mal libertin, et qui va mourir. Il ne raisonne pas avec lui : « On vous a regardé comme un esprit fort, lui dit-il, songez à détromper le public par des discours sincères et religieux ». En somme il paraîtrait quelquefois ne pas prendre au sérieux cette sorte d'adversaires si nous ne savions par trop de preuves combien au contraire il s'inquiétait et s'irritait de leurs progrès. Il semblerait ne vouloir que leur dire : « dites-nous donc enfin ce que vous voulez ! » s'il n'avait lui-même établi qu'il savait trop bien ce qu'ils voulaient. Alors, pourquoi s'en est-il tenu à cette réfutation plutôt sommaire ?

Dans ses Lettres à une Princesse d'Allemagne, Euler constate que les athées ont l'habitude de rechercher en tout, de réclamer partout les preuves géométriques, même là où elles n'ont que faire. Si Bossuet ne les a pas suivis sur ce terrain, c'est qu'il ne l'a pas voulu, ce genre de discussion n'étant pas pour le rebuter. Il suffit pour s'en convaincre de lire sa correspondance avec Leibnitz et sa « Connaissance de Dieu et de soi-même » où il appelle à son service l'appareil de toutes les sciences du temps. Mais Bossuet n'entendait pas subordonner un fait de foi à une démonstration scientifique. Il a trop souvent distingué la sagesse humaine, même la plus haute, de l'enseignement révélé. On peut regretter qu'il ait refusé d'engager la bataille, mais, à tout prendre, ce refus est encore préférable à une argumentation forcément incompétente, si elle prétend à conclure d'un fait de science à un fait de foi. Y a-t-il par exemple rien de plus pauvre que ces comparaisons de La Bruyère entre la lune et le soleil pour la course, l'éloignement et la grandeur, et ces mesures de toises, de lieues, d'arcs et d'angles ? Croit-on que cet appareil fera rendre à Lucile les armes de son athéisme ? Ce sont de petites lumières, pourrait-on dire, avec Bossuet, qui font plus de fumées qu'elles n'en dissipent.

Réfléchissons surtout que Bossuet, sans cesse occupé à réfuter des systèmes sinon toujours bien définis, du moins rigoureusement encadrés, et songeant sans relâche à l'Histoire des Variations qui s'étend des Sociniens (proches voisins des libertins) aux Presbytériens et aux Anglicans, ne trouvait chez les libertins proprement dits, au lieu d'une « somme » doctrinale déterminée, définie, qu'un ensemble de négations, assurément inquiétantes, mais qui n'étaient pas encore systématisées. Il ne pouvait prendre l'adversaire corps à corps. « Çà ! dérobez-vous encore ! » leur crie-t-il, irrité de leurs faux-fuyants et de leurs assertions d'une prudente imprécision. Dès lors son génie essentiellement déductif a conclu au néant de ce qu'il appelait « une apparence de doctrine ». Or, si l'on songe qu'avec un sens divinatoire, peut-être unique dans l'histoire de la philosophie, il a prophétisé les dernières, les plus imprévues conséquences du Cartésianisme et jusqu'aux grands combats que l'incrédulité mènerait au nom de ce système contre l'Eglise il est à penser que loin de se méprendre sur l'avenir philosophique des négations des libertins, il prévoyait qu'elles se revêtiraient un jour ou l'autre de l'autorité de l'affirmation dogmatique et que l'on ne ferait que changer de dieu.

Mais quelle différence entre l'ironie hautaine de Bossuet dans sa foi allègre et saine que nul orage n'a jamais approchée, et les supplications de Pascal qui presse, conjure, sanglote, qui appelle l'athée : mon frère ! et ne peut approuver que ceux qui cherchent en gémissant !

Voulez-vous entendre sur quel ton Bossuet en-

gage la conversation avec les libertins ? Du dédain et toujours du dédain ! Il leur jette en passant une apostrophe ; jamais il ne leur fait
l'honneur d'une réfutation suivie. Ce sont des
« ignorants ». Ils succombent aux difficultés
(tout le génie impérieux et triomphant de Bossuet est là : ils succombent !). Ils n'ont même
pas de quoi établir le néant ; ils n'ont rien vu ;
ils n'entendent rien ! Il les met au défi de grouper et d'établir un système quelconque, et il n'a
pas tort de les défier, mais quel défi ! « Çà ! déve-
loppez-nous les énigmes de la nature ; choisissez
ce qui est loin, ce qui est près ou ce qui est à
vos pieds, ou ce qui est bien haut suspendu sur
vos têtes. Quoi ! partout votre raison gauchit ?
ou elle s'égare ? ou elle succombe ? Aveugle chagrin et dédaigneux ! Voyageur égaré et présomptueux !... ». — Il est impossible d'avoir moins
d'onction. Et quelle assurance qui rappelle l'accent vainqueur du sermon sur la Providence ! On
va renverser Samarie, et non seulement la détruire, mais de ses pierres construire une citadelle offensive ! Il semble à l'entendre qu'il eût
été fâcheux pour sa dialectique belliqueuse que
Samarie ne fût point à renverser.

Aucun quartier n'est fait à l'ennemi. Bossuet
guerroyant contre l'erreur n'est jamais l'homme
des compromissions. Ici l'erreur s'appelant la
liberté, c'est-à-dire la critique « indocile, curieuse
et indiscrète », il sera pleinement dans la tradition de l'orthodoxie en refusant à la liberté le
droit d'exister.

Voilà des libertins qui à l'erreur voudraient
faire sa part, rejeter ceci, accepter cela. Non !

non ! qu'ils aillent « se plonger dans l'abîme de l'athéisme ! ». Il ne leur sert de rien de conserver « la connaissance de la Divinité ». La première négation entraînera les autres.

En voici d'autres qui errent de bonne foi, déconcertés par la multiplicité des religions et des sectes, sans être cependant de ceux qui, parce qu'il y a de fausses religions, n'admettent pas qu'il y en ait une vraie. Ils ne sont pas davantage épargnés. « La lumière leur viendrait facilement s'ils le voulaient ». Faibles et présomptueux, il serait aisé de les confondre s'ils ne craignaient d'être instruits. « Ce sont leurs seules préventions qui mettent obstacle à des lumières plus pures ». Ainsi tous les libertins (et nous avons vu le sens large de ce mot), sans exception, sont déclarés inexcusables, également athées ou forcés de le devenir à bref délai. Les modérés ne valent pas mieux que les violents : tous voudraient pouvoir réduire au néant « Dieu, cette source féconde de l'être ».

Cette poursuite à outrance nous étonne, nous modernes, héritiers de deux siècles traversés de tant de systèmes, de tant de maladies intellectuelles et morales d'où nous avons rapporté la compassion et le dilettantisme, sinon même le culte de l'erreur. Mais il ne faut pas nous interroger longtemps pour avouer que si son langage est rude, c'est Bossuet cependant qui avait raison. Il défendait en même temps l'intégrité des idées spiritualistes et des idées révélées. Permettre que l'ennemi fît une seule brèche, c'était livrer la place. Il défendait aussi la société, celle de son temps, et là aussi comme il voyait loin ! L'Ancien

Régime tout entier craqua avec la destruction de l'idée religieuse : le constater ce n'est pas d'ordre surnaturel, certes ; ce n'est même pas d'ordre philosophique ; c'est un fait, le fait le plus brutal de l'histoire. Cent ans après que Bossuet avait crié aux libertins qu'ils auraient à se repentir que sa voix s'égarât dans le désert, Robespierre décrétait l'Etre suprême, et sur les mêmes échafauds ruisselait le sang des Hébertistes condamnés pour athéisme, et le sang des beaux seigneurs pleins d'esprit, fils des Vivonne, des Guiche et des Vendôme qui avaient joué avec le libertinage, et le sang des femmes délicates et charmantes qui avaient ouvert leurs salons aux railleurs.

*
* *

S'il n'y a donc pas dans Bossuet de polémique et de formelle réfutation contre les libertins, il serait injuste de ne pas rappeler qu'il a écrit beaucoup d'ouvrages, d'ouvrages à côté, si l'on veut, de cette grave question, mais constituant une encyclopédique démonstration de la foi et qui valent mieux que toutes les discussions de La Bruyère où les objections sont accommodées par l'auteur lui-même à la certitude de les résoudre. Ces ouvrages ont converti un grand nombre d'incrédules et, à ne prendre d'exemples que parmi les hommes de guerre, que Bossuet ait enlevé au camp des libertins un Condé, un Turenne, un Bellefonds, un Tréville, c'est bien pour nous donner la plus haute idée de sa dialectique. Ils convertissaient aussi Anne de Gonzague, le chirurgien Winslow, Milord Lovat, le Comte de

Lorge, de Rozan, de Duras, la Princesse Palatine Louise Hollandine.

Ce sont d'abord ces écrits simples et vigoureux où la religion est exposée « dans ses mystères et sa morale », et où sont laissées de côté les controverses qui finissent par masquer la vérité et, Bossuet le dit lui-même, permettent de croire que puisque l'on peut avoir deux opinions, on peut se dispenser d'en avoir une : Instructions, Exposés, Méditations, Elévations, et surtout la III⁰ partie du Catéchisme dogmatique. Ils pouvaient servir à éclairer les Protestants, et en donnant aux fidèles des idées nettes, les mettaient à l'abri des entreprises des libertins. Qu'on songe qu'à la Cour même l'ignorance des premières vérités de la religion était telle au témoignage de Bossuet que, comme le jour de Pâques, il parlait de la Résurrection des Morts, les courtisans restaient tout interdits et traitaient communément ce dogme de mystagogie !

C'est ensuite, mais plus particulièrement dirigé contre les déistes, le traité classique de la Connaissance de Dieu et de soi-même, ou plutôt la première partie de cet ouvrage. Mais Bossuet, comme tous les auteurs du xvii⁰ siècle, est pénétré à son insu de l'influence cartésienne, sauf à jeter l'anathème au cartésianisme. De là un rationalisme pur qui d'ailleurs était de nécessité stricte dans un ouvrage de philosophie. Dieu y est connu, avec Leibnitz, comme force; avec Descartes, comme pensée ; très peu comme personne, alors cependant que le Dieu biblique et théologique est avant tout personne. En ce traité même, Dieu et la nature tendent à se con-

fondre sous la désignation d'une « sagesse profonde qui développe avec ordre et de justes règles
tous les mouvements que nous voyons ».

*
* *

Il est avéré qu'à n'importe quelle époque de
l'histoire tout ce que perd d'influence sur les âmes
une religion établie, précise dans son dogme et
dans sa morale et surtout organisme d'Etat, est,
dans une mesure médiocre, mais certaine, gagné
immédiatement par la superstition sous ses
formes les plus variées : magie, sorcellerie, satanisme, confusion des religions, amalgame des
cultes, occultisme, intrusion réciproque du surnaturel dans le naturisme. Incontestablement
nous avons vu ainsi dans ces dernières années
éclore toute une littérature qui, si elle n'est pas
toujours des plus claires, est du moins fort inté-
ressante et très symptomatique. Or, c'est précisément dans le monde des libertins et surtout de
ceux qui gardaient, sous les négations apparentes,
un reste de religiosité que se recrutèrent au
XVIIe siècle les fidèles des messes noires, les
clients de la Brinvilliers et de la Voisin. Bien
loin cependant d'établir entre cette époque et la
nôtre une comparaison qui fausserait les données
les plus certaines de l'observation, il est nécessaire, pour ne pas brouiller les idées, de constater une fois pour toutes qu'au XVIIe siècle ces
pratiques de magie, plus ou moins puériles ou
plus ou moins infernales, sont importées de
l'étranger, principalement de l'Italie. Nommons
seulement Eleonora Galigaï, la favorite de Marie

de Médicis, et le fameux Carro Carri, le Caretti des Caractères de La Bruyère.

Ce sont pratiques à peine renouvelées de celles des sorciers ; et du même appareil étrange et suranné ce n'est pas une réponse de l'au-delà qu'on attend, ni le déchiffrement d'énigmes supraterrestres, mais, à beaux deniers comptants, des résultats très positifs : envoûtement, remèdes, mort d'un ennemi, gain d'argent, possession d'amour. De nos jours, au contraire, l'occultisme a une autre allure. Que ce soit le satanisme (que nous ne croyons pas pouvoir être nié en ce qu'il a au moins ses fidèles, ses prédicants et ses littérateurs qui ne sont pas tous des plaisants) ou le mystère de tentatives à l'ébauche dont on a le vague pressentiment qu'elles deviendront des sciences, nous ne nous soucions que d'en obtenir des systèmes plus ou moins acceptables sur l'Inconnaissable, mais rien qui rappelle, est-il besoin de le dire ? les philtres d'amour ou la pierre philosophale, ni même l'art de doser les poisons (à quoi suffisent les bocaux de la chimie).

Que penser de la magie et du sortilège ? question qui fera sourire plus d'un de nos lecteurs. La Bruyère répondait qu'il n'en savait rien et que sans doute comme en tout ce qui est extraordinaire et hors des communes règles, il y a un parti à trouver entre les âmes crédules et les esprits forts. Et il ne s'en montrait pas autrement préoccupé. Il était bien avisé.

Bossuet pouvait et devait être plus catégorique, car ici, pour un confesseur et un prédicateur, la gravité du cas, si l'on veut bien l'envisager un instant du point de vue de l'orthodoxie, n'est pas de savoir à quels résultats tangibles et visibles peuvent aboutir ces pratiques dont, si quelques-unes ne prêtent pas beaucoup à la plaisanterie, la plupart sont grotesques, mais dans quelle mesure elles trouvent des adhérents. Or si Bossuet, qu'on n'accusera certes pas de ne pas repousser de tout le dédain de son éloquence « les futilités et les misérables puérilités de nos illusions », se rit du démon, de « ses suppôts de jour et de nuit », de ses affidés et de son culte, qui croirait qu'il prend cependant la peine de réfuter expressément des devins et des astrologues ?

Deux comètes ont brillé dans le ciel, Anne d'Autriche vient de mourir, on redoute la guerre avec l'Angleterre, le dernier hiver a été terrible, la famine menace, les artisans sans travail font parvenir jusqu'au trône leurs réclamations : belle occasion pour « ces esprits turbulents et inquiets qui veulent nouer avec les astres des intelligences secrètes ». Et l'on s'attend à ce qu'il ne prenne pas au sérieux leurs artifices d'imposteurs. Mais point. Dans leurs mystérieux exercices Bossuet voit autre chose qu'une mode et une superstition ; Il y trouve le principe même de l'hérésie directement opposée au dogme de la Providence : le fatalisme. Ces astrologues « voudraient nous faire des années fatales... Erreur insupportable !! » Ce serait peut-être beaucoup d'indignation contre des astrologues d'almanachs, si nous ne savions par lui-même qu'autour de ces pronostiqueurs les magiciens circulaient, et aussi « les envoûteurs qui font des images de cire de leur ennemi sur lesquelles ils murmurent quelques paroles d'enchantement ».

Le démon, dès lors, n'est plus seulement cet

être malfaisant et jaloux que la théologie dote de
la personnalité, mais d'une sorte de personnalité
représentative des passions, des sollicitations et
des instincts mauvais; ce n'est plus symbolique-
ment le lion rugissant du Psalmiste qui rôde et
cherche qui dévorer; c'est le maître d'un royaume
avec qui l'on traite et l'on pactise. Il a sa cité,
on s'allie à lui par traités exprès, par pactes for-
mels; il a ses sujets, ses affidés groupés en
cabales. Il a enfin ses rites : « cette noire science
de la magie à laquelle plusieurs personnes se
sont adonnées dans toutes les parties de la terre ».
Pour nous circonvenir, il n'a pas que les agents
intérieurs et secrets qu'il a depuis longtemps
introduits dans la place et qui sont nos passions,
il a des ministres qui le représentent au milieu
des sociétés et dans les assemblées. Il se met au
service de ceux qui appellent son concours pour
l'exécution de quelque pernicieuse et infâme
entreprise. Mais malheur à ceux qui se sont
engagés! Le démon ne rédime pas. Le pacte
conclu, si l'âme n'a pas été rédimée par le sang
de Jésus, il vient en ricanant réclamer son butin
au jugement de Dieu, montrant le traité dont
notre superbe ou notre cupidité l'ont armé.
Pauvre âme que le corps a vendue expressément
à son ennemi! Pauvre âme immortelle que le
corps impur a prostituée! — Telle est en subs-
tance la démonologie de Bossuet; ce n'est du
reste que celle de l'Eglise, au moins depuis
Tertullien dont le génie vigoureux a introduit de
force dans la dogmatique chrétienne les éléments
manichéens, avant même que Manès n'en déduise
une doctrine dont les excès firent l'hérésie.

Faut-il rappeler qu'on s'adonnait à la magie en pleine Cour de Louis XIV et jusque dans les appartements royaux ? En août 1672, éclate le scandale de l'affaire de la Brinvilliers. Sept ans plus tard l'enquête de la Chambre ardente qui dura plus de trois ans détermina 360 arrestations, 36 condamnations à mort, 5 aux galères, et elle éclaboussa dans la honte des crimes de la Voisin, de la Filastre et de l'abbé Guibourg, non seulement Madame de Montespan soupçonnée de l'empoisonnement de Mademoiselle de Fontanges et d'achats de philtres pour s'attacher le roi volage, mais jusqu'au génie de Racine ! Dès 1666, la Montespan demandait aux sorcières le moyen de supplanter Louise de La Vallière, et il faut bien croire que ses fréquentations nocturnes n'étaient pas de simples plaisanteries puisqu'elle en conserva jusqu'à la fin de sa vie une telle terreur qu'elle couchait « tous rideaux ouverts, avec beaucoup de bougies et payant des femmes dont l'unique emploi est de la veiller » (Saint-Simon). Superstition ! tant qu'on le voudra certes, et même on ne le dira jamais assez, car nous n'avons aucunement le goût de croire à la réalité de ces commerces diaboliques, est-il besoin de le dire ? Mais du point de vue de la foi, où est la différence entre croire avoir vu le diable, même avec des cornes ou des pieds de bouc, et croire qu'on pourrait le voir et le mettre à notre dévotion en prononçant certaines formules rituelles ? S'il n'y avait eu que les inventions de quelques femmes perdues, les insanités de quelques abbés en rupture de sacrements et les recettes de faiseuses d'anges, le mal n'eût pas été si grand. Mais ce dut être, à en juger par ce

que nous entrevoyons, et c'est si peu de chose ! un
mélange d'hystérie, de sacrilèges, de rut et de
poison, avec pas mal de niaiserie et de chantage.

Ce que l'on sait bien, c'est que Louis XIV épou-
vanté se fit apporter les dossiers, en brûla ce qu'il
voulut. Les lettres de cachet le débarrassèrent
sans scandale de 147 accusés de marque, car ce
régime absolu et de bon plaisir savait garder sa
dignité publique. Dans cette effroyable affaire,
quelle était au juste la part de la magie et du
satanisme ? Nous n'en savons rien ; mais nous
serons en tout cas sûrs de ne pas nous tromper en
répétant le mot fameux : Locuste n'était pas une
invention de Tacite.

A ces horreurs il y eut un autre épilogue plus
tragique que les lettres de cachet. Bossuet, un
jour de Pâques, interpellait ainsi son auditoire :
« Si jamais vous vous êtes rencontrés dans une
place publique où on aurait exécuté quelques
criminels, n'est-il pas vrai que par la qualité de la
peine vous avez souvent jugé de l'horreur du
crime et qu'il vous a semblé voir quelque idée de
leurs forfaits dans les marques de leurs supplices
et dans leurs faces défigurées ? » Ce n'est pas en
d'autres termes et d'une plus effrayante concision
qu'il aurait pu dépeindre l'épouvantable supplice
que la Voisin subit en place de Grève. D'un mot
abominable, Madame de Sévigné qui y assistait
appela cette horreur : rendre gentiment son âme
au diable ! Commentaire imprévu et cruel des
paroles de Bossuet : malheur à ceux qui ont
conclu avec le démon, si le sang du Christ n'a lavé
les caractères infâmes que leur main cupide a
consenti de tracer sur le pacte d'alliance ! Si

Bossuet ne croyait pas à la magie, il croyait donc qu'il y avait des dépravés, des naïfs ou des superstitieux capables de signer (aux mains de qui ?) des pactes avec le diable !

Nous n'avons pas la ridicule prétention de dire, le texte de Bossuet en mains, parce qu'il est question de cabales, de magie et d'envoûtements, que le xviiᵉ siècle a vu ressusciter les pactes lugubres des sorciers et des alchimistes avec Satan ! Nous avons voulu seulement saisir quelques observations de l'orateur et les commenter par des faits indiscutablement acquis à l'histoire. Peut-être bien que l'appareil de la magie et l'évocation d'un décor infernal n'étaient après tout qu'invention pour donner aux drogues les plus vulgaires plus de piment ou pour lier dans un secret plus terrible les complices d'un crime ou d'une intrigue. Mais précisément, que cette fantasmagorie ait pu durer trente ans et qu'il ait fallu, pour la faire rentrer sous terre et la renvoyer au diable, la mise en action de toute la force publique dans deux ou trois des plus célèbres procès de nos archives, et que cette fantasmagorie ait séduit non pas le peuple ignorant des campagnes, mais de grands seigneurs et de grandes dames, et des personnes qui n'ont jamais passé pour naïves, comme Madame de Montespan, voilà qui confond ! Tant de superstitions, tant de crédulité, en un tel siècle et dans un tel monde ! Ce serait à croire avec Bossuet que les fumées du puits de l'abîme de l'Apocalypse avaient obscurci leur entendement !

*
* *

Heureusement, pour la réputation de la Cour la plus spirituelle et la plus civilisée qui fut jamais, ces pratiques niaises ou abominables n'étaient que des épisodes où venaient figurer, pour un temps, des courtisans blasés, des amoureuses inquiètes, des amants jaloux. Elles n'étaient pas un péril sérieux pour la religion. La fissure dans l'édifice religieux, dont Bossuet disait qu'elle amènerait la ruine du temple si de robustes ouvriers n'y apportaient leur habileté, était l'œuvre du libertinage railleur et de l'athéisme qui s'étaient infiltrés jusqu'aux racines du dogme et de la morale. Tout garda encore une apparence de solidité tant que Louis XIV gouverna avec fermeté. Mais rien ne pouvait en réalité arrêter les progrès de l'irréligion. Bossuet lui-même, se survivant dans la fougue de sa dialectique et l'implacable rigueur de sa doctrine, aurait été impuissant, car la désaffection religieuse n'était qu'une conséquence de la totale décomposition du Régime. Même on ne s'imagine pas Bossuet s'attachant à réfuter les facéties de Voltaire ou les lourdes thèses des Encyclopédistes. Au contraire un Montesquieu, ignorant tout simplement la Providence, lui eût paru un de ces adversaires qui le sollicitaient de « descendre dans l'arène ». Mais ce ne sont là que de très vaines conjectures. Voltaire ne trouvera plus devant lui que Massillon et la morale laïque du Petit Carême, laquelle l'offusquait si peu que son ironie se plaisait à en faire l'éloge en toute occasion. Qui sait ? c'est peut-être contre Massillon lui-même et d'abord que Bossuet aurait controversé. Il n'aurait pu s'empêcher de redire une fois de plus son horreur

« des truchements de la vérité », des « molles compromissions entre l'Evangile et notre raison débile », et des ingénieux tempéraments que notre orgueil se mêle d'apporter à la rigueur de la parole divine pour nous excuser de ne la point suivre dans son esprit ».

Mais déjà tout autour de Bossuet, parmi les ministres mêmes de l'Eglise, les libertins ne manquaient pas. Il les vit plus d'une fois rangés solennellement dans le chœur de la Chapelle royale : aumôniers des princes et princesses du sang ; évêques de Cour pour qui la résidence était un supplice ; cadets de famille venus à l'Eglise pour ses richesses, ses bénéfices, ses honneurs et ses privilèges. On ne savait si leur rationalisme, leur aimable sceptisme n'étaient pas plus redoutables au dogme que l'incrédulité à visière levée. S'ils ne prêchaient pas pour avoir un évêché, ils flattaient le Roi « jusqu'à dénaturer au profit du prince la parole de Dieu », leurs reproches n'étaient que « des complaisances dissimulées » ; mais plus dangereux encore étaient-ils par la liberté de leur vie que par la fadeur de leur doctrine. On devine qu'à les entendre prêcher la religion les courtisans apportaient plus de curiosité que de docilité. C'était d'eux que parlait Bossuet quand s'adressant aux pécheurs et rejetant une à une toutes leurs excuses, il leur disait : « Ne dites pas : j'ai découvert les intrigues de tel prédicateur et les secrètes prétentions de cet autre. Ne dites pas que vous avez reconnu son faible et que vous avez enfin découvert à quoi tendent tant de beaux discours... Que leurs mauvais exemples ne ruinent pas en vos esprits leur bonne doctrine » !

Ne dites pas ! ne dites pas !! Mais c'est d'abord La Bruyère qu'il aurait fallu faire taire ! « L'orateur cherche par ses discours un évêché... le voilà en chaire sans autre talent ni vocation que le besoin d'un bénéfice ».

CHAPITRE VIII

Les Beaux Esprits

—

Sommaire. — Pour quelles raisons Bossuet prédicateur ne peut se désintéresser de l'influence des beaux esprits et des philosophes. — Le théâtre : Bossuet le juge essentiellement immoral ; même l'opposition de l'héroïsme et de la passion lui paraît plus capable de décourager que de fortifier la vraie vertu. — Ses attaques contre la comédie de Molière ; ses jugements sur le Cid et sur Athalie. — Les poètes : dédain de Bossuet pour les arrangeurs de phrases et les faiseurs de bons mots ; il juge vains leurs efforts et impertinentes leurs cabales. — La question du merveilleux et de l'emploi des figures mythologiques. — Les philosophes : Bossuet admire leurs travaux mais leur interdit toute recherche libre dans tout sujet qui relève du dogme, de la morale ou de la tradition de l'Eglise. — Portée de cette interdiction. — Sa réfutation de Descartes. — Ce qu'il pense en général des sciences profanes. — Conclusion de l'ouvrage.

Il semble au premier abord que les orateurs de la chaire n'ont pas à se préoccuper des manifestations littéraires de leur temps. Ils développent des dogmes, ils commentent des préceptes qui, par les définitions mêmes qu'ils en donnent, se dégagent des contingences. Ils sont les premiers d'ailleurs à proclamer la pérennité de leur enseignement. Dès lors, que leur importe la forme dont les hommes enveloppent la passion et de quel rythme ils en célèbrent la séduction, puisqu'il y a toujours et partout des passions et des poètes pour chanter ces passions ?

Et cependant un examen plus attentif ne nous

permet point de voir dans ces considérations plus que de la théorie pure. D'abord à chaque siècle, nous voulons dire dans les plus grands, l'ensemble de la littérature trahit une orientation marquée, un esprit général indiscutable qu'il faut que le prédicateur discerne, s'il ne veut pas prêcher dans le désert. On ne peut pas parler de Dieu à une génération qui se réflète dans le Génie du Christianisme ou les Méditations, comme à la génération du Dictionnaire philosophique et de l'Encyclopédie. On ne parle pas de la vertu aux lecteurs de Rabelais comme aux lecteurs du Roman de la Rose. Voilà qui est évident. Les notions relatives de Dieu et de la vertu ne sont plus du tout les mêmes ici et là.

Mais surtout s'il n'est pas douteux que les hommes de lettres, les beaux esprits, pour parler le langage du XVIIe siècle, interprètent leur société, qui ne voit qu'ils la dirigent bien plus encore? C'est par eux qu'elle prend conscience de ses aspirations, c'est en eux qu'elle trouve ces formules heureuses qui donnent droit de cité aux idées et qui consacrent les passions. Leur action vaut d'être étudiée de près sous le règne de Louis XIV et tout au début du règne personnel, car elle ne concorde pas toujours avec les efforts du Roi pour imposer à la France l'idée et le culte d'une monarchie de droit divin sanctionnée par l'Église. L'absolutisme ne pouvait arrêter, pas même circonscrire, le mouvement des idées, et malgré l'ombrageuse surveillance du Roi, les écrivains ne manquent déjà pas qui, leur rôle de Cour accompli, pensent fort librement, d'abord dans l'intimité d'un cercle restreint d'amis, avant de pouvoir, à moins de risques, se déclarer franchement libertins. On comprend donc que le prédicateur puisse leur en faire un grief si, dans ce Régime d'un absolutisme personnel, il ne voit rien moins que l'œuvre longuement préparée de la Providence et le couronnement de l'histoire universelle. N'a-t-il pas aussi contre eux un autre grief? Est-ce que toutes leurs œuvres ou presque toutes ne sont pas d'inspiration païenne? Est-ce que à l'esprit de ces auditeurs frivoles qui sortent plus déconcertés que convaincus des rudes sermons auxquels ne les préparait pas du tout une éducation religieuse rudimentaire, ils ne font pas miroiter l'assurance d'une morale plus facile qui n'a de sanction que dans les retours problématiques de la passion et qui prend figure dans de gracieux symboles dont l'austère dogmatique chrétienne n'est pas faite pour rompre le charme?

L'homme de lettres, le bel-esprit, est de la maison des Grands. Il est de la Cour. Il contribue à façonner l'esprit public. Il ne peut certes pas se réclamer encore de l'influence sociale qui lui appartiendra au siècle suivant, mais ses idées circulent, elles s'insinuent avec quelques bons mots. Or, ce sont des idées toutes pénétrées de l'esprit païen de la Renaissance, frondeuses souvent encore, et que le prédicateur a le droit de juger dangereuses à l'Eglise et à l'Etat. Corrélativement il a le devoir de prémunir ses auditeurs contre le danger qu'il soupçonne. A nos yeux, le danger ne paraît pas assurément bien grand, et nous nous demandons si les fameux sonnets et madrigaux méritaient même, pour leur sens le plus subtil, l'honneur d'une condamnation. Il ne faudrait cependant pas croire que la terminologie n'en était toujours qu'un enfantillage. « La licence des mœurs et la concupiscence y trouvent, disait Bossuet, de puissants encouragements ». La plupart de ces beaux esprits n'étaient-ils pas aussi des libertins qui s'essayaient, entre deux stances à Philis, à des épigrammes contre la religion ?

Mais qui niera l'influence sur les mœurs qu'exerçait alors le théâtre et qui pourrait songer à refuser au prédicateur le droit d'en condamner les conséquences, s'il les juge funestes ? Ne sortons pas de la Cour, puisque c'est aux courtisans que Bossuet s'adresse. N'effleurons même pas la question de la moralité essentielle du théâtre, car nous estimons qu'on peut, si même on ne doit la résoudre, de manière bien différente, selon qu'on l'envisage du point de vue de la morale de l'Eglise ou de celui de la morale naturelle. Il ne s'agit donc pas ici d'ouvrir une préface aux déclamations de Jean-Jacques Rousseau. Il convient de ne se placer qu'en face du fait. Le théâtre, sous sa forme la plus noble et la plus classique, préconise et exalte l'amour ; il l'exalte jusque dans les grandes catastrophes qui en sont la rançon.

Il fait bon marché au profit de la passion et des belles scènes à peindre, de la faiblesse et de l'innocence, de la vertu conjugale et de la foi jurée. Or le théâtre est de toutes les fêtes, il est le divertissement presque quotidien de la Cour. Il est le couronnement de toutes les apothéoses. Avec le luxe habituel qui s'impose aux courtisans, les représentations sont devenues des réunions de plaisir « où l'on achève de se ruiner pour pa-

raître en une forme plus digne de son rang », où
l'on noue « des intrigues de passion », où les
jeunes filles apprennent « qu'elles s'établiront
plus sûrement par l'étalage de leurs pierreries et
de leurs dentelles que par leur vertu et leur modestie ». Ce n'est pas tout. On trouve ou l'on met
dans les tragédies et dans les comédies des allusions qui ne sont que l'excuse, sinon même la
glorification, des scandales du jour. Acteurs,
actrices se mêlent en camarades à la foule des
courtisans, et les mœurs y perdent encore de leur
tenue. Dès lors, peut-on empêcher le prédicateur
de voir dans la passion du théâtre un grand danger pour la pratique des vertus chrétiennes et,
s'il l'y voit, peut-on s'étonner qu'il le signale? Au
contraire, il serait moraliste incomplet s'il ne
tenait pas compte du retentissement dans la vie
religieuse de la curiosité et de la passion du
théâtre. Bossuet n'est pas de ceux qui, renfermés
dans leurs principes abstraits, dédaignent de
suivre l'homme où que l'emportent la pente de
son activité, ses passions ou sa volonté réfléchie.
Il ne le suit pas seulement sur les larges routes
où s'égare son ambition, mais pour lui emprunter
ses expressions, jusque « dans les sentiers dérobés où la vertu se heurte aux petits obstacles ».
Et surtout, ce que même les plus chrétiens d'entre
nous ne font plus, c'est tout de suite du point
de vue de la foi qu'il juge l'activité humaine :
plaisirs ou labeurs.

Enfin, Bossuet avait à prémunir les plus instruits de ses auditeurs contre la curiosité passée
à l'état de mode des discussions philosophiques.
Nous, certainement, nous n'y verrions qu'une

recherche d'esprits libres et généreux vers les explications rationnelles de leur foi et, pour cette foi même, une aide plutôt qu'un péril. Que Bossuet lui-même en ait dans certains cas ainsi jugé, cela n'est pas douteux quand on suit sa controverse avec Leibnitz. A défaut de cette controverse qui ne citerait aussitôt en preuve la « Connaissance de Dieu et de soi-même » ? Mais le cas d'un génie illustre n'est pas celui de la foule. Dans l'esprit des courtisans auxquels Bossuet parlait, que restait-il de leurs discussions ? Peut-être deux ou trois idées plus ou moins imprécises qu'ils cherchaient tant bien que mal à encadrer dans la cosmogonie de la Genèse à laquelle ils croyaient encore. Il restait surtout l'habitude de raisonner, d'ergoter, de distinguer et de vouloir « à tout prix, par des explications si habilement ménagées, laisser croire qu'il n'y a plus de mystères ». Or, cette tendance qui est à notre raison moderne d'un attrait si flatteur, Bossuet l'a toujours condamnée. Qu'on prive l'animal de sentiment, ou qu'on définisse la matière par l'étendue, ce sont de ces points qui ne doivent mettre aux prises, comme il le dit, que les seuls hommes exercés. Mais qu'on laisse envahir par le raisonnement le domaine de la foi, il ne saurait l'admettre. Vous êtes des raisonneurs ! Vous êtes trop subtils ! Vous vous échafaudez une foi qui n'a plus rien de ce nom, vous vous fiez aux subtilités de votre jugement parce que la parole de Dieu ne vous suffit ! C'est pour lui la négation même de la foi. Et nous voilà devant le conflit ou plutôt devant le redoutable dilemme dont n'ont jamais pu s'échapper tant d'esprits élevés.

Mais ici, il n'importe, et Bossuet avec sa perspicacité jamais en défaut a vu nettement ces trois choses : d'abord que chez le savant, même le savant de la plus haute raison, la foi est toujours d'autorité, et qu'un système philosophique ne donnera jamais la foi : la foi que le dogme définit une vertu surnaturelle infuse; puis que la multitude confond et confondra toujours la raison et le raisonnement, car elle n'a souci des idées transcendantales et ne constate et ne contrôle que l'exercice de sa raison; enfin que du jour où, dans la meilleure intention du monde, on voudrait soumettre la foi au critérium de la raison, la foi s'évanouirait. Evidemment cette dialectique est exclusive des accommodements et n'aide peut-être pas beaucoup à alléger le problème : du moins ce problème, elle le pose rudement et franchement et, puisque c'est au nom de la foi et dans une chaire de l'Eglise catholique que Bossuet parlait, il avait le droit d'exhorter ses auditeurs à ne pas céder « aux sollicitations captieuses » de la raison qui « voulait leur composer une foi trop commode ». Du reste, remarquons-le en passant : si le christianisme de l'Eglise catholique n'est pas et n'a pas la prétention d'être une religion facile, nulle part il ne se présente plus hérissé de difficultés que dans Bossuet !

*
* *

On a beau savoir que la discipline de l'Eglise fut, dans les temps où l'Eglise pouvait imposer sa discipline, sévère jusqu'à l'extrême rigueur aux choses et aux gens du théâtre, il reste de quoi s'étonner de la véhémente indignation de Bossuet. Dans les Réflexions et Maximes sur la Comédie, dans la Lettre au Père Caffaro, il est d'une dureté impitoyable. On serait tenté de mettre cette dureté au compte de la polémique qui a des rigueurs séduisantes pour ce terrible joûteur et d'implacables entraînements. Mais dans les sermons il n'est pas plus accommodant et l'on se demande si en ce sujet comme en beaucoup d'autres, l'orthodoxie de Bossuet ne passait pas celles des Pères et des Conciles.

Surtout, et cela ne laisse pas d'être pénible, il est manifeste que les anathèmes de doctrine tendent vers les attaques personnelles. A ne s'y pas tromper, c'est Molière et c'est Racine, c'est Corneille lui-même qui sont visés : c'est le théâtre « classique », la pièce du jour, celle qui suscite les querelles et groupe les cabales. Si le prédicateur ne consent pas à se départir une seule fois d'une sévérité sans réserves, c'est précisément qu'il convient lui-même des irréductibles séductions de ces dramaturges de génie. La lutte pour l'orthodoxie, la fameuse orthodoxie nulle part définie en pareille matière, il faut qu'on le sache bien, et que Bossuet a plus d'une fois mesurée à l'ardeur de son tempérament, devient une lutte de personnes. Il en arriva de même avec la querelle du quiétisme qui, des hauteurs de l'amour mystique de Dieu, dégénéra en récriminations amères contre Fénelon. Mais il est heureux que dans une polémique sur le théâtre il ne soit pas nécessaire qu'il y ait des vainqueurs et des vaincus. Bossuet avait son point de vue : ce n'était pas celui de ses illustres adversaires ; ce n'était même pas celui de ses auditeurs. C'est cependant à son point de vue qu'il faut nous placer pour juger si en un sujet où il avait parfaitement, répétons-le, le droit de donner son avis comme prédicateur, il n'a pas dépassé la mesure.

D'abord à toute société un théâtre est nécessaire. Il faut partir de là. Mais il l'était surtout à cette Cour polie et recherchée, disposée et ordonnée comme une figuration prodigieuse, qui habitait des palais resplendissants de glaces où mirer ses attitudes étudiées, soucieuse avant tout de bien représenter, fertile en intrigues, sans rivale pour épuiser le jeu des passions et promener à travers les plus curieuses péripéties les scandales ou les rivalités qui avaient allumé sa curiosité.

Mais de quoi donc s'alimentait le théâtre ? De la réalité, de cette réalité dont nous avons vu dans les chapitres précédents Bossuet faire une honte et un crime aux courtisans, la réalité de la rue et de l'alcôve portée frémissante sur la scène : meurtre et impudicité, adultère et inceste, poison, poignard, philtres et incantations. C'eût été bien la peine de condamner en chaire la conduite des Hermione et des Oreste pour les laisser exalter sur la scène leurs passions fatales ! Ce que Bossuet précisément reproche au théâtre, ce n'est que d'être trop vrai. Entendons-le parler de ces bassesses et de ces horreurs de la vie jetées sur la scène ; de « ces représentations animées, dangereuses en ce point qu'elles ne plaisent point si elles n'émeuvent, si elles n'intéressent le spectateur, si elles ne lui font jouer aussi son personnage.... La passion porte en elle-même son propre remède par les souffrances et l'expiation, tandis qu'au théâtre ce qu'on voit dans autrui touche assez pour tourmenter, mais ne le fait pas assez pour faire souffrir ». — C'est ce que dira exactement deux ans plus tard, dans son traité de la Comédie, le prince de Conti, un ancien viveur et libertin effronté, assagi plus par l'âge que par les conseils de Bossuet, et retiré à Port-Royal.

Emouvoir les spectateurs en leur permettant de rejouer sur la scène leurs propres passions sans la sanction des périls de l'ambition ou de l'amour, c'est-à-dire glorifier la passion mais avec impunité, telle est donc pour Bossuet, sans distinctions aucunes et sans subtilité, la moralité du théâtre classique — et c'est une moralité plus immorale que la réalité. De dire s'il n'exagère pas et si le spectateur prend vraiment tellement à cœur, au point d'y réincarner sa personnalité, les passions de la scène, sans mettre en compte la terreur de leurs sanctions, ce serait un vrai problème de casuistique.

Mais, objectera-t-on, la tenue convenable du théâtre, la décence du costume, la noblesse du geste, la dignité du langage ne voilaient-elles pas la réalité jusqu'à la rendre inoffensive et souvent même inaperçue ? Oui, Bossuet le concède et, songeant sans doute à la licence des derniers Mystères, il reconnaît que les spectacles classiques « sont devenus honnêtes ». Pour plaire à la Cour, qui ne s'accommoderait pas ouvertement de la trivialité du populaire, « on en a ôté les excès grossiers ». Et c'est bien quelque chose certes ! car la crudité du vice étalé réveille les pires instincts. Malheureusement, si les passions n'ont plus

le même langage, ce sont toujours les mêmes
passions qui parlent. A la faveur des termes
nobles, les auteurs dramatiques « insinuent plus
sûrement dans les cœurs le poison le plus délicat
et le plus dangereux ». Les spectateurs sont plus
touchés des peintures du théâtre, dit Bossuet,
que des nudités et des peintures immodestes.

Il est bien certain qu'un siècle et demi d'allé-
gories et de pastorales, de « noble » et de « précieux », avait poussé jusqu'à la plus spécieuse
habileté l'art des sous-entendus et des équivoques. Tout de même était-on pour cela autorisé à
prétendre que « les représentations de la scène
font envier à la jeunesse le sort des oiseaux et
des bêtes que rien ne trouble dans leurs passions » ? C'est une boutade. Que pourrait-on dire
de pire du plus osé des théâtres réalistes?

Il n'est pas dans notre sujet de rappeler les
attaques de Bossuet contre Molière. Celui-ci du
moins étalait dans le plus grand jour les avantages d'une infâme tolérance dans les maris et
sollicitait les femmes de honteuses vengeances
contre leurs jaloux. Mais le Père Caffaro, pour
une simple préface aux œuvres si inoffensives de
Boursault, fut malmené avec une rudesse impitoyable. C'est que Bossuet, — représentant en
cela la doctrine des Pères et de la tradition auprès
de laquelle la pratique de l'Eglise moderne est
bien adoucie, parce que plus sceptique ou plus
impuissante, — c'est que Bossuet n'est indulgent
à aucune forme de théâtre. Toute œuvre dramatique est à ses yeux décevante et corruptrice. Les
représentations excitent « la concupiscence ». Il
y faut du luxe et de l'abandon ; la vertu y est

livrée sans défense. Au théâtre surtout se nouent « ces mariages par concupiscence », ruine des familles. C'est lui qui « force les femmes à se faire belles pour être aimées », donc coupables, puisqu'elles ne tendent plus qu'à exciter la concupiscence. C'est lui qui, trompant les jeunes filles sur l'institution du mariage, les fait rêver d'un mariage où ne parlera que la passion et se jeter dans de frivoles et scandaleuses intrigues qui ne rappellent plus les chastes négociations qu'échangeaient.... Isaac et Rébecca, Tobie et Sara. — Sara et Tobie, Rébecca et Isaac, Bossuet en revient toujours là !

Evidemment les temps bibliques étaient révolus ! Mais enfin, et l'objection semble forte, n'y avait-il pas au xviiᵉ siècle une école, bien vivante encore au temps que Bossuet prêchait ses Carêmes à la Cour, et qui prétendait précisément à faire du théâtre l'auxiliaire de la vertu, si vous donnez à ce mot de vertu son sens le plus fort : la passion vaincue par la volonté ? Admettons donc que Molière soit plein « d'impiétés et d'infamies », que Quinault ne débite que de « fallacieuses tendresses et de fausses maximes d'amour », que les airs de Lulli « insinuent les passions les plus décevantes ». Mais Polyeucte ? et le Saint-Genest de Rotrou qui avait eu un si grand succès dans la jeunesse de Bossuet ? Eh bien ! ne croyons pas que l'héroïsme cornélien, comme moyen d'éducation, ait paru à Bossuet d'un grand appui. Ce n'est pas sans dédain que dans un sermon sur la Prédication évangélique il parlait de ces « émotions faibles et imparfaites qui se dissipent en un moment et qui sont dignes d'être formées devant un théâtre où l'on

ne joue que des choses feintes ». De même, les
pièces inspirées de la Bible ne le trouvaient pas
moins méfiant. A la différence du Père Caffaro
qui, au moins pour échapper à la poursuite de
son terrible adversaire, dut avouer n'avoir lu ni
Racine, ni Corneille, Bossuet avait lu de très
près les chefs-d'œuvre dramatiques, et si en 1694,
loin des auditeurs de la chapelle royale, mais
toujours engagé dans les luttes pour « l'orthodoxie », il condescendit à approuver Athalie
« pour son Ecriture sainte », encore est-ce d'un
ton qui permet de supposer qu'il ne dut pas
éprouver un grand déplaisir quand les représentations de cette tragédie furent interrom-
pues.

Parlez-lui du Cid ! que veut un Corneille dans
son Cid, vous répondra-t-il, sinon qu'on aime
Chimène, qu'on l'adore avec Rodrigue et qu'avec
lui on s'estime heureux lorsqu'il espère de la
posséder ? Vous lui représenterez ce qu'a d'en-
traînant, de réconfortant, le spectacle de ces
luttes intérieures livrées pour accorder le soin de
l'honneur et le devoir de la naissance. Il en convient ; mais il oppose une raison spécieuse : le
théâtre est plus capable d'exciter ou d'aider une
mauvaise passion qu'une bonne, car la mauvaise
passion trouve l'appui de toutes parts dans nos
complicités secrètes, tandis qu'il faut au bon
désir, pour s'affermir, « mille appuis et un édifice qu'il faut beaucoup de temps à construire ».
Et pour conclure, là où nous discutons encore de
moralité, il consent tout au plus à ne voir que
« plaisirs qui languissent dans un âge plus avancé
et dans une vie plus sérieuse ».

N'oublions pas en effet que Bossuet a toujours prêché la difficulté de la vertu, qu'il a toujours fait effort pour prouver à un auditoire superficiel qu'elle n'est ni le désir le plus noble, ni l'aspiration vers le bien, ni l'admiration de la beauté. Or à l'époque où Bossuet prêchait ses carêmes, où il était vraiment le prédicateur de la Cour, toute une multitude confondait le geste héroïque avec la vertu patiente et durable. Il y avait des personnages cornéliens dans la chapelle du Roi. Mais un prédicateur qui est forcément aussi directeur de conscience n'a pas le droit de conquérir, pour l'art, à la beauté d'un geste même sublime, ses auditeurs. Il doit les prémunir contre les déceptions des attitudes et leur montrer l'envers de l'héroïsme. Le théâtre de Corneille lui-même n'a pas paru à Bossuet être au sens vrai du mot une école de vertu, parce que, à lui emprunter ses expressions, la vertu moins souvent s'enlève par bonds qu'elle ne chemine patiemment.

Si l'on se place dans le rôle de Bossuet, cette raison était à ce point solide et appropriée à la génération qui l'écoutait, qu'il aurait pu se dispenser d'en donner d'autres, et surtout d'en chercher dans la Bible. L'évocation de la pudique Rébecca ne troublait pas sans doute beaucoup les jeunes filles dans leurs recherches des mille moyens de plaire. De même il était au moins superflu pour condamner le théâtre d'alléguer que « le seul ouvrage parmi les Juifs qui tint du dramatique », le Cantique des Cantiques, ne respire qu'un amour céleste. C'est de cela que devait bien se soucier la Cour de Louis XIV ! Et fallait-il donc proposer en exemple, même aux plus passionnées des héroïnes de Racine, le langage de la Sulamite ?

D'ailleurs ne serait-il pas oiseux de faire remarquer que les imprécations les plus véhémentes, les plus justifiées même, n'eurent et ne pouvaient avoir aucun succès ? Précisément tant d'éloquence se dépensait contre le théâtre à l'heure où le théâtre allait devenir un fait social impérieux, éclatant, irrésistible : mieux que cela, un manière d'institution. Les anathènes n'y pouvaient rien. Les fils des nobles, auditeurs de Bossuet, en arriveront à rire de leurs propres portraits, de leur fatuité et de leurs misères ridiculisées sur la scène. Là encore se retrouvait, comme si souvent dans ce siècle, un désaccord entre les principes et les mœurs. De vieux règlements subsistaient contre les comédiens et les comédiennes, et l'Eglise, sous l'égide du pouvoir civil, les appliquait la plupart du temps sans ménagements ; mais les comédiens étaient les camarades louches des fêtes galantes et les Princes du sang, les seigneurs les plus haut titrés, se disputaient les faveurs des comédiennes. Alors autant valait supprimer les règlements et les anathènes !

Laissons les comiques et les comédiens et entrons chez les beaux esprits. On pouvait être appelé bel esprit indifféremment pour avoir écrit douze fois les douze cents vers de Chapelain, ou quelques sonnets à Phillis, ou l'Art poétique, ou le Télémaque. Mais si d'après l'usage le même mot désignait tant de disparates, le bel esprit était surtout le faiseur de phrases, le tourneur de madrigaux, prétentieux et fat. On peut croire d'avance que si Bossuet les a rencontrés jamais il doit singulièrement les tenir en mépris. En effet les voilà bien « fatiguant toutes les oreilles de leurs faits et de leurs dits, sachant à la rigueur arranger des mots, mesurer un vers, accorder une période, s'épuisant en disputes de mots, étudiant sans cesse de bons mots pour avoir l'applaudissement du beau monde, faisant enfin un commerce de louanges qu'ils se vendent à pareil prix les uns aux autres ». Ils n'ont rien à dire « n'ayant rien dans leur pensée ». Ils attachent à des combinaisons de mots une telle importance que non seulement ils arrivent à y voir mille choses qui n'y sont pas, mais veulent que de notre côté nous y apercevions mille choses subtiles qu'eux-mêmes n'y voient point. Dans la recherche de ces bons mots, ils épuisent leur temps ; ils regardent plus à la manière de dire qu'aux choses à dire. Ils sont légers, vains : « insupportables ».

Esquisse rapide, sans doute, et l'on ne pouvait espérer voir Bossuet s'attarder en pareille compagnie — mais composée de ces traits qui ont fait la fortune de maintes comédies de Molière. L'ironie des mots trahit le dédain de Bossuet agacé. Nous avons entendu sur quel ton de persiflage il raille les jeunes femmes qui dans un salon cherchent à briller en faisant montre de leur esprit. Mais ici, c'est bien autre chose ! D'un côté, un fourmillement de querelles littéraires où les noms des Racine, des Corneille et des Boileau se mêlent à ceux des Leclerc, des Pradon et des d'Assoucy, les plus grands ne sachant pas con-

traindre dans le dédain contre leurs infimes
rivaux les susceptibilités de leur amour-propre.
De l'autre, l'orateur qui écrit et dont les ma-
nuscrits sont couverts de ratures et qui trouve la
phrase, la période, le mot qui sont tout ensemble
l'expression la plus éblouissante et la plus exacte
de l'idée, mais qui méprise tout ce qui n'est que
travail du style et application de la forme. Des
ciseleurs de mots ! des arrangeurs de phrases !
quelle pitié ! Et avec quelle satisfaction il rejette
au tas des vanités humaines « la futilité de paroles et de gestes » de ces beaux esprits !

A-t-il raison dans son dédain ? c'est une autre
question. Si même l'œuvre des beaux esprits se
résolvait tout entière dans des querelles d'écoles,
dans des cabales, comme dit Bossuet, et dans des
disputes de mots, ce ne serait pas déjà chose si
vaine qu'il apparaît au premier abord. Mais nous
ne pouvons pas demander à Bossuet une page de
critique littéraire. Prenons, sauf à faire appel de
son jugement, les beaux esprits pour ce qu'il
nous les a décrits, tel qu'il les avait remarqués
dans les salons et les parlotes littéraires qui
réhaussaient leur prestige du voisinage de la
Cour : « des hommes tout occupés de chétives pensées qui leur coûtent plus de soucis que le salut
de leur âme et la règle de la vie (pour un orateur
chrétien, c'est l'arrière-pensée inévitable) et qui
soulèvent des cabales », pourquoi ? pour la défense de la vérité ? non pas ! mais « pour défendre
des ouvrages qui leur semblent sacrés, auxquels
reprendre seulement un mot c'est faire une bles-
sure mortelle.

Cabales tyranniques ! dit-il même. Et ne savons-nous pas en effet avec quelle insistance ces « querelles de mots, ces disputes d'écoles » s'imposaient à l'attention de ses auditeurs et finissaient par diviser jusqu'en des luttes violentes le monde des courtisans ? N'est-il pas vrai même de dire qu'en un temps où l'absolutisme du Roi avait imposé silence aux discussions politiques, le besoin de la polémique et de la controverse avait dû se réfugier impunément, mais aussi ardent, dans des querelles simplement littéraires dont plusieurs prirent une importance que nous pouvons à peine comprendre ?

Ce n'est pas l'art des poètes, l'habileté même un peu artificieuse des écrivains qui irritent Bossuet, c'est de les voir qui, dès qu'ils se sentent un peu de talent, fatiguent toutes les oreilles de leurs faits et de leurs dits et pensent avoir droit de se faire écouter sans fin et de décider de tout souverainement. Il convient, sans y mettre trop de bonne grâce, de leurs mérites et que « les gens de littérature » valent d'être distingués des autres et font un des beaux ornements du monde. Il ne leur demande que de rester à leur place.

Bossuet s'armait d'ailleurs contre les beaux esprits d'un grief plus sérieux et, orateur sacré, il était vraiment dans son rôle quand il leur reprochait l'emploi et l'abus des expressions mythologiques. Certes on peut croire que son bon sens eût encore répugné davantage à la conception hybride d'un merveilleux chrétien qui ne peut se garder de tomber dans la niaiserie qu'en versant dans le bouffon. Il avait aussi le regard trop perspicace pour ne pas voir le premier qu'en dépit de la situation sociale de l'Église, des lois et

des conventions, la civilisation du siècle était
une civilisation païenne et que le siècle de saint
Louis ne refleurirait point. Il était le dernier à se
faire illusion sur le peu de fond des sentiments
religieux qui végétaient dans une invraisemblable
ignorance des plus élémentaires vérités de la
doctrine chrétienne. C'était tout de même un singulier cortège que celui de ces Apollon, de ces
Mars, de ces Minerve et de ces Vénus qui, dans
les arts et dans les lettres, encadraient la majesté
du Roi, représentant de Dieu sur la terre! L'habitude était pourtant si forte que Bossuet lui-
même hésite, et que tantôt il condamne avec
fougue « ces imaginations malsaines que nous ont
transmises les païens », et que tantôt il les
tolère... « pour l'usage ». Il est trop rarement
l'homme des tempéraments et des concessions
pour que nous ne nous arrêtions pas quelques
instants sur ce sujet. Il est même curieux de le
trouver en chaire intransigeant, sans ménagements, mais quand il a quitté ce rôle et qu'il
ne parle plus pour une multitude, plus abor-
dable et plus indulgent. A quel prédicateur cela
n'est-il pas arrivé? Bossuet qui était un homme
très doux, tendre, affectueux, indulgent, toutes
choses qui n'apparaissent guère dans sa parole
souveraine et son geste hautain d'orateur, ne
dirigeait pas les consciences comme il parlait
en chaire. Nous en avons ici un exemple sans
grande portée, il est vrai, mais qui mérite d'être
retenu.

Ecoutons-le donc en chaire. Il associe manifestement le dévergondage des mœurs au débordement des expressions mythologiques et il répond

à l'objection courante : « Cette mythologie n'a pas d'importance, ce sont des mots employés comme d'autres et d'où l'on ne peut conclure au paganisme des écrivains ». Mais Bossuet ne saurait être touché de l'aveu des beaux esprits eux-mêmes que leur art puéril est conventionnel : dans une réplique vigoureuse, il soude le vice aux noms des divinités païennes : « On ne sacrifie plus à Bacchus, il est vrai, ou à Vénus ou à Plutus ou à Mars, mais on sacrifie à l'ivrognerie, à l'impudicité, à l'avarice et à la vengeance ». Et il s'étonne à tout le moins que l'imagination des chrétiens puisse se repaître de ces fictions où il n'y a qu'un « grand creux ». Qu'on ne vienne donc pas lui alléguer l'innocence de ces fables. Dans tous ces mythes de l'antiquité, gracieux ou lascifs, il se refuse à ne voir que de simples expressions littéraires.

Voilà donc les auditeurs mis en face de la question posée franchement.

Seulement nous avons une lettre de Bossuet à Santeuil : le type du bel esprit et qui certes donnait à outrance dans le travers mythologique, jusque dans ses hymnes sacrées. Or, qu'y déclare Bossuet ? que « faisant depuis si longtemps sa lecture et son étude de l'Ecriture sainte, il y trouve des beautés de plus d'éclat et de solidité que dans la mythologie ». Rien jusqu'ici d'inattendu. Lorsqu'en effet, au cours de ses sermons, quelque souvenir païen s'impose obstinément à sa mémoire, comme de la reine des Amazones qui souhaita passionnément d'avoir un fils d'Alexandre, ou d'Eudamidas qui en mourant lègue à ses amis sa femme et ses enfants, il ne manque pas de se reprendre aussitôt : « Laissons-là ces histoires profanes ». Est-il besoin de rappeler qu'un de ses mérites fut de chasser de la chaire cette fantasmagorie, traditionnelle depuis que le moyen âge finissant avait retrouvé quelques traces des auteurs païens, qui comparait — dans de véritables parallèles ! — David à Achille et Salomon à Agamemnon, ce qui était déjà un peu fort, mais la Vierge Marie à Minerve, Joseph à Mentor et Jésus à Prométhée !

Que fera donc Santeuil ? Faute de pouvoir invoquer Flore ou Pomone, cessera-t-il d'écrire ? Non, et Bossuet reconnaissant que le merveilleux n'est alors bien souvent qu'affaire de terminologie, consent qu'on s'en serve « dans un langage figuré, surtout avec les personnes accoutumées à ce langage ».

Santeuil dut être ravi. Le plus curieux est que Bossuet, oui ! Bossuet lui-même, a été le premier à user de sa propre tolérance. Hâtons-nous de dire que nous n'en connaissons que deux exemples certains.

Dans une lettre à Fénelon : « Je ne vous parle, lui écrit-il, ni de Germigny (la maison de campagne des évêques de Meaux), ni du printemps, ni des doux zéphyrs. Les vents les plus furieux qui sortirent du sac donné par Éole à Ulysse semblent déchaînés pour ramener l'hiver et pour troubler l'Océan (4 mai 1692) ». Et de Bossuet n'est-il pas vrai que ces métaphores surprennent tellement qu'on est porté à croire qu'il a voulu être agréable, non sans une pointe de malice, à Fénelon qui sans doute se complaisait déjà, en vue du Télémaque prochain, à évoquer les

nymphes dans le décor de parterres de gazon
« émaillés de fleurs » ?

Mais voici en quels termes dont on ne peut
méconnaître l'émotion pénétrante Bossuet parle
du premier enfant de Marie-Thérèse, celui dont
la mort prématurée sembla rapprocher le Roi et
la Reine et vit « deux victimes royales immoler
d'un commun accord leur propre cœur ». —
« Représentons-nous ce jeune prince que les
Grâces semblaient elles-mêmes avoir formé de
leurs mains. Pardonnez-moi ces expressions. Il
me semble que je vois encore tomber cette
fleur ! »...

.˙.

Aux philosophes, non pas les banals et secs
disputeurs d'écoles, mais les novateurs et les
hardis, Bossuet reconnaît l'énorme importance
qu'ils ont conquise dans la formation de la pensée
moderne et, s'il ne voudrait pour sa part se ris-
quer de « voguer à pleines voiles » n'ayant pour
« pilote que la sagesse souvent fallacieuse des
hommes », la voix de la raison parle trop haut à
son génie pour qu'il n'admire pas la sincérité
d'effort des philosophes, même quand il les
condamne. Seulement qu'on n'attende pas qu'il
fasse fléchir son orthodoxie ou tente de l'accommoder aux ontologies les plus séduisantes. Voyez
Fénelon ou Massillon : de la meilleure foi du
monde, il leur arrive de laisser les principes
rigoureux de la dogmatique s'abandonner quelque
temps aux charmes de la beauté et de la philosophie païennes, que ce soit chez eux la liberté
téméraire d'une orthodoxie qui vacille, ainsi que

Bossuet l'a reproché à Fénelon ou plus simplement la séduction de l'art et de la sagesse antiques. Rien de tel avec Bossuet, et si dans quelque doctrine il soupçonne un péril même lointain pour la foi, aucune considération ne peut le retenir. Aussi fut-il plus sévère aux philosophes de son temps qu'aux littérateurs : à ceux-ci nous avons vu quel crédit il faisait pour leurs « puérilités » et leurs « artifices de langage ». Mais les premiers mettaient sans cesse en péril l'intégrité de la foi et de la tradition.

En somme, malgré qu'il soit tout imprégné de cartésianisme, il semblerait au premier abord que pour lui toute philosophie qui n'aboutit pas aux prémisses d'une théologie rigoureuse est vaine, sinon dangereuse. Et cependant il n'est pas traditionaliste. Il ne nie pas que l'homme, même livré à ses seules forces, puisse s'élever à l'idée spiritualiste de Dieu. Ce sont les droits et la noblesse de la raison et de la nature méconnues qu'il revendiquait avec tant de sévérité contre Boileau quand il reprochait à sa satire sur l'Homme de dépriser l'image de Dieu, et à sa satire sur les Femmes d'être une offense pour les bonnes mœurs en tendant à détourner du mariage et en rendant toute femme suspecte. Il est au même degré l'adversaire des philosophes qui laissent croire qu'on peut être « vertueux de soi-même » et de ceux « qui ne parlent que de notre volonté débile et imbécile ».

Alors, que veut-il ou plutôt que ne veut-il pas ? Et puisque ses auditeurs, ardents, sinon très entendus, à ces sortes de questions, ont besoin d'une direction précise, quelle règle leur proposera-t-il ?

Il n'admet pas que les philosophes puissent légiférer ou raisonner tout seuls sur des matières que l'Eglise a par dogme, tradition ou discipline, définies de son domaine. Cette prohibition n'a pas l'air si méchante. Mais pratiquement elle peut tout englober et ne pas laisser un pouce de terrain à une philosophie vraiment indépendante. En définitive, c'est l'interdiction de dresser contre le dogme théologique le dogme de la raison, et c'est parce qu'ils raisonnent que les philosophes trouvent peu grâce devant Bossuet. Traitent-ils seulement de questions morales : ils usurpent encore sur la mission de l'Eglise, ils sont responsables du relâchement des mœurs. Ils ne sont que des empiriques qui « charment et endorment le mal pour un temps et pendant cette fausse tranquilité insinuent un secret venin dans la plaie ». Ils distribuent « dans de belles boîtes le baume falsifié de leurs trompeuses maximes ». Ils font enfin — remarquons bien la nature de ce reproche — « la vertu si belle et si aisée que l'on s'imagine souvent que l'on peut être vertueux de soi-même ». Nous disions plus haut à propos du théâtre que Bossuet avait toujours prêché la difficulté de la vertu. Nous retrouvons ici les deux conceptions ennemies : celle de la vertu difficile, insatiable d'immolation et qui ne s'acquiert que par le sacrifice ; celle du paganisme et des moralistes de la Renaissance qui fait de la vertu l'expression d'un naturel facile.

Bossuet admire aussi l'incontestable et austère grandeur du stoïcisme. Il y trouve de la superbe, et de la force. Mais que ses auditeurs ne prétendent pas y puiser leur règle pratique de conduite,

car il nie à la doctrine toute efficacité et n'y veut
même voir qu'une attitude : merveilleuses maximes
auxquelles on a recours « non pas pour se détacher des biens de la fortune, mais pour déguiser
la douleur qu'on a de les perdre et faire le dédaigneux de ce qu'on ne peut avoir ou conserver ».
Ce n'est pas précisément la morale d'Épictète que
Bossuet réduit à ces artifices et à ces faux-sem-
blants : c'est l'appropriation que s'en faisaient à
leur usage les courtisans philosophes pour cacher
les bouderies de leurs disgrâces.

Il n'entre pas dans notre sujet de rappeler longuement que si Bossuet a subi plus que tout autre,
dans la mesure même de son génie, l'influence de
Descartes dont on retrouve dans un grand nombre
de sermons d'incontestables souvenirs, il a mené
aussi contre le cartésianisme la plus vigoureuse
des offensives. Le premier, on le sait, il a vu,
serait-ce trop dire : il a prophétisé ? les dangers
du système pour la doctrine absolue de l'Église.
On reste confondu de la profondeur de sa divina-
tion quand on refait l'histoire de la philosophie
et de la pensée depuis deux siècles et demi : Dieu
découvert seulement au dernier terme de la dé-
duction par un argument purement psychologique
et déductif ; la matière conçue comme une simple
privation de force ; dès lors Dieu obligé de créer
éternellement le monde par des actes successifs ;
Dieu déchu de l'éternité dans le temps, l'absolu
en quelque sorte fragmenté et son idée désapprise
et reléguée dans l'inconnaissable : tout cela c'était
suspendue, sur le dogme de l'Église, la menace du
subjectivisme, du criticisme et de l'évolution-
nisme. C'était le « modernisme » du xxᵉ siècle

impliqué dans les prémisses du xviie. Certes, Bossuet croyait au progrès en quelque sorte indéfini de la philosophie « qui doit profiter tous les jours par l'expérience et le raisonnement », mais avec quelle méfiance voyait-il « les sages de ce monde qui tentent d'aborder l'explication des vérités de la foi » !

Un exemple est vraiment saisissant de l'acharnement que dépensait Bossuet à lutter pour « l'orthodoxie » contre le cartésianisme. En 1701, après tant de batailles et soixante-quatorze ans sur les épaules, dont cinquante d'un labeur immense qui appartient à l'histoire, et malgré les atteintes d'une maladie cruelle, son ardeur n'est pas tombée. Il est loin d'avoir cette indifférence pour les doctrines, fréquente au soir de la vie chez ceux qui ont été les plus rudes joûteurs. On s'essayait déjà à expliquer le dogme par la philosophie de Descartes comme aujourd'hui les plus sincères, pris entre le fait de la religion qui s'impose et les droits de la raison qui s'imposent aussi, appliquent les principes du Kantisme à la solution des redoutables problèmes. Alors il demande impérieusement qu'on lui envoie deux lettres inédites de Descartes sur la transsubstantiation (le changement du pain et du vin au corps et au sang du Christ). « Si elles sont telles que je l'imagine sur le récit qu'on m'en a fait, écrit-il, elles n'éviteront pas la censure ». Et il lui faut une condamnation posthume, cinquante-un ans après la mort de l'auteur ! Il ne cache pas sa joie de pouvoir enfin atteindre, par une censure définitive et par-dessus ses disciples, Descartes. — « Monsieur Descartes qui a toujours craint d'être noté par l'Eglise ». Quel exemple de combativité ! Voyez-vous un « gardien vigilant de l'orthodoxie », plus que septuagénaire, poursuivant en 1910 en cour de Rome deux lettres — et non publiées — d'un auteur qui serait mort en 1858, et les aurait écrites vers 1842 !

Mais les phases de cette lutte interminable et au surplus sans issue demanderaient une longue étude qui serait, encore une fois, hors de notre sujet. Corrigé par son ami Leibnitz, le système ne lui en paraissait pas davantage admissible, reposant « sur une fausse conception de l'étendue qui n'est plus que dans l'âme toute pure ». Arrangé à la mode néo-platonicienne par Malebranche, il n'excitait plus que sa verve. Je n'ai pas envie de reprendre les ailes de Platon, disait-il ironiquement ; plus je me souviens d'être chrétien, plus je me sens éloigné de semblables idées. — Il a même passé son sentiment à La Bruyère, sous les ombrages de Chantilly, et l'auteur des Caractères n'a eu qu'à renverser la proposition : « à mesure que l'on acquiert d'ouverture dans une nouvelle métaphysique (l'ontologisme), on se sent perdre un peu de sa religion ».

Reprenons notre place au milieu des auditeurs de Bossuet. Il nous sera au moins imprévu de constater que c'est dans un sermon pour une Profession qu'attaquant le système de Descartes par son côté vulnérable, l'orateur a opposé à la doctrine de l'homme cartésien la doctrine du « composé humain » d'après l'Ecole. Le processus cartésien substituait fatalement à l'ordre de création celui de connaissance. Il corroborait l'ordre logique par l'ordre chronologique. Il posait l'âme, puis

Dieu, puis la matière. L'ordonnance est belle. Pour la disloquer Bossuet rappelle, détaille, distribue par numéros l'histoire de la Genèse : 1° Dieu qui prend de la boue ; 2° qui en fait de la matière ; 3° qui y met une âme « y inspire son souffle de vie, y grave son image et sa ressemblance ». L'âme, Dieu et la matière, c'est Descartes ! Dieu, la matière et l'âme, c'est Moïse ! Jamais controversiste n'a fait à son adversaire l'honneur d'une plus belle réfutation.

Mais cette réfutation est poussée plus à fond. Le composé humain de Descartes n'est pas bien intimement lié car, ni la matière n'y est assez définie par l'étendue, ni le corps ne semble servir à l'âme à quoi que ce soit qu'au contrôle des idées. Bref, il n'a de raison suffisante que le minimum ; c'est un composé de rencontre plutôt que de nature. Mais « il est impossible, s'écrie Bossuet, de faire justice sur ce différend qui nous partage entre le ciel et la terre, sans nous ruiner et sans nous détruire par une distraction violente » ! L'édifice laborieusement établi croule donc.

On peut juger par ces exemples de la méthode de Bossuet. On voit sur quel terrain il voudrait rassembler ses auditeurs : celui de la Bible et de la Tradition, ce qu'il appelle le droit sens de la parole de Dieu, droit sens qui n'est pas d'ailleurs aussi clair pour tout le monde que pour lui. Mais enfin ce sont nos citadelles, affirme-t-il. Dès que nous en sortons, attirés par les curiosités du dehors, et que nous échappons à la protection de leurs remparts, « l'ennemi se précipite et nous ravit ».

C'est donc la doctrine de la foi en l'autorité
d'une parole opposée franchement aux recherches de la raison. Exercez votre raison tant que
vous voudrez : mais admettez d'abord l'anté-
riorité et la supériorité du fait de foi. Il faut
savoir gré à Bossuet d'avoir épargné à ses auditeurs les prétendus accommodements qui ne
sont que des équivoques. Seulement, ces auditeurs n'étaient guère capables de supporter ce
rude enseignement et il est à remarquer que depuis lors aucun des maîtres illustres de la chaire
n'en a repris les formules rigoureuses. Nous
aurions d'ailleurs tort de voir là précisément,
comme on l'a fait trop souvent, une preuve d'infériorité. Ces prédicateurs ont suivi leur temps et
ce n'est pas toujours la plus mauvaise manière
de le convertir. Nous avons besoin parmi nos
erreurs, disait fièrement Bossuet, non d'un
philosophe qui dispute, mais d'un Dieu qui nous
détermine dans la recherche de la vérité... Non !
pas de philosophes avec leur insupportable prétention d'expliquer d'une manière neuve ou avec
plus de lumière les vérités de la foi !!... Et
cependant c'était le temps où Pascal gémissant
s'était avancé vers la foi, meurtri, à travers l'interminable cortège des douleurs et des erreurs, à
travers les transes et les angoisses, prouvant
ainsi qu'on monte vers Dieu comme on peut, que
les routes sont multiples et bien différentes et que
l'apologétique rationnelle des philosophes n'est
pas tant à dédaigner !

* *

Au cours de ce chapitre, nous aurions voulu pouvoir montrer Bossuet en relations plus étroites avec quelques-uns des écrivains qui certainement furent ses auditeurs, dans la chapelle du Roi ou encore, nous le savons, aux Minimes et au Carmel. Mais que Corneille l'ait plusieurs fois entendu aux Minimes ou Molière au Louvre, ou Racine à Saint-Germain, c'est assez naturel et l'on n'a pas le droit d'en rien inférer. Toute tentative dans ce sens sera donc vaine. Son panégyriste et historien, le cardinal de Beausset, qui visiblement a cédé à cette préoccupation, n'a pu grouper autour d'un si grand nom que des Fleury et des Santeuil. Le seul des grands écrivains du siècle qui nous paraisse avoir subi l'influence immédiate et déterminée de Bossuet est La Bruyère ; plusieurs fois au long de cet ouvrage et tout à l'heure encore à propos de Malebranche nous en avons noté des preuves irrécusables : ce sont parfois les mêmes mots, la même image, le même mouvement de la phrase.

Au demeurant, Bossuet ne se souciait de la littérature de son époque, poésie, théâtre ou philosophie, que dans la mesure où il croyait découvrir des tendances pernicieuses au dogme ou à la morale de la religion catholique. Or, quand il s'agit d'un homme qui s'est rencontré dans l'amitié ou dans la controverse avec Turenne et Condé, Fénelon et Leibnitz, on comprend de reste que ce n'est pas avec un Santeuil qu'il faudrait le faire converser, mais avec un Pascal et un Corneille.

Pendant les longues années de séjour à la Cour qu'exigea sa charge de précepteur du Dauphin, il vécut autant que possible à l'écart et sa présence passe presque inaperçue dans les Mémoires du temps. A Meaux, la société qu'il recherche le plus, fut celle de ses Ursulines et de ses Visitandines. Leurs entretiens, disait-il, le reposait des controverses. Si quelques groupes se formèrent autour de lui, ce furent des réunions d'évêques et de théologiens de l'Eglise gallicane dont il était, depuis son discours sur l'Unité, l'oracle incontesté.

La lecture du catalogue des livres de sa bibliothèque a confirmé ce que l'on savait déjà d'après le programme qu'il avait rédigé pour l'éducation du Dauphin : exactement la quintessence de l'antiquité classique et de l'antiquité chrétienne. S'il a été fidèle à son propre programme, il a dû enseigner à son élève à peu près tout, religion, auteurs latins, géographie, histoire générale, histoire de France, logique et rhétorique, d'après Platon et Aristote, morale et anatomie, mais pas un mot des Lettres Françaises, rien sur la filiation et le sens profond de ces œuvres de génie dont le jeune prince entendait retentir chaque jour les noms désormais immortels.

Les sciences profanes, avait-il dit dans le panégyrique de sainte Catherine, ne sont qu'un divertissement de l'esprit : « Elles ont si peu de solidité que l'on peut sans grande injure n'en faire qu'un jeu ». Il avait parlé ailleurs, non sans dédain, de l'éloquence qui doit suivre comme la servante, attirée par les choses mêmes. Or, il était tout à la fois l'orateur sans rival et l'esprit le plus complètement encyclopédique de son temps, et c'est lui qui dans une page admirable

de lyrisme a élevé aux efforts de la science, de la
science profane, le plus triomphant poème :
« Qui voit Pythagore ravi d'avoir trouvé les
carrés des côtés d'un certain triangle avec le carré
de sa base, sacrifier une hécatombe en actions de
grâces ; qui voit Archimède, attentif à quelque
nouvelle découverte, en oublier le boire et le
manger ; qui voit Platon célébrer la félicité de
ceux qui contemplent le Beau et le Bien, pre-
mièrement dans les arts, secondement dans
la nature et enfin dans leur source et dans leur
principe qui est Dieu ; qui voit Aristote louer ces
heureux moments où l'âme n'est possédée que
de l'intelligence de la vérité et juger une telle vie
seule digne d'être éternelle et d'être la vie de
Dieu ; mais qui voit les saints tellement ravis de
ce divin exercice de connaître, d'aimer et de louer
Dieu qu'ils ne le quittent jamais et qu'ils éteignent,
pour le continuer durant tout le cours de leur vie,
tous les désirs sensuels : qui voit, dis-je, toutes
ces choses, reconnaît dans les opérations intellectuelles un principe et un exercice de vie éternellement heureux ».

Un exercice de vie éternellement heureux !
C'est en ces termes de si belle concision que se
traduit l'admiration de Bossuet pour l'activité
humaine. « Saisissez avec le cœur, dit-il, souvent à ses auditeurs, saisissez avec les sens, saisissez avec l'esprit ». Car pour lui tout notre être doit
s'associer à conquérir la vérité. La vie chrétienne
n'est ni l'œuvre de la seule raison, ni l'œuvre de
la grâce seule. Par ses grandeurs et ses générosités
l'homme compense ses misères. Il faut à Bossuet
de l'action, de l'initiative, de la volonté. Il

redoute les contemplatifs parce qu'on croirait,
dit-il, à certaines de leurs expressions qu'on
n'agit pas dans la vie contemplative. S'il a cru
et magnifiquement exposé que nous devons
« couronner le premier édifice du Créateur » du
faîte de la vie surnaturelle, à la différence des
mystiques, il n'en a pas conclu que nous devions
d'abord jeter bas nos facultés qui certainement
sont imparfaites et impuissantes, il l'a assez dit,
mais qui sont avant tout des principes immortels
de vie.

Il n'aime donc pas plus les mystiques qui se
croient agrandis ou renouvelés par l'extase que
les philosophes qui se renferment dans le cercle
de leurs idées. Il reprend une abbesse de Jouarre
qui s'imagine avoir atteint la perfection dans la
contemplation, mais n'est-ce pas aussi et encore
Descartes qu'il vise quand il déplore l'obstination
de « l'orgueil qui a retiré tant de philosophes de
la multitude pour les forcer de s'occuper en eux-
mêmes à contempler leurs belles idées » ?

Sous ces réserves, il comprend, il admire, il
encourage tous les nobles efforts des hommes
« dans leur cercle borné ». Il passe en revue la
guerre, le cabinet, le gouvernement, le barreau,
la judicature et les lettres, la science et les arts,
le trafic et l'agriculture, la chasse même, image
de la guerre ; il voit les villes tout animées
d'une quantité innombrable d'industries et de
métiers ; la campagne où la terre force l'homme
d'être toujours en action et en exercice et où
jamais personne n'est de loisir ; la mer elle-même
habitée par les hommes et les colonies flottantes.
En combien d'ouvrages divers, s'écrie-t-il, sont

divisés les esprits ! « La mer n'a pas plus de vagues quand elle est agitée par les vents qu'il naît de diverses pensées de cet abîme sans fond, de ce secret impénétrable du cœur de l'homme ».

Ce n'est pas la moindre beauté de son œuvre : il a aimé voir les hommes agir, travailler, se dépenser et se consumer à remplir vaille que vaille « les brèves minutes de leurs destinées ». Il a aimé l'activité, en dehors même de ses résultats, pour le prix et la noblesse de l'effort. Certainement il ne s'est fait illusion sur la mesquinerie d'aucun de nos travers et il a mesuré les exigences de nos vices, mais il n'a rien nié, rien dénigré, rien rapetissé de ce qui est grand, beau et charmant ; heureux, dans la gravité de son ministère et de son génie, d'être admis « au spectacle de ces rares plaisirs que Dieu dispense aux hommes ». Il chante les desseins et la majesté des rois, la gloire des capitaines, la grâce des princesses enlevées dans la fleur de leur vie, mais il aime aussi la somptuosité des décors royaux, la magnificence des balustres, la verdure, les superbes allées et les eaux jaillissantes des parcs.

C'est par l'émulation et le sentiment des responsabilités qu'il a dirigé la conscience du Roi et des « premiers du royaume ». Il ne leur prêche pas qu'ils ne sont rien de plus ou rien de moins que les autres hommes et que leurs honneurs, leurs titres et leurs armoiries ne sont que des « expédients » ou des conventions. Bien loin de là : dans le prince il voit l'image de Dieu et les Grands sont les lieutenants de Dieu. Il faut absolument qu'ils prennent conscience de leurs richesses, de leurs talents et de leur force, car ils

ont charge du reste du peuple et Dieu leur pré-
pare un compte plus rigoureux qu'au commun
des mortels. De formidables catastrophes les abat-
tent dont les Etats sont pour des siècles ébranlés
dans leur fondements, mais toujours grands,
grands jusque dans la mort qui montre cependant
leur néant, leur ruine est un exemple pour le reste
de l'univers. C'est sur eux que Dieu fait au reste
des hommes la démonstration de sa Providence ;
sur ces hautes cimes de la richesse, de la puissance et de la gloire, il redouble l'accablement de
ses coups.

Ah ! ne venez pas dire à Bossuet que l'homme
est un malade inguérissable, que Jésus-Christ est
venu pour éclairer les uns et aveugler les autres,
que les prophéties et les miracles nous ont été
rapportés pour nous éloigner de croire (1), et que
le mot de l'énigme nous échappe dans l'angoisse
de le rechercher. Mais ! vous répondra-t-il, Jésus-
Christ n'est venu expressément sur terre que
pour redresser ces boiteux, faire entendre ces
sourds et faire voir ces aveugles. Nous sommes
des malades, mais nous portons en nous le remède « partie saine et de noble origine qui est
l'excellence immortelle du principe spirituel ».
C'est Dieu qui a voulu non seulement notre action
féconde et notre curiosité salutaire, mais encore
nos tentatives et nos tâtonnements profitables.

Il exalte, il glorifie les dons « précieux » départis aux hommes et qui sont « la puissance, le génie,
le rang et la beauté ». Il y reconnait la trace de

---

(1) Voir les Pensées de Pascal.

Dieu ; par eux, dit-il, « nous touchons de bien près aux intelligences célestes », et le don de la grâce, c'est-à-dire, à parler pratiquement, le don de la conversion aux idées et aux vertus chrétiennes, « le plus précieux de tous les dons » à son regard de prêtre, n'est que le couronnement de la première œuvre. Grands par la nature, plus grands encore par la grâce, c'est le thème sur lequel il a célébré les personnages d'élite de ses Oraisons funèbres. Il nous donne à tous le sentiment de notre prix et de notre puissance. Le mal n'altère pas la sérénité de sa conception. Suivez son enseignement à travers les appropriations du moment : militaires de la citadelle de Metz, élégants de la Place Royale, auditeurs plus recueillis de la chapelle du Grand-Carmel, courtisans du Louvre, de Saint-Germain et de Versailles : tous, il s'efforce de les mener à Dieu par la beauté de la vertu, par la noblesse de la lutte, par la splendeur de l'idée.

Ce n'est pas lui non plus qui dans l'histoire du monde avant le Christ, ne verra qu'un amoncellement d'erreurs, de vices et de crimes. Tous ces peuples qu'il fait sortir de leurs ruines ont bien agi, ont bien usé de leur activité, ont bien tenu leur rôle. Ils ont eu des vertus rares, des institutions sages. Mèdes et Perses, Egyptiens, Grecs et Romains comparaissent pour recevoir leur part d'éloges. C'est l'histoire de l'activité humaine. Pour détruire ces empires, fruits de tant d'efforts et de génie, Bossuet n'aura pas l'idée qu'il suffise d'un grain de sable ou de la courbe du nez de Cléopâtre. Il lui faut une cause grande. Il lui faut, pour dominer ce théâtre de l'histoire, Dieu lui-même, préparant de toute éternité le règne du Christ.

Il a ainsi renouvelé l'apologétique chrétienne que les Pères de l'Eglise, que les Docteurs du moyen âge avaient créée si décevante, si inexorable à nos misères et à notre faiblesse. Il est le plus optimiste de nos moralistes, si l'optimisme — le plus robuste et le plus sain — ne consiste pas à ignorer ou à masquer nos vices, mais à nous convaincre que « sous leur difformité » le principe de la belle et féconde activité n'est jamais tari.

TABLE DES MATIÈRES

BAR-SUR-SEINE. — IMPRIMERIE Vᵉ C. SAILLARD

BLOUD et Cⁱᵉ, Éditeurs, 7, place Saint-Sulpice, PARIS-6ᵉ

Maurice BARRÈS
DE L'ACADÉMIE FRANÇAISE

Vingt-cinq Années de Vie littéraire. Introduction par Henri BREMOND. 1 vol. in-16. *10ᵉ édition* . . . . . 3 fr. 5o

Paul DÉROULÈDE

Pages Françaises. Précédées d'un essai de Jérôme et Jean THARAUD. 1 vol. in-16. *8ᵉ édition* . . . . . 3 fr. 5o
Qui Vive? France! Quand même? Notes et Discours (1883-1910). 1 vol. in-16. . . . . 3 fr. 5o

Marcel DIEULAFOY
MEMBRE DE L'INSTITUT

Le Siècle d'Or. — Le Théâtre édifiant en Espagne. — Cervantès, Tirso de Molina, Calderon. 1 vol. in-16. *2ᵉ édition*. . . . . 3 fr. 5o

Émile GEBHARDT
DE L'ACADÉMIE FRANÇAISE

La Vieille Église. 1 vol. in-16. *4ᵉ édition* . . . . 3 fr. 5o
Les Jardins de l'Histoire. 1 vol. in-16. . . . . 3 fr. 5o
Souvenirs d'un Vieil Athénien. 1 vol. in-16. . 3 fr. 5o

Étienne LAMY
DE L'ACADÉMIE FRANÇAISE

Au Service des Idées et des Lettres. Introduction par Michel SALOMON. 1 vol. in-16. *3ᵉ édition* . . . . 3 fr. 5o
Quelques œuvres et quelques ouvriers. 1 vol. in-16. 3 fr. 5o

A. DE LAPPARENT
ANCIEN SECRÉTAIRE PERPÉTUEL DE L'ACADÉMIE DES SCIENCES

La Philosophie Minérale. 1 vol. in-16. . . . . . 3 fr. 5o
Science et Apologétique. 1 vol. in-16. *12ᵉ édition.* 3 fr. »
Pour paraître prochainement :
Volcans et Tremblements de terre. 1 vol. in-8º.

Paul THUREAU-DANGIN
DE L'ACADÉMIE FRANÇAISE

Le Catholicisme en Angleterre. 1 vol. in-16. *5ᵉ éd.* 3 fr. 5o

Vicomte E.-M. DE VOGÜË
DE L'ACADÉMIE FRANÇAISE

Les Routes, préface par le comte D'HAUSSONVILLE, de l'Académie française. 1 vol. in-16. . . . . . . 3 fr. 5o

Paris.- J. Mersch, imp., 4 bis, Av. de Châtillon. — 8047.